一生必讀的處世書

本書以洪應明的《菜根譚》為鍋底，並且考慮現代人的各種需求，而加入了許不同的養分。因此，十分適合各階層人士品味……

白話菜根譚

洪應明 著

序言

如何為人處世，雖然是一個古老的話題，在現實社會中卻有其獨特的意義。因為在當今這個充滿機遇與挑戰，競爭日趨激烈，人際關係越來越複雜的社會，人人都渴望事業成功、家庭穩定，人生時時順暢，處處圓融通達。然而，想在官場、商場、家庭和社會中成為人上人，進而立於不敗之地，沒有一套高超的處世雞湯是行不通的。

懷揣靈驗無比的處世雞湯，就等於擁有出人頭地的金鑰匙。社會是一張巨大無比的「關係網」，把我們每一個人都「網」在其中。想在社會上混得好，吃得開，玩得轉，就必須善於編織這張「網」，精心呵護這張「網」，靈活運用這張「網」。世上那些深諳處世真諦、精通處世雞湯的人，都是人緣好，關係順，路子通，成功快，要人有人，要錢有錢，要勢有勢，左右逢源，呼風喚雨的時代「寵兒」。對這樣的人，難道你不羨慕？不想成為他們當中的一員？

然而，「活得好累！」與「做人好難！」差不多成了今日世人的口頭禪。許多人為每天必須面對諸如——立身求學、待人接物、齊家教子……而感到不堪重負，總是覺得在紛煩複雜，無從著手的人際關係面前有些束手無策，甚至進退兩難。大千世界，更是有很多人處在事業未竟的悲哀、人際複雜的苦惱與人生境遇的蹉跎之中。為什麼會這樣?乃因不諳處世之真諦,沒有摸清為人處世的門道也。

面對錯綜複雜的人際關係,有人頭皮發麻,畏之如虎,更有人發出了「處世難」的慨歎。其實,處世既難又不難,關鍵在於有沒有一條可以幫助人盡快掌握處世技巧的捷徑,或者說,有沒有什麼萬勝法門,可以解開這些處世難題,使人們真正感受到人生的樂趣和成功的喜悅?換句話說,指導人們成功處世之法門究竟何在?

回望祖先燦爛的傳統文化,不難發現,我們的祖先早就在為我們尋找答案,並且給出了一整套非常管用的處世大全——《菜根譚》。

明朝中後期,封建制度徹底腐朽,社會文化全面墮落。明神宗萬曆年間,一些清醒的知識分子對這種江河日下的頹廢痛心疾首,發起了一場革新運動,力圖在吏治、軍事、賦役、土地政策等諸方面實施大刀闊斧的改革。可是,奸臣當道、內憂外患、軍政敗壞,使這些人的努力化為泡影。如此悲涼的時勢,導致大批有抱負的文人徹底幻滅了希望,走上退居江湖的道路。洪應明就是其中一員。

洪應明重新拾起了中國知識分子面對險惡人生的處世法寶——「達則仕,窮則隱」,並發展出將儒家積極入世的精神與佛道兩家避世超俗、修身獨善的思想融合成一體的人生觀。在這樣的人生觀指引下,他採集前人警句、民間流傳的諺語,再加上個人的心得，經過提煉、潤色，以駢語對句的形式撰寫出了千古奇書——《菜根譚》。

從宋朝到明末，以修身自省、為人處世為主要內容的語錄體著作層出不窮，但真正能夠風靡於當今，並成為國際暢銷名著的惟有堪稱洪應明處世雞湯的《菜根譚》。

一本指點人生的小冊子，歷經數百年仍能不絕於人口，並且大受世人青睞，其魅力何在？為了尋找其中奧祕，許多人做了大量工作。由於它融合了「三教合一」的人生觀，兼之沒有一套完整的思想體系，後世學人從「儒」、「釋」、「道」三種角度做了不同的解釋。筆者認為，從洪應明寫作初衷看，《菜根譚》應該是從殘酷的政治鬥爭中敗退下來的文人面對森嚴的文網和無孔不入的廠衛特務，轉而從事的一種民間教化工作。因此，「儒解」、「釋解」和「道解」都無法闡明《菜根譚》的精髓，是在把通俗的道理複雜化。最佳的解釋必然來自於「俗解」。《菜根譚》真正的魅力在於，洪應明從老狐狸般圓滑的處世體驗中，所提煉出的一整套「防人杜心」的處世雞湯。

正如洪應明所說：「害人之心不可有，防人之心不可無，此戒疏於慮也。」此段話點出了「防人杜心」的要旨。所謂「防人」，就是指「防人之心不可無」。在險惡的社會環境中，只有保持高度警戒，才能免遭小人暗算。所謂「杜心」，就是指「害人之心不可有」。在坎坷的人生旅途中，只有杜絕自己內心的「魔障」，加強自身的修養，才不至於「機關算盡太聰明，反誤了卿卿性命」，才可以真正享受到人生的樂趣！

一位富翁到非洲納密比亞埃托沙狩獵，經過三天三夜的周旋，好不容易在嚮導的幫助下，捕獲了一隻狼。誰知，就在嚮導按照慣例，準備剝下狼皮時，富翁卻制止了他，並且打開隨身攜帶的通訊設備，讓停泊在營地的直升機立即起飛。他想救活這匹狼。

直升機載著受了重傷的狼飛走了，飛向五百公里外的一家醫院。富翁坐在草地上陷入了沈思。這已不是他第一次來這裏狩獵，卻從來沒有像這一次般帶給他如此大的觸動。過去，他曾捕獲過無數獵物——斑馬、小牛、羚羊，甚至獅子，這些獵物在營地大多被作成美餐，分而食之。然而，這匹狼竟讓富翁產生了「讓牠繼續活著」的念頭。

原來，狩獵時，這匹狼被追到一個近似於「丁」字形的岔道上。正前方是迎面包抄過來的嚮導，也端著一把槍，狼夾在中間。在這種情況下，狼本來可以選擇岔道逃掉，可是牠沒有這麼做。當時，富翁大惑不解：狼為什麼不選擇岔道，而是迎著嚮導的槍口衝過去，準備奪路而逃？難道那條什麼也沒有的岔道比嚮導黑乎乎的槍口更危險？

結果，狼在奪路時，臀部中了彈，遭到捕獲。面對富翁的迷惑，嚮導說：「埃托沙的狼是一種很聰明的動物，牠們知道只要奪路成功，就有生的希望，而選擇沒有獵槍的岔道，必定死路一條，因為那條看似平坦的路上肯定會有陷阱。這是牠們在長期與獵人周旋中悟出的道理。」

富翁聽了嚮導的話，非常震驚。據說，那匹狼最後被救治成功，如今在納密比亞埃

序言

托沙禁獵公園裏生活，所有的生活費用都由那位富翁提供，因為那富翁感激牠告訴了他這麼一個道理：在這個相互競爭的社會，真正的陷阱會偽裝成機會，真正的機會也會偽裝成陷阱。因而，在處世為人中，任何時候都必須備有一顆「防人」之心，切莫落入對手的陷阱之中。

世間道理千千萬萬，但真理永遠相通。在這裏，富翁所領悟的「防人」之道恰好與洪應明的處世雞湯之要旨相吻合。有鑒於此，為了世人能夠最方便快捷地掌握洪應明處世雞湯，本書從洪應明「防人杜心」的處世角度，將他所拾集的「珍珠」重新穿輟，提煉出——「避禍遠罪，深藏不露；當忍則忍，吃虧是福；淡心寡欲，順其自然；厚德積福，寧靜致遠」四大智慧，以饗讀者！

我們真誠地希望，本書能為諸位讀者朋友洞悉處世真諦，掌握處世技巧，提供有益的幫助。如果讀者諸君想讓自己處世更老練，人際關係更融洽，本書將是你最忠誠的幫手和最明智的選擇。

CONTENTS

目錄

天地間萬事萬物都會由盛而衰。人生也同樣如此。盛的時候應保持清醒，防患於未然；衰的時候不應自暴自棄，更應加強自身的修養。在諸多誘惑之中，最容易使人失去理智的莫過於「權」。「人之有權也，天可梯而上。」正是由於它的誘惑最大，其中隱藏的危害也最大。權勢蘊涵著危險，而引發危險的導火索就是「弄權」。

——人無遠慮，必有近憂。想避禍遠罪，除了處世待人保持「適度」外，還應善於把眼前利益與長遠利益聯繫起來。

人的一生變化無常，「得意無忘失意日，上臺勿忘下臺時。」越是春風得意，越是不能放縱自己。以特權謀取的富貴，就像是插在瓶中的花，花的根沒有長在土中，因此，它的枯萎可說指日可待。有道是：「一失足成千古恨。」這失足處，往往就是自己心中的「邪念」。切記：禍福苦樂，全在一念之差。

——不要以為自己行得正、站得直，就可以無所顧忌。如果矯枉過正，眼不容沙，嫉惡如仇，後果不堪想像。

CONTENTS

「禍福無門，惟人自召。」如果自己整天像刺蝟一樣，那麼，無論多麼才華橫溢，自己的大業也會因「小人」作梗而付諸東流。

◇第二章　當忍則忍，吃虧是福…………117

行走世間，要幹大事、獲大利、成大器的想法無可厚非。但是，應知凡事均有長有短、有陰有陽、有圓有缺、有勝有敗，何況人生？一味地不堪寂寞、焦躁不安、躍躍欲試，到頭來只能是竹籃打水一場空。洪應明告誡世人：只有保持一種「該退則退，當忍則忍，知足常樂，吃虧是福」的心態，才能保證人生的順遂。

■忍苦耐勞，梅花香自苦寒來…………118

——人生之路布滿荊棘，人生之事，十之八九不遂人願。忍苦耐勞、忍辱負重、忍受挫折，便是人生中一種經常性的忍，也是有志者必須做到的第一忍。

「吃得苦中苦，方為人上人。」歷史上，無論是成大器者還是成小器者，無一不在苦

CONTENTS

自身之安危，恐怕也成問題。

■安貧樂道，留得自在於心間……175

——越是世風不古，人心躁動，越應該在自己的心頭加一把「安貧樂道」的鎖，監視著自己別因清貧而自尋煩惱。

衣衫襤褸而心似錦緞的人會得世人的讚美。「家貧未是貧，道貧煞殺人。」家中貧困算不得什麼，但因貧困而失去生活下去的向上道心，才是真正的悲哀。「學會在貧窮中樂道，就能獨享人生成就事業的美境。」

◇第三章　淡心寡欲，順其自然……185

不知足是亡身喪家的根由。對生不帶來、死不帶去之物，忙忙碌碌，巴巴結結，實在活得太累。看淡些，即使有功，也不自傲，有名，也不氣盛，有錢，不覺腰粗；看開些，什麼好事，能得則得，不該得，絕不巧取豪奪，甚至尋死覓活；看透些，一切不過如此，

CONTENTS

如果羨慕外界的榮華富貴，那就會被物欲、困惑包圍；如果有貪戀功名利祿的念頭，就會陷入危機四伏的險地。「制服野獸容易，想降伏人心就難了；溝壑填平容易，要滿足人的欲望卻太難了！」古今多少聰明人，就是被一個「欲」字毀掉了。

許多人終生陷於官貴顯達之欲而無法自拔，整日汲汲於功名利祿、煩惱痛苦，根源就在於缺乏達人遠見的生活態度和真知卓識。一個人不論擁有多少財富，假如不知足，就會永遠生活在煩惱中。想真正享受人生之樂趣，應當培養知足常樂的思想。

■順應自然，逍遙自在 ⋯⋯⋯⋯ 222

——憤世、避世、玩世、混世、厭世、欺世，都不足取。順應自然，方可刀槍不入。

在滾滾紅塵中，勾心鬥角、機關算盡，其目的無非是為了過得更好、更舒服、更愉快。而在追逐這些的過程中放棄了自然的心性，結果反倒失卻了追求的根本。人生在世，若能首先找準自己的位置，處理好自己與社會、與他人之間的關係，順應社會，入鄉隨俗，自然就會一通百通。

■理順矛盾，泰然處世 ⋯⋯⋯⋯ 247

——順其自然，絕非聽天由命，而是看得透、認得清、理得順，從而達到重生樂生之境界。

世上萬物均有生有滅，人類亦擺脫不掉此種命運。之所以會有「人到中年萬事休」之歎息和「老驥伏櫪，志在千里」的區別，關鍵就在於對生與死的不同感悟。

在一般人看來，靜是淡泊，是高雅；動是忙碌，是俗氣。其實，任何人都有動的時候，也都有靜的時候，動靜得宜，才是順其自然的最佳境界。爭強好勝之心，人皆有之，關鍵在於對「剛與柔」的把握。

視欲望為洪水猛獸，把人世間一切煩惱都歸咎於不懂得節制，這是不公平的。的確，欲望的膨脹可以使人「魔性」十足。但是，人們一旦有了高尚的道德和純潔的心靈，欲望同樣可以產生支撐生命的精神能量。可見，靈魂上的追求才是戒除心中「魔障」的關鍵所在。如果一個人沒有靈魂上的追求，他不是想佔有一切的貪欲者，就是一個無能者。有了靈魂上之追求的人，才能將肉欲、物欲轉化為創造欲和生命力。因此，在洪應明看來，單純的節制和壓抑必無法長久；只有厚德積福，才可以寧靜致遠。

——有量無德，缺乏完善的人格這個基礎，終將一事無成；有德無量，陷入孤立無援的狀態，同樣難成大業。

己所不欲，勿施於人。這種推己及人的恕道，其核心就是待人要寬，律己要嚴。

為善如登山，一步一步地走去，終必達到極高的境地；為惡如掘井，一鏟一鏟地挖去，終必達到極深的所在。登山者容易下來，掘井者不易爬出。因此，為人處世，一定要懂得與人為善、廣結善緣的道理。

——君子坦蕩蕩，小人常戚戚。君子之所以坦蕩，是因為他善忘好喜；小人之所以悲戚，是因為他善記好怨。

健忘，對於處世謀生以及成就事業而言，是一種人生的態度和方法，也是一種修養。薄憶厚忘，才能在世事紛雜的塵世中去粗留精，不為心中有過多的小事而糾纏住思想和手腳。樂觀開朗，做事必然條理分明；思想偏激，做事必然不合義理；悲觀失意，做事必然橫逆曲折。世事的通與不通，完全存於一念之間，立身首先要在涵養上多下功夫。

——寧靜致遠，是人類生存的最佳狀態。那些難斷俗根的人，注定進不了這一狀態。只有大智慧者才具有如此悟性。

儒、釋、道三家都講求寧靜致遠，以擺脫現實的紛擾，實現人生的超越。儘管三者之間境界不同，但都把靜心視為實現人生之超越的第一步。「寧靜致遠」可以分為「寧靜」

和「致遠」兩層含義。寧靜是手段，是為了營造平和安寧的心境。「致遠」才是根本的目的。「真修內省，制心達靜」，就是追求心靈的純潔。

第1章

避禍遠罪，深藏不露

爭名奪利意味著什麼？攬功弄權又意味著什麼？說到底，是為自己選擇了一棵「歪脖樹」。精英也好，庸才也罷，古往今來，有多少人到頭來都難免在這棵樹上吊死。洪應明正是從歷史的教訓中總結出：權力、軍功、名聲、才情都不是什麼好玩意兒，功高業隆、位高祿厚，實為「罪源」；聲譽鵲起、名傾天下，實為「禍根」！只有避禍遠罪，方可保長久；深藏不露，方可保平安！

■適可而止，急流勇退

——沒有安，就無所謂危；沒有危，也無所謂安。任何事情走到極端，就會向反面轉化。處世必須拿捏好「度」。

《老子》云：「禍兮福之所倚，福兮禍之所伏。」世界上的一切事物都不能孤立地存在。沒有安，就無所謂危；沒有危，也無所謂安。沒有存，就無所謂亡；沒有亡，也無所謂存。沒有禍，就無所謂福；沒有福，也無所謂禍。洪應明由此體悟了「物極必反」的道理。任何事，走到極端，就會向反面轉化。長跑，可以鍛鍊身體；太過分，就會傷害身體。賺錢，能致富；不擇手段，就會坑害自己。因此，洪應明第一條避禍遠罪的處世雞湯就是：一定要拿捏好「度」，做到適可而止，急流勇退。

天地間萬事萬物都會由盛而衰。人生也同樣如此。盛的時候應保持清醒，防患於未然；衰的時候不應自暴自棄，更應加強自身的修養。需知，天道忌盈，過滿則溢。

《易經》說：「日中則昃，月盈則虧。」說明了天地間萬事萬物都會由盛而衰，在極盛時就已經露出衰敗的預兆。洪應明認為，人生之興衰也同日月之盈虧一樣，不斷變化。盛的時候應保持清醒，防患於未然；衰的時候不應自暴自棄。而意志、修養等方面，無論是在盛時還是衰時，都應具備。為此，洪應明防人杜心處世雞湯提醒世人：

第一，盛極必衰，剝極必復

《菜根譚》云：「衰颯的景象就在盛滿中，發生的機緘即在零落內。故君子居安宜操一心以慮患，處變當堅百忍以圖成。」意思是說：事物的衰敗，發端於它的鼎盛時期，導致機運轉變的力量隱含在凋落衰敗之中。所以，君子安居樂業時，要防患於未然，一旦身處於突降的災禍中，要忍辱負重，堅韌不拔，尋找機會，以實現自己的目標。正如蘇洵在《管仲論》中所說：「夫功之成，非成於成之日，善必有所由起；禍之作，不作於作之日，亦必有所出兆。」也就是說：未來的幸福與災禍，很大程度上取決於今天的所作所為。

唐太宗時，長孫皇后的哥哥長孫無忌通經史，善策劃，有謀略，少年時代就與李世民結下深厚的友誼。

太宗登基之後，打算給長孫無忌授以輔政要職。長孫皇后對太宗說：「我有幸做了皇后，尊貴已極，不願娘家的親人因此而掌握朝廷大權，以免引來可悲的後果。西漢高祖的呂皇后和武帝的霍皇后都因寵信外戚，導致誅滅九族。」太宗不聽，任命長孫無忌為尚書右僕射。長孫皇后知道明頂無效，於是她暗中勸告哥哥，讓他自己向太宗辭職。

唐太宗的確非常信任長孫無忌。一次，有人上密章，說長孫無忌權力過大，皇上對他寵親過盛，應該予以抑損。太宗拿出密章給長孫無忌看，對他說：「我們君臣之間互相信任，沒什麼可疑忌的。如果各自聽到了新消息，不向對方通報，那麼君臣之間的感情就疏遠了。」然後，傳大臣百官進朝，訓誡道：「眼下我的兒子都很小，長孫無忌對朕是有大功的，我寵信他，就像對待親生兒子一樣。疏遠的離間親近的，新朋友離間老朋友，這就叫關係不順。這些挑撥離間的話，我一律不聽。」

儘管太宗如此信任，長孫無忌還是以盈滿為戒，聽從妹妹的勸告，上表懇辭機密要職。兄妹同心懇辭，太宗只好免去他的尚書右僕射，拜封開府儀同三司。聽到這個消息，長孫皇后臉上才露出欣慰的笑容。

在洪應明看來，長孫兄妹正是由於懂得物盛則衰、物極必反的道理，才掌握了避禍遠罪的法門。孔丘曾說：「人世間沒有盈滿而不傾覆的東西。」福過災生，寵過必辱，勢盛必敗，貴極賤至。因而，善於避禍遠罪的明智之士必然心懷盈滿招損的恐懼，思慮避盈居損的良策。長孫氏兄妹就是這樣的智者。

歷觀前代外戚之家，憑著帝后的權力，取得高位的大有人在，能以德禮進退，全宗保名的卻很少，多數都沒有逃過「傾覆之患」。司馬遷在評論霍光被誅滅九族時說：「霍光輔佐漢朝皇帝，可以說是很忠誠的，卻不能保護他的家屬。這是為什麼？是因為權威本來是君主的東西，臣子掌握它，如果長期不歸還，很少有不遭到災禍的。」

第二，天道忌盈，業不求滿。

《菜根譚》云：「事事留個有餘不盡的意思，便造物不能忌我，鬼神不能損我。若業必求滿，功必求盈者，不生內變，必召外憂。」意思是說：凡事不要做絕。若能做到這一點，便是那創造萬物的上天也不會忌恨我，神通廣大的鬼怪也不能損害我。如果做事只講十全十美，創業只要登峰造極，即使不發生內部變亂，也會招致外來的憂患。

漢建初元年（公元七六年），漢章帝想給幾位舅舅封爵。馬太后不允許。第二年夏天大旱，有的大臣認為，這是由於不封外戚的緣故。管事的人上書，奏請依漢制舊典，對外戚封侯。馬太后下詔說：「凡是講消除旱災，必須對外戚封侯的，都是想討好我，以求自己獲得福祿。以前成帝時，曾同時封王太后的五位弟弟為關內侯，卻不見及時雨下降……前些天，我經過濯龍門時，見外戚家來請安的人車如流水，奴僕戴著綠色的袖套，衣領衣袖雪白。而看看為我駕車的，比他們相差太遠了。我之所以沒有加以譴責，只是斷絕了他們每年的用度、供應，是希望他們能夠暗暗地自我猛省。但是，他們還是懈怠不改，我行我素，沒有一點憂國忘家的心思。我怎麼能上負先帝的旨意，下損先人的德行，重蹈西漢敗亡的慘禍呢？因此，我堅決不讓皇帝給諸舅封爵。」

馬氏身為皇太后，權傾朝野，依靠自己的地位、權勢，要為兄弟子侄討個加官晉爵的好處，可說易如反掌。然而，她卻反其道而行之，再三諫阻皇上，不要為三個舅舅封侯，目的是為了避免馬氏家族重蹈前朝外戚滅亡的覆轍。可見，這馬太后真是個明白人，沒有被權位衝昏了頭腦。

幾年後，章帝還是封了三位舅父為侯。太后說服了三兄弟退位，歸家閒居，從而保住了馬氏家門免遭「盛極必衰」的悲劇。

總而言之，人不能貪戀權勢，依附權勢，更不能濫用權勢。因為權勢過盛，必然走向反面；稍不謹慎，就可能大禍臨頭。這就是洪應明強調的一種「避禍遠罪」的智慧。

洪應明的這一智慧，明顯受到道家思想的影響。道家以「虛無」為本，認為天地之間都是空虛狀態。這種空虛無窮無盡，萬物就是從中產生。老子說：「持而盈之，不如其已；揣而銳之，不如長保。」若「知進而不知退，善爭而不善讓」，就會招致災禍。

世上許多人凡事求全求美，絞盡腦汁以達到這個目標。其實，不論何事，都不應妄想登峰造極。因為有上坡，就必然有下坡。一定要保持清醒的頭腦，功業不求滿盈，留下餘地。比如，對於置錢財家業，勿求多求盡；對於功名地位，勿求高求上。知急流勇退，才能保持人的本性；預先留幾分餘地，才會安全長久。

第三，過滿則溢，過剛則折

《菜根譚》云：「居盈滿者，如水之將溢未溢，切忌再加一滴；處危急者，如木之將折未折，切忌再加一搦。」意思是說：生活在幸福美滿之中，就好像已經裝滿了水的水缸，絕不要再增加一滴水，再加，就會流出來；生活在危險急迫之中，就好像快要折斷的樹木，絕不要再施加一點壓力，否則就會有立刻折斷的危險。

一個對物欲、情欲無休止追求的人，必然談不上有什麼好品德，談不上能對世人有什麼貢獻。所謂「人心不足蛇吞象」，個人之欲望若永不知足，就難免永遠生活在痛苦中。這都是因為忘記了「避禍遠罪」的道理。

在諸多誘惑之中，最容易使人使去理智的莫過於「權」。「人之有權也，天可梯而上。」

「權」與「勢」緊緊相連，因為權中蓄含著一種力量，這種力量可以造成一種勢力，故常稱「權勢」。有權勢者，要風得風，要雨得雨。既然權勢如此神通廣大，所以從古至今，熱衷於入「仕」做官掌權者，簡直可以說多如牛毛。

正是由於「權勢」的誘惑最大，其中隱藏的危害也最大。為此，洪應明防人杜心處世雞湯告誡世人：

第一，位盛危至，德高謗興。

《菜根譚》云：「爵位不宜太盛，太盛則危；能事不宜盡畢，盡畢則衰；行誼不宜過高，過高則謗興而毀來。」意思是說：一個人的職位不能太高，否則會有潛在的危險；才幹不能一下子全發揮出來，否則才氣會顯得越來越少；品行不要表現得過於高尚，否則會遭到無端的誹謗。這正是「物極必反」的道理在「權勢」問題上的反映。

洪應明處世雞湯認為：人生諸多煩惱，多由貪婪權勢引起；人間諸多禍患，亦多由貪婪權勢招致。因此，為人處世，貴在從心底戒除「貪婪權勢」四個字。這種不看重權勢的人，歷史上也大有人在。

春秋戰國時期，著名的思想家莊子就是這種人。

一天，莊子尚未起床，就聽到門外人聲喧鬧。起床一看，原來是楚威王派人來請他下山。莊子的大名，威王久仰已久，他想讓莊子幫他圖霸天下。這次他派了幾位大夫做使者，帶著豬羊美酒、車馬黃金，浩浩蕩蕩，來請莊子去楚國擔任卿相。

使者說明了來意。莊子仰天大笑，說：

「千金是重利，卿相是尊位。然而，諸位難道沒有見過君王祭祀天地時所用的那頭牛嗎？想當初，牠在田野上是多麼自由自在。只因為牠的模樣生得端莊些，皮毛長得光滑些，就被選進宮中，得到很好的照料。此時，這牛想改換門庭，已經來不及，只有等著當祭品了。

「天下的君主，在勢單力孤，天下未定的時候，往往招攬海內英才，禮賢下士。一旦奪得天下，便為所欲為，視人民如草芥。對於開國功臣，更是惟恐他們功高震主，殺之為快。你們說說，做官能有什麼好結果？」

在這個故事中，莊子對權力的一番見解，正是對洪應明「位盛危至，德高謗興」的最好注解。這種看法不失為謹慎、精明、智慧之舉。自古及今，有許多人雖然不一定理解他們對權勢的這種高明見解，不自覺地效法著去做的卻大有人在。

第二，富者多憂，貴者多險。

《菜根譚》云：「多藏者厚亡，故知富不如貧之無慮；高步者疾顛，故知貴不如賤之常安。」意思是：財富聚集太多，就會整天擔心財產被人奪去。可見，富有還不如貧窮那樣無憂無慮。當身分地位很高時，就難免經常憂慮會一朝丟官。可見，高官厚祿還不如常人那樣安閒。

洪應明在這裏還是想告訴世人：高官厚祿，往往會導致災禍。財富積聚太多的人，就會整天擔心財產的安全問題，因為「財帛動人心」，見錢眼開的人處處皆有。身分地位很高的人，就會整天擔心權位的安全問題，因為「爬得越高，摔得越重」，那些身居高位的人，雖然表面上得意洋洋，內心卻非常恐懼。因此，他們不得不絞盡腦汁，以維護自己的地位不被動搖。這種人與常人的無憂無慮比起來，自然是非常可憐。所以說：「無官一身輕。」

歷史上，「朝為公卿，夕為匹夫」的情況實在不少。

東晉末年，劉聰為左賢王，招陳元達入府為官。陳元達沒有應召。待劉聰當了後漢國君王，陳元達應召做了黃門郎。

劉聰對陳元達說：「你如果早跟隨我，怎麼會只做個郎官？」陳元達回答：「我認為，人生際遇，有一定的緣分。我以前不來是機遇不到。我若早來，恐怕你會封我做九卿，但那不是我應得的職位，得了，怕承受不起。所以，我有意抑制自己的欲望，等待合適的機會才來。這樣，才不會因職位過高而遭到誹謗，擔任超過我本分的官職而招致禍難。這是兩全其美，多好啊！」

俗話說：一無所有的人了無牽掛，無官一身輕，無財不擔心。人生就這麼怪：生於治世，貴者難盡情作威作福，富者也難得不義之財；處於亂世，暴富顯貴多了，賊盜也多了。人為財死，鳥為食亡。多藏厚亡，懷璧其罪，財富招禍。一個身居高位的人，無數人眼巴巴地在看著他的權位。爬得越高，踩他的人越多；一旦跌下來，就如掉進無底深淵。所以，洪應明提醒世人：人處富貴之中，應思貧賤之樂，絕不可為貪求富貴而無所不用其極。其實，此時想想自己老病時只盼望能多活一天，在白雲下散散步，爭名求貴之心自然會平息幾分。

權勢蘊涵著危險，而引發危險的導火索就是「弄權」。權勢熏天，可能帶來門庭若市；恣意弄權，可能令許多人不敢抬頭；可曾想到，弄權一時，淒涼萬古。

古人云：「惟彼愚人，招權入己，炙手可熱，其門如市；生殺予奪，頤指氣使；萬夫脅息，不敢仰視；蒼頭廬兒，虎兒加翅。一朝禍發，迅雷不及掩耳。」可見，權勢蘊涵著危險，而引發危險的導火索就是「弄權」。

愚蠢的人總想爭權奪利，攬權弄權。一朝權在手，便頤指氣使。由於權勢熏天，炙手可熱，自然會有很多人來投靠，致門庭若市；由於權勢鼎盛，派頭十足，擺架子，耍威風，自然令許多人在他面前不敢抬頭。狗仗人勢之輩更是有恃無恐，仗勢橫行。然而，專權者一旦在權力鬥爭中倒下，就會樹倒猢猻散，牆倒眾人推。面對這種局面，各種罪名和禍患就會以迅雷不及掩耳之勢降臨，想逃避，怕是萬萬不能了。

所以，洪應明處世雜湯告誡世人：

第一，弄權一時，淒涼萬古。

《菜根譚》云：「棲守道德者，寂寞一時；依阿權勢者，淒涼萬古。達人觀物外之物，思身後之身，寧受一時之寂寞，毋取萬古之淒涼。」意思是說：堅守道德情操的人可能被冷落一時；攀附權勢的人卻難免世世代代遭人唾棄。所以，洞曉人生的智者，追求的是超凡脫俗的精神生活，思慮的是死後留下的名節。他們寧肯忍受生前一時的冷落，也不會自取千古罵名。

第二，恣勢弄權，自取滅亡。

《菜根譚》云：「生長富貴家中，嗜欲如猛火，權勢似烈焰，若不帶些清冷氣味，其火焰不至焚人，必將自爍矣。」意思是說：出身於豪門望族的人，所需盡有，所需盡得。但天地有盡，人欲無邊。各種欲望、嗜好對他而言，如同烈火一般；倘若再倚仗家中權勢，專橫跋扈，所仗的權勢便如滔天火焰。在這種環境中生活，若不恬心寡欲，潔身自好，有朝一日，必會引火自焚。

人的欲望有多少種，無人能精確統計。古人雖有七情六欲之說，但無論是「生、死、耳、目、口、鼻」之欲，還是佛家所指的色欲、形貌欲、威儀姿態欲、語言聲音欲、細滑欲、人想欲，都只是個粗略分類。隨著物質、文化的日益豐富，人的欲念更加膨脹，倘若再加上各種嗜好，那大概只能用天文數字計算了。人的欲念是人類發展的原動力，有了它，社會才能保持動態。但這種力量若不能因勢利導，適當控制，「得隴」還要「望蜀」，勢必天下大亂，燒人毀己。

人的欲望是無止境的。有了財富，還希望有權力；有了權力，還希望滿足其它欲望。如果沒有一定的理智，那就很容易胡作非為。從這個意義上說，欲念好比烈火，理智好比涼水；涼水可控制烈火，理智可控制欲念。一個生長在富貴之家的人，沒有道德修養緩和一下強烈的各種欲念，他就會隨心所欲，為非作歹，必然會使自己走向「自爍」的毀滅之途。

何必憂慮未來的權與利，把握住今天的人生便是安樂。為了不重蹈「飛鳥盡，良弓藏；狡兔死，走狗烹」的悲劇，不僅不可恣意弄權，最好能夠：得意處及早回頭。

是不是已居高位，只要不恣意弄權，就可保平安？這樣還不夠，最好把到手的權勢讓一讓。為此，洪應明提出：

第一，急流勇退，與世無爭。

《菜根譚》云：「謝事當謝於正盛之時，居身宜居於獨後之地。」意思是：應當在事業達到巔峰的時候引退，最好是在與世無爭的地方處身。

在洪應明看來，成就事業容易，想保持自身與事業的完整卻很難。此等世態，中國古代歷史上不乏實例，「鳥盡弓藏，兔死狗烹」就是形象化的比喻。所以，功成應當身退，方不致給自己招來災禍。

有的人費盡心機求官。當官以後，還要為孩子兄弟謀官，恨不能將一個地方、一個單位變成他的家天下。

元世祖在位時，史天澤一家由於有功於國而加官晉爵，他和兩個侄兒都身居要職。對此，史天澤不但不感到榮耀，反而甚為憂慮，認為權力集於一家，會招來災難。因此，他再三請辭。在他的堅決請求之下，一天之內，全家有十七人被解除了職權。

如此處世，何等明智！他主動要求解除自家子侄的職權，就是為了戒盈避禍。同時，他對功名也看得很淡泊。率軍出征以前，世祖授權他全權節制各路將領，他卻將密詔密而不宣。班師回朝以後，世祖慰勞他，他將功勞全部推給其他將領。正因他謙恭自律，後來才會一門請辭。

進退有度，還有個時機的問題。老子說過：時機合適了，就去做官；時機不合適，就去官為民。

急流勇退是功德圓滿的一種方式。可是，知道這個道理的人不少，自覺做到這一點的人卻不多。完成事業，需要意志。功成身退，同樣需要意志。江山代有才人出。並不是官越大，就表明能力越強；也不是權越大，功績就越豐。任何作用發揮到一定程度，就要知進退。退，不表明失敗。主動退，正是能夠自我控制的明智之舉。

第二，得意之外，及早回頭。

《菜根譚》云：「恩裏由來生害，故快意時須早回首；敗後或反成功，故拂心處莫便放手。」意思是說：浩蕩隆恩之下，會引出無窮之後患。所以，洋洋自得的時候，應盡早想好退身之路。慘遭挫折之後，或許反而會導致大功告成。因此，難堪失意的時候，千萬莫要破罐子破摔。

古人曰：「伴君如伴虎。」又說：「傲不可長，欲不可縱；志不可滿，樂不可極。」歷朝歷代都有哲人提出類似的思想，卻很少有人能夠真正引以為戒，往往是重蹈了前人的覆轍之後，才後悔無及。究其原因，是因為這些人貪欲不足，恃寵驕狂，且對政治的險惡估計不足，不能清醒地看待當政者的恩寵和自己手中的權力，痛快了一時，卻落得結局慘痛。像春秋晚期的范蠡那樣功成身退，泛舟而逝的人真是屈指可數。

因此，洪應明強調：得意時早回頭，失敗時別灰心。尤其是第一句話，其政治含義很深。「功高震主者身危，名滿天下者不賞。」「弓滿則折，月滿則缺。」「凡名利之地，退一步便安穩，只管向前便危險。」這些言論都說明了「知足常樂，終生不辱；知止常止，終身不恥」的道理。

第三，勿待興盡，適可而止。

《菜根譚》云：「笙歌正濃處，便自拂衣長往，羨達人撒手懸崖；更漏已殘時，猶然夜行不休，笑俗士沈身苦海。」意思是：當歌舞盛宴進行到高潮，就要毫不留戀地離去。那些達觀的人正是在緊要關頭，毫不猶豫地停住。這才是令人羡慕之舉。夜闌人靜之時，仍然忙著應酬的人，實際上已墮入苦海，讓人可笑可歎！

「懸崖勒馬」，「急流勇退」，皆世人常道。前者指遇到危難時，迷途知返，以免不測。後者指人在得意的頂峰時要及時退下來，以免樂極生悲。白居易在《長恨歌》中寫道：「緩歌慢舞凝絲竹，盡日君王看不足。」描寫唐玄宗在歌舞正濃時，沒有主動起身拂衣而去，所以招來「安史之亂」的歷史悲劇。

因此，洪應明處世智慧提醒世人：在春風得意時，應該培養適可而止，急流勇退這自我控制的功夫，才能保一世平安。

關於「懸崖勒馬」，有這樣一個故事：

南宋時，有個人叫莊柏楊，自幼家境貧困，缺衣少食，不得溫飽。後來，他做了縣衙的小吏，仍然脫不了貧困。有一天夜裏，他獨自在屋裏盤算著怎樣借錢，然後再放高利貸。算著算著，就睡著了。也不知睡了多久，他忽然覺得自己竟到了公堂上。正疑惑不已，忽聽得有人在旁邊拍手笑道：「柏楊兄，你當上縣太爺啦！」話音剛落，幾個人擁上來給他贈送錢財。「哈！」見錢眼開的他，悠然間樂得前仰後合，卻醒了！

從此，他不再研究借錢放高利貸的事了，而是集中精力，謀劃著如何能真的當上縣太爺，真的看到白花花的銀子送到自己府中。於是，他經常規劃著自己的未來，不時修訂著自己的安排，還特意在安排上畫上紅紅綠綠的記號：正月初一送大禮，五月端陽送粽子，八月十五中秋送月餅。甚至連縣太爺、州官的兒子過生日的時間也摸準了……

就這樣，莊柏楊年復一年琢磨著溜鬚拍馬去耍官。幾年下來，他人瘦了，眼窩凹下去。一天夜裏，他對著鏡子照了照，不由得驚詫起來。這時，忽見一個鬼在他眼前鄙夷地冷笑道：「你想當縣太爺，哈哈，哈哈！」調笑聲震得他兩耳直響。他禁不住感歎道：「窮嘛，原是命中注定的。硬生法兒弄個官兒當當，撈點錢財花花，連鬼都要調笑我呀！」歎著，歎著，他若有所悟。漸漸地，他由妄想做官，貪圖榮華富貴的此岸瞬間徹悟，心性飛到彼岸。終於，他猛地把鏡子一摔，三步併兩步，走到八仙桌前，將放在上面的那幾張做官的安排扯了個粉碎，狠狠地擲到地上。

從此，他淡薄名利，割斷權與利的聯繫，每日工作之餘，讀書繪畫，彈琴自娛，清貧自守，詩文名滿天下。鄉鄰們還為此編了一首歌，到處傳唱：「柏楊不貪權，日子過得歡；讀書又彈唱，人生樂開懷。」

關於「急流勇退」的例子就更多了。

王彥超在後周時曾任京兆尹、永興軍節度使。周恭帝繼位後，加檢校太師西面椽邊副都布署。趙宋初年，又加兼中書令。宋太祖與王彥超在後周同朝任職時關係就很好，因此常去看他。

有一次，太祖與眾臣宴飲。飲到酣暢痛快時，他對王彥超說：「你以前在復州為官時，我前去投靠，你卻不收留我，這是為什麼？」

王彥超馬上頓首叩頭，說：「勺水豈能養得下真龍？當初，皇上沒有滯留在小郡之地，這都是天意啊！」

宋太祖開懷大笑。

開寶初年（公元九六八～九七五年），王彥超從鳳翔入京朝見天子，與武行德、郭從義、白重贊、楊延璋等人一起參加宋太祖的酒宴。

太祖對眾臣說：「你們都是國家的舊臣，為國家的建立立了大功。如果還讓你們長期帶兵鎮邊，為國事夙夜操勞，這有違我優待功臣的本意啊！」

王彥超即刻上奏：「臣本來沒有什麼功勳勞績，卻長期享受朝廷恩賜的榮華寵信。今已年老衰朽，請求准許臣退休丘園。這是臣最大的心願。」

武行德等人卻向皇上大談自己以前的戰功和辛勞。

太祖很不高興。第二天，罷免了武行德等人的兵權。

相較之下，王彥超當真明智多多。

王彥超經常教誡他的幾個兒子：「我歷任統帥，率軍作戰，殺人太多，僥倖免死，卻沒有為你們留下陰德。你們要多做善事，以自我庇護。」

從洪應明處世雞湯的角度看，王彥超身為宋太祖的舊友和開國功臣，能夠順承皇帝的意旨，主動解職退位，既維護了太祖的尊嚴，又保全了自身的功名。這種以退為進、以守為攻的策略，反映了他善保家門，避禍遠罪的智謀。

正是基於這種處世之道，洪應明才強調：做事勿待興盡，用力勿至極限，適可而止，恰到好處最為理想。

■居安思危，謹小慎微

——人無遠慮，必有近憂。想避禍遠罪，除了處世待人保持「適度」外，還應善於把眼前利益與長遠利益聯繫起來。現在的謹言慎行正是為了將來的安樂。

想避禍遠罪，僅僅做到處世待人保持「適度」還不夠，還應該善於思考與眼前利益息息相關的長遠利益。即人要眼光長遠。「人無遠慮，必有近憂。」貧困時，大可不必羨慕富有者好幸福；富有時，則要想到貧餓者的痛苦。青年時虛度了光陰，「少壯不努力，老大徒傷悲。」「莫等閒，白了少年頭，空悲切！」待暮年之時，悔之晚矣。為了未來長遠的平安，現在就應該「慎言」、「慎行」、「慎獨」。

懸崖勒馬、江心補漏固然是對危局的補救，但畢竟騎虎之勢已成，世事不由自己，至此悔恨晚矣。高明的辦法是：做事要胸中有數，不要貪戀功名利祿，做無準備之事；做事要隨機應變，隨勢之遷而調整。

假如凡事都不能在勢頭上猛然後退，到頭來難免像山羊觸藩一般，弄得災禍纏身。為此，洪應明告誡世人：

第一，居安思危，處進思退。

《菜根譚》云：「進步處便思退步，庶免觸藩之禍；著手時先圖放手，終脫騎虎之危。」意思是說：當事業正處於順境，趨於鼎盛期，應該及早做抽身隱退的準備，以免將來進退維谷，無法脫身；剛開始做一件事，就應當預先計劃好在什麼情況下罷手，以後才不至於招致危險。

山羊是一種好鬥的動物，經常用犄角往籬笆上撞，有時會夾在籬笆裏進退不得。用這種情況比喻人的進退很恰當。如果一個人凡事只知一味猛進，到頭來難免弄得災禍纏身。老虎是一種兇猛的動物，俗話說：「騎虎難下。」就是用來比喻凡事要三思而行，以免日後造成進退兩難的境地。

首先，不貪戀「功名」，才能以功名終壽。

唐朝貞觀十七年（六四三年），岑文本被提升為中書令。這一天，他回到家中，悶悶不樂，面顯憂愁。母親問他緣故。他說：「我既不是功臣，也不是皇上的故舊，無緣無故承受這麼大的恩寵、榮耀。現在，官位高，權力大，責任重，危險也大了，所以感到憂慮。」

親朋好友有來向他祝賀升官的。他說：「我現在只接受哀悼，不接受慶賀。」

有人勸他經營一些產業。他說：「我不過是南方的一介平民，赤手空拳入關來到首都，本來的願望，只想做一個祕書郎或縣令就可以了。現在我無汗馬功勞，僅僅以文墨而登上中書令的高位，這已經是我一生的頂點。接受如此高官厚祿，本來就已經非常恐懼，怎麼能再談經營產業呢？」

岑文本為什麼會有這種情懷？因為他沒有忘記自己的出身只是一個平民，又與皇上非親非故，更無赫赫戰功，僅以文墨高居相位。作為一介平民，居如此高的官位，他時時擔憂盈滿傾覆。為此，他俸祿雖重，卻不置產業，反映了他在顯貴之後，布衣本色沒有改變。正是由於他能以這種平常心待之，因而，才能夠以功名壽終。

其次，保持清醒，防患於未然。

戰國末年，秦國滅了韓、趙、魏三國，趕跑了燕王。秦王準備一鼓作氣，吞併楚國，繼續統一中國的大業。為此，他召集文臣武將商議滅楚之謀。

青年將領李信在攻打燕國時，曾以少勝多，逼得燕王姬喜走投無路，向秦王謝罪求和。秦王很賞識他。所以，秦王首先問他：「李將軍，你看，吞併楚國，需要多少人馬？」李信不假思索地回答：「二十萬人足夠了！」秦王又把目光轉向老將王翦，問道：「王將軍，您的意見呢？」久經殺場的老將王翦神色凝重地回答：「滅楚，非六十萬大軍不可！」秦王冷冷地說：「看來，王將軍果真老了！為什麼這麼膽怯呢？還是李將軍有魄力！我看，他的意見是對的。」於是，秦王派李信和蒙恬率領二十萬大軍南下攻楚。王翦則告病辭官，回老家休養去了。

李信率軍攻打平與，蒙恬進攻寢邑，都取得了勝利。李信又攻下鄢邑和郢都，之後揮師向西，與蒙恬在城父會師。此時，楚軍趁勢尾隨追擊秦軍，三天三夜，馬不停蹄，攻入秦軍的兩個壁壘，殺死七名都尉，李信大敗而歸。

最後，只有不貪圖眼前的蠅頭小利，才能保證長遠的大利。

春秋戰國時期，公儀休憑著才學優異，當上了魯國宰相。他奉公守法，依理辦事。

在他的治理下，領取俸祿的人不與平民百姓爭奪利益，做大官的人不准占小便宜。

有一次，一位客人送給他一些魚，公儀休不接受。客人說：「聽說您喜歡吃魚，才送魚給您，為什麼不接受呢？」公儀休說：「正因為我喜歡吃魚，所以不接受。如今我做了相國，能夠供給自己魚；如果因為接受別人送的魚而被罷官，誰會再送魚給我呢？所以，我不接受你送的魚。」

第二，處富貴地，知貧賤痛。

《菜根譚》云：「處富貴之地，要知貧賤的痛癢；當少壯之時，須念衰老的辛酸。」意思是說：一個人處於富有而高貴的境地，要瞭解貧賤者的饑苦；年輕力壯時，要想到年老體衰時的辛酸。

洪應明這一「避禍遠罪」的處世雞湯有兩層含義。

第一層含義是說：富貴不能忘本。陳勝未稱王前，曾和同伴相約：「苟富貴，毋相忘。」待他當真富且貴時，卻把這項約定丟到腦後去了。

從古到今，很多人一但有了權勢，便覺身價百倍，忘卻了水能載舟，也能覆舟的古訓，有了財富，便趾高氣揚，驕奢淫逸，彷彿自己的血統都比別人高貴了。卻不知，富貴時未想到貧窮，就難使富貴長久。

唐朝宰相李義琰的住宅沒有正室。為幫助李義琰建造住宅，他的弟弟擔任岐州司功參軍時，便買了造屋用的木材送給他。待弟弟進京時，李義琰對他說：「以我的才德，擔任宰相已經感到愧疚，如果再建造華麗的住室，這是讓我加速招致災禍，哪裡是真心愛我呀！」他的弟弟解釋說：「一般人做到丞尉之類的小官，便營建大宅美室。哥哥位居宰相，難道應該像貧民百姓那樣，一輩子居住在卑陋狹小的房子裏嗎？」李義琰說：「世間沒有兩全其美的事物。我已經做了高官，現在又要擴建宅第，如果沒有高尚的品德，必然要遭受禍殃。並不是我不想建豪宅，住美室，而是擔心因此違法獲罪。」李義琰始終沒有營建正室，他弟弟送來的木材經日曬雨淋，都腐朽了。

李義琰身為宰相，仍然住在低矮狹小的偏房中。他的弟弟送些木材給他修建正室，本無可非議，可是，他卻堅辭不受。由此可見，他決不是做做樣子，是真的「處富思貧」，保持戒心。

古人說：「世之廉者有三：有見理明而不妄取者，有尚名節而不苟取者，有畏法律，保祿位而不敢取者。」這三種廉吏在思想境界上雖有高低之分，卻都值得稱道。

另一層含義是：「少年休笑白頭翁，花開能有幾日紅。」也就是：「人無遠慮，必有近憂。」

戰國時，甘茂任秦武王的左丞相。秦武王三年（前三〇九年），武王對甘茂說：「我想乘車前往三川窺探周室。」甘茂說：「請讓向壽陪我到魏國去，相約一起攻打韓國。」甘茂到了魏國，對向壽說：「您回去告訴武王：魏國已經聽從我們的計策。但是，希望大王不要進攻韓國。這件事成功以後，功勞全歸您。」向壽回國之後，把甘茂的話轉告武王。

甘茂回來後，武王問他：「既然魏國同意了，你為什麼又不想攻打韓國？」甘茂回答：「宜陽是個大縣，上黨和南陽歷史悠久，這兩個地方，名義上叫縣，其實是郡。現在，大王讓我離開許多險要的地方，走千里路程去進攻它，困難啊！從前，曾參住在費邑時，魯國有一個跟他同姓同名的人殺了人，旁人誤傳，說是曾參殺人了。當時，曾參的母親正在織布，聽到這話，神情鎮定自若。不久，另一個人又告訴她說，曾參殺人了，她還是若無其事。又隔了一段時間，又有一個人告訴她說，曾參殺人了，她趕緊扔下梭子逃跑了。憑曾參那樣賢能和他母親對他的信任，有三個人誤傳謠言，他的母親就相信。如今，我的賢能不如曾參，大王對我的信任又不如曾參的母親對曾參的信任，且懷疑我的不只三個人，我擔心大王會像曾參的母親扔梭子那樣對待我。當初，張儀向西吞併巴、蜀兩國的土地，往北開拓西河以外的地方，朝南奪取了上庸，天下人不讚美張先生，而認為先王聖明。魏文侯讓樂羊帶兵攻打中山，三年後攻下它。樂羊回國後要求為他評功，魏文侯卻把一箱子意見給他看。樂羊只得放棄評功邀賞的希望，連連叩頭說：『戰爭的勝利，這不是我的功勞，而是得力於主上英明。』如今，我是一個寄身異國的臣子，如果樗里子、公孫奭倚仗韓國的勢力，和我爭議，大王一定會聽從他們的意見。這樣，大王就欺騙了魏王，而我就要受到公仲侈的憎恨。」武王說：「我不會聽他們的。請讓我同您結盟吧！」

於是，甘茂帶兵攻打宜陽。一直攻打了五個月，還不能攻下。樗里子和公孫奭果然在武王面前爭論這件事。武王召見甘茂，想撤兵。甘茂說：「息壤達成的盟約還放在那兒呢！」於是，武王決定大規模出動軍隊，由甘茂全權統帥，進擊宜陽。秦軍終於攻佔了宜陽，韓襄王只得派公仲侈到秦國，跟秦國議和。

甘茂要不是對讒言早有防範，不但他的攻韓戰爭的勝利無從談起，他能否在秦國丞相的寶座上坐穩，乃至性命能否保住，都很難說。可見，凡事預則立，不預則廢。

任何情況下，都必須擺正自己的位置。即使立下蓋世奇功，成為天下崇拜的英雄，假如自己產生自傲的念頭，不但功勞會在自傲中喪失，還會招來意外的禍患。切記：驕矜無功，懺悔滅罪。

人應該有自知之明，任何時候、任何情況下都應擺正自己的位置，保持自謙。即使是為國家建設立了大功，成為天下崇拜的英雄偉人，假如產生自誇功勳的念頭，沈浸於榮譽的花環中，不思進取，他的大功不但會在自傲中喪失，還會招來意外的禍患。

《菜根譚》云：「蓋世功榮，當不得一個『矜』字；彌天罪過，當不得一個『悔』字。」意思是：一個人建立了舉世無雙的豐功，最可怕的是一個自以為是的「驕」字；犯下了十惡不赦的大罪，最可貴的是一個痛改前非的「悔」字。

無論是「矜」還是「悔」，其實人生全在一個「悟」字。要悟到真正的生存智慧，認識到自己應該為什麼而活著。面對世人的稱頌，面對榮華富貴，如果你以為這些就是人最終的追求，一旦擁有了這些，就自足自驕起來，那就會把功業斷送，甚至走向反面，對世人犯下悔亦不及的大罪過。古往今來，多少人在「驕傲」上栽了大跟頭。當然，在這個問題上保持清醒的也大有人在。

明代開國元勳徐達居功不伐，受寵不矜，是一位懂得「避禍遠罪」的高明處世者。他是明太祖朱元璋的老同鄉、老部下，又曾救過朱元璋的命，關係非同一般。他為明朝的建立南征北戰，出生入死，可謂功勳赫赫。朱元璋對他也十分寵信。可是，他並不因此而驕橫自誇，而是謙恭謹慎。

古人說：「嬰兒常病傷於飽，貴人常禍傷於寵。」如果因為功勞大，受到寵信，就驕橫放縱，勢必招來災禍。這樣的歷史教訓太多了。

西漢董賢深受漢哀帝的寵信，官至大司馬。他的妹妹當了皇妃，父親當了少府，妻子同住宮中。出宮與皇帝同車，入宮陪皇帝同食，權力與皇帝相等，富貴震動朝廷。由於權寵過盛，又不知道抑損，在哀帝去世之後，董賢就因犯罪，被免官，與妻子一起自殺，屍體被葬於牢房，家屬被遠徙，家財被拍賣。

戰國時，公子牟曾勸諫秦襄侯：「官位不與勢力相約，可是勢力自己會來；勢力不與富貴相約，可是富貴自己會來；富貴不與驕橫相約，可是驕橫自己會來；驕橫不與死亡相約，可是死亡自己會來。」洪應明正是基於此，才告誡世人，做人必須切實排除這個「矜」字。反過來，犯下滔天大禍的人若能徹底懺悔，洗心革面，重新做人，邪念就會全消，罪孽也可能灰飛煙滅。

人的一生變化無常，「得意無忘失意日，上臺勿忘下臺時。」越是春風得意，越是不能放縱自己。想終生平安，不僅要謹慎地把握現在，還應實實在在地預測未來。需知：君子兢兢，謹言慎行。

一個人在春風得意時，要多做好事、多積陰德，免得失勢以後，留下罪孽官司纏身。世事變幻難測，一個人不論出身多麼高貴，地位多麼榮耀，尤其在官場上，多行善事，是為今後著想。一個有修養、有道德的人，處於順境時，決不會像市井之徒那樣，抱今朝有酒今朝醉的生活態度。

洪應明防人杜心處世智慧提醒世人：

第一，持盈履滿，君子兢兢。

《菜根譚》云：「老來疾病，都是壯時招的；衰後罪孽，都是盛時造的。故持盈履滿，君子尤兢兢焉。」意思是：老年所患的疾病，是年輕時積成；衰敗後所顯現出的罪惡，是鼎盛時為所欲為造成。所以，生活在幸福美滿中的人應小心謹慎，嚴於律己。

歐陽修指出：「嗚呼！盛衰之理，雖曰天命，豈非人事哉……夫禍患積於忽微，而智勇多困於所溺……」

儘管事物的發展有盛有衰，這是自然規律，不可抗拒，但衰亡的因素恰恰孕育於興盛時期，這一點，不可不重視。想使自己的事業永盛不衰，是癡人夢想。可是，使之在一定時期內盛而不衰，卻是可以達到的。其方法就是防微杜漸。

第二，欲無禍於昭昭，勿得罪於冥冥。

《菜根譚》云：「肝受病則目不能視，腎受病則耳不能聽。受病於人所不見，必發於人所共見。故君子欲無得罪於昭昭，必先無得罪於冥冥。」意思是說：肝得了病，眼睛就看不清東西；腎得了病，耳朵就聽不清聲音。雖然病生於人看不到的地方，病症卻必然發作於人們都能看到的地方。所以，道德高尚的正人君子想在世人面前光明磊落，不患過錯，就必須從人所不見的細微處做起，加強修養。

漢武帝末年，宮中多次發生巫蠱事件，許多人受到牽連，衛太子也因此被廢黜。當時皇曾孫劉病已剛生下來幾個月，也因衛太子的事入獄。丙吉這時擔任廷尉監，奉詔查辦州郡的巫蠱事件，管理郡邸監獄。他知道衛太子是被陷害，因此，對劉病已的遭遇很同情。為此，他挑選了一位謹慎忠厚的女犯，讓她養育和保護他。

後元二年（前八七年），武帝生病。一個會看天象的人上奏：「長安監獄中呈現天子之氣。」武帝為了劉家天下長治久安，便下令將監獄裏的囚犯統統殺掉。內謁者令郭穰連夜到郡邸獄。丙吉關閉獄門，不讓他進，說：「皇曾孫在這裏。其他人無辜而死，尚且不應該，何況是皇帝的親曾孫呢！」就這樣一直僵持到天明，郭穰進不了監獄，便去向武帝告狀。這時，武帝也醒悟了，說：「這都是天意啊！」於是，大赦天下。

後來，丙吉聽說有個叫史良娣的人忠厚可信，就把劉病已送到她家撫養。這時，漢昭帝已繼位，知道這事後，下詔書把劉病已接到掖庭撫養。

昭帝駕崩，昌邑王被廢，大將軍霍光與車騎將軍張安世議立新帝。此時任大將軍府長史的丙吉對霍光說：「如今國家、百姓的性命掌握在將軍手中。先帝遺詔撫養於掖庭外姓人家的皇曾孫病已如今已經十八、九歲。他通經術，有美材，行為穩重。希望將軍明大義，先讓他入宮侍奉太后，待天下人明白真相後，再決定大策，輔立即位。能這樣做，才是天下人的大幸啊！」霍光採納了他的建議，輔佐劉病已登基，就是漢宣帝。

丙吉從不炫耀自己的長處和功勞，絕口不談自己的護駕之功。因此，朝中沒有人知道他的大恩大德。

其後，霍氏被誅滅，宣帝親政，並親自過問尚書省的事。這時，一位掖庭宮婢讓她的丈夫上書，說她曾有養護皇曾孫的功勞。宣帝詔令查問此事。宮婢在供詞裏提到，當時的使者丙吉知道真情實況。於是，丙吉才說出真相。宣帝親自詢問，知道丙吉雖對自己有救命之恩，但他始終沒有向任何人誇耀過，非常讚賞他的賢明、謙恭，就封他為博陽侯，食邑三千戶。五年後，代魏相為丞相。

丙吉大德不言，表現出一種深沈的處世智謀。在腥風血雨中，他冒著生命危險，不但救了劉病已的命，而且將他養大成人，輔佐他登上皇帝的寶座，此恩可謂深似海，此德可謂比天高。但是，他為什麼絕口不言？

須知侯門似海，君心難測。帝王的隱私是絕對不許別人窺探和瞭解的。誰如果知道他不光彩的過去，就非倒楣不可。漢宣帝雖然出身皇族，但「落地的鳳凰不如雞」，落難時對於救命者，會感恩不盡；一旦皇袍加身，那就可能今非昔比了。昔日坐牢，被女囚哺育撫養，受恩於臣下，都能成為他心頭的暗影。此時你如果不識時務，還要提起他這些不光彩的過去，就可能招來殺身之禍。所以，丙吉的大德不言，與其說是一種有功不伐的高尚品德，不如說是一種避禍自保的處世智謀。

第三，謹言慎行，君子之道。

《菜根譚》云：「十語九中，未必稱奇，一語不中，則愆尤駢集；十謀九成，未必歸功，一謀不成，則訾議叢興。君子所以寧默毋躁，寧拙無巧。」意思是說：十句話中能說對九句，別人不一定對你稱奇，一旦有一句話沒說準，立刻就會有許多人接二連三地指責你的過失。十次謀劃，有九次成功，別人未必把功勞歸於你，但一次謀劃不成，就立即會有許多議論、誹謗生出來。所以，一個修養高的人，寧肯保持沈默，也不會急躁，寧肯保持拙樸的本性，不會自作聰明。

現實社會中就常有這種情況：真正幹事情的人總是被人議論紛紛，挑出許多毛病；不幹事情，指手畫腳的人卻永遠摸對了門路。正因此，歷史上，很多處世高明的智者就遵循著這條「沈默是金」的處世原則。

洪應明之所以提出這樣一條「謹言慎行」，避禍遠罪處世雞湯，是因為他看透了世人的內心世界。俗話說：「好事不出門，壞事傳千里。」好事之所以出不了門，是因為人皆有嫉妒心，看到你有光彩的事就絕口不提，結果就使這種好事遭到冷凍。反之，你一旦有了一點失誤，在人們幸災樂禍的心理驅使下，立刻一傳十，十傳百，很快就會讓所有人知道。所以，他發出了「十語九中未必稱奇，一語不中則愆尤駢集；十謀九成未必歸功，一謀不成則訾議叢興」的慨嘆。

以特權謀取的富貴，就像是插在瓶中的花，花的根沒有長在土中，因此，它的枯萎可說指日可待。依附權貴、為虎作倀的結果，必然是因違背公德，觸犯國法，不得善終。切記：勿犯公論，勿陷權門。

每個人都有自己的處世原則，人生境遇也就因此而有所不同。比如，一個人寧可窮困也不依附權貴，且不隨意去招惹他們，這一方面可能是因為阿諛奉承達官貴人的言行與其正直的人格水火不容，更主要的是由他所具有的避禍遠罪的人生智慧所決定。

為此，洪應明處世雞湯提出：

第一，勿犯公論，勿陷權門。

《菜根譚》云：「公平正論不可犯手，一犯則貽羞萬世；權門私竇不可著腳，一著則玷污終身。」意思是：公認的正義和規範，絕不能觸犯，觸犯了，就會遺臭萬年；權貴的營私舞弊，絕不可介入，哪怕進去一步，這輩子就洗不清了。

人最害怕的是「寂寞」二字，寂寞到極處，便可能不甘寂寞。不甘寂寞本身並無可厚非，關鍵在於採取什麼樣的行動；打算幹一番轟轟烈烈的大事業本身也沒有錯，關鍵在於用什麼樣的途徑去實現。誰都知道，做好事，可以流芳百世。流芳百世與遺臭萬年不僅從時間上一樣久遠，在轟動效應上也不相上下。

洪應明這一智慧，主要包括兩層含義：

首先，官場實為鬼門關，稍不慎，就可能身首異處。

戰國時代，趙國被秦將白起打敗後，舉國上下發憤圖強，勵精圖治，以期雪恥報仇。同時，派使臣攜帶重金，聯絡各國，結好燕、魏，聯合齊、楚，共同抗秦。在這種新的形勢下，白起由主戰派變成了主和派。

秦王因為趙王反悔，不肯割六城，憤而派王陵起兵攻打趙國都城邯鄲。可是，不斷增兵，仍不能取勝。於是，秦王打算讓白起代替王陵。白起推托：「邯鄲實不易攻，且諸侯救兵日多，又恨秦已久，必與秦拼力。秦在長平雖破趙軍，自己的士卒也死傷過半。遠離河山去爭人國都，趙堅壁抗擊於內，諸侯攻其外，秦軍必敗。」秦王又派范雎去請他。白起始終不肯，並稱病在家。

就這樣，秦軍與趙軍在邯鄲僵持。楚王派春申君、魏王派信陵君率兵數十萬救趙，猛攻秦軍，秦軍傷亡慘重。白起說：「秦王不聽臣計，今果如此！」秦王聽了，很惱怒，強令白起率兵征趙。白起以病重堅辭。於是，秦王免去他的職務，降為士兵，徙到陰密。白起有病在身，可是，秦王下令他立即起行，不得再留在咸陽。他只好帶病起程。待他出咸陽西門十里，秦王與范雎等群臣計議說：「白起被遷徙，其意尚怏怏，有怨言。」秦王於是派使者賜之劍，讓他自殺。白起臨死前說：「我獲何罪於天而至此？」過了很久，自答道：「我固當死。長平之戰，趙卒降者數十萬人，我用詐計盡坑之，死有餘辜。」遂自刎。

白起在戰前能預見勝敗，能勝則戰，預見其敗則堅決不戰，確是個卓越的軍事家。但是，他並不是一個高明的政治家，對於官場的險惡，缺乏深入的洞察力。

秦攻邯鄲之敗，果如白起所預見。秦王如聽白起之言，就不會被諸侯軍所敗。此敗責在秦王，而秦王絕不會自承錯誤。他能做的只有文過飾非，遷怒白起，賜劍令其自絕也就順理成章了。像白起這樣善於謀略的人在官場上都玩不轉，足見官場之險惡！

其次，身在官場，潔身自好，才是保身之上策。

南朝著名學者阮孝緒的表兄王晏是南齊大臣，位尊權重。阮孝緒當時在社會上很有名望。因此，王晏經常屈尊登門造訪，聯絡感情。阮孝緒從王晏的所做所為中，預料到他早晚要遭殃，便有意躲避，不與他相見。有一次，家中餐桌上多了一種味道很好的醬，阮孝緒問這醬是從哪裡買的。家人告訴他，是王晏送來的。阮孝緒立即把吃到嘴裏的醬全部吐出，並馬上叫人把醬都倒掉。他告訴家人，今後不要與王晏來往。待王晏犯罪被誅，親戚們都十分恐慌，只有阮孝緒很坦然。他說：「我和王晏雖是親戚，但並沒有什麼勾結，既沒有沾他一點光，也沒有與他營私結黨，他走他的陽關道，我走我的獨木橋，井水不犯河水，怎麼會受到牽連呢？」其後，他果然平安無事。

第二，以權得貴，瓶中之花。

《菜根譚》云：「富貴名譽，自道德來者，如山林中花，自是舒徐繁衍；自功業來者，如盆檻中花，便有遷徙興廢；若以權力得者，如瓶缽中花，其根不植，其萎可立而待矣。」意思是：富貴和聲譽，如果是從道德修養中得來，那就像是生在山林中的花草，自然會從容地成長，繁衍；如果是從建功立業中得來，那就像是長在花園中的花，可能因移植而衰敗；如果是因特殊的權力得來，那就像是插在瓶中的花，花的根沒有生在土中，因此，花的枯萎就指日可待了。

洪應明以這一避禍遠罪處世雞湯提醒身在官場中的人：

首先，越是大權在握，越不能張揚。

宋真宗時，李沆擔任宰相，從來不向皇帝上密奏。有一次，真宗問他：「眾臣人人都有密奏，愛卿獨無，這是為什麼？」李沆回答：「公事就在朝廷公開奏對，還用密奏幹什麼？凡是密奏，不是誣讒別人，就是對上獻媚。我一向厭惡這類做法！」

李沆經常讀《論語》。有人問他緣故。他說：「我做宰相，就是要按照《論語》中所說的『節用而愛人，使民以時』的話去做。如果我做的達不到這個標準，就說明我對聖人之言還沒有真正理解。所以，聖人之言，要終身誦讀。」

李沆性格直爽，為政廉謹，謙虛謹慎，不謀求大的聲譽，辦事遵紀守法，不以私害公，退朝回家後就正襟危坐。

他家的廳堂前僅有一匹馬轉身的地方。有人說，那太狹窄了，勸他擴大一下面積。他笑著說：「自己家裏的房子是傳給子孫的私人財產。我這房子作為宰相府或許狹窄了點，用來祭祖和接待客人卻已經很寬敞了。」

房屋的垣牆頹倒，他從不在意。家人勸他修建房舍，他也不答應。弟弟李維也提到這件事。李沆說：「我當宰相，吃國家的俸祿，還經常得到優厚的賞賜，家中的錢，要修建一座新房，的確夠用。可是，我始終牢記佛經上的話：這世界本就有缺陷，怎麼可以求其圓滿？現在如果買一塊新房地，要用一年的時間才能將房屋建成。人生在世，生死朝暮難保，在這房子裏，又能住多長的時間呢？人的房子如同樹枝上的鳥巢，能湊合著住就行，為什麼一定要修建得那麼闊綽？」

就李沆之所為分析，他確實深得避禍遠罪處世雞湯之精義：

一、從無密奏。他說：「公事則公言之，何用密啟。」凡「人臣有密啟者，非讒即佞。」他的弦外之音，是在諷諫皇上不要被讒佞的小人迷惑住。因為「佞言似忠，奸言似信」，對讒佞之徒的密奏不可不察。古賢哲一再告誡世人，對好阿諛奉承的人不能不防。他今天能對你極盡能事地巴結吹捧，明天也能對別人如此表演一番。這種人是地道的小人。喜歡吹捧別人的人是佞人，喜歡被奉承的人是愚人，都無法長久。

二、慎言避禍。在小人當道的險惡環境中，他從不與賓客及同僚閒聊。口舌之禍，不可不慎。他經常誦讀《論語》，多讀有益之書，實為一種處世智謀。

三、避盈戒滿。在權勢、名利、衣、食、住、行各方面都不求圓滿如意。因為這世界本就有缺陷，不圓滿。

其次，修身養性是仕途平安的根本。

明朝人孫交於成化十七年（一四八一年）考取進士，初授南京兵部主事。正德初年，提升為光祿卿。後歷任吏部尚書、戶部尚書等職。他為人謙遜，說話謹慎，從不以權勢和官位壓人，清廉自守，心性恬淡，沒有什麼貪欲。在南京為官時，因為事情少，閒暇時間較多，僚友們都結伴聚堆，或者「侃大山」，或者宴飲、下棋遊樂。孫交從不參與這些活動，閒暇時總是獨處一室，專心讀書。有人問他為什麼？他說：「我這樣與先哲聖賢對話交流，難道不比與賓客妻妾閒談更為有益嗎？」

興獻王一向器重孫交，曾將陽春台以東的地方贈給他，讓他擴大宅室的基地。事後，中官上奏說孫交侵佔公地，要求朝廷收回。明世宗說：「這塊地是先皇賞賜給孫尚書的，我怎麼敢剝奪呢？」

在洪應明看來，孫交的做法高明之處在於：閒暇時獨處一室，專心讀書，思考問題，既充分利用寶貴的人生光陰，用更多的知識充實自己，使自己變得更加聰慧、睿智；又可以避免因清閒遊樂而消磨鬥志，影響功業；還可避免言多有失；更可避免結交朋黨之嫌。因為，同僚們的心性品行相差很大，良莠蕪雜，經常聚在一起，弊端很多：一是容易使政敵摸清你的弱點。二是容易造成與他人的新矛盾。三是言多必失，可能被人利用，招來麻煩。

古人提倡以德服人，認為財富、美名應是有德者居之。道德的修省不是一朝一夕的事。君子「立德、立功、立言」，要慢慢成長，官位、財富、名譽，要一點一點地累積。身處於險象環生的官場，孫交這種「閒暇多對聖賢語，默處一室勤讀書」的做法，充分體現了洪應明「修身養性是仕途平安的根本」這一避禍遠罪處世雞湯的妙處。

有道是「一失足成千古恨」，這失足處，往往就是自己心中的「邪念」。有的人晚節不保，就是因為「貪欲」滋生；有的人面對不公，懷恨在心，就是因為「怨恨」使然。切記：禍福苦樂，一念之差。

俗話說：「吃人家的嘴軟，拿人家的手短。」有些人看中了你手裏的權力，千方百計賄賂你。你若拒腐蝕，永不沾，自然能堂堂正正，秉公辦事。你若貪念漸長，照收不誤，日後必然腰桿子不硬，受制於人。有的人一生清廉，但晚節不保，就是因為在物欲的衝擊中，「貪念」滋生。俗話說：「君子報仇，十年不晚。」有些人受到不公正的對待就懷恨在心，伺機報復，陷入「怨怨相報」的循環，不能自拔。洪應明則認為，控制自己的「邪念」，對於避禍遠罪來說，非常重要，是必須小心謹慎的一個重點。

為此，他告誡世人：

第一，禍福苦樂，一念之差。

《菜根譚》云：「人生福境禍區，皆念想造成。故釋氏云：『利欲熾然即是火坑，貪愛沈溺便為苦海。一念清靜，烈焰成池；一念驚覺，船登彼岸。』念頭稍異，境界頓殊。可不慎哉。」意思是說：人生的幸福和苦惱都是由觀念造成。所以釋迦牟尼說：「名利的欲望太強，就等於自己跳入火坑；貪婪之心太強，就等於自己沈入苦海。只要人還保留一絲純潔，就會使火坑變成水池；只要有一點警覺，就能使苦海變為樂園。」人的意識、觀念稍有不同，人生境界就可能完全相異。所以，一個人的思想言行必須慎重。有些人生活貧苦，卻能安貧樂道；有些人生活奢侈，卻仍然不滿足。佛經中說：「相由心生，相隨心滅。」以生死的境界稱為此岸，一切煩惱稱為中流，成正果稱為彼岸。人一旦起了利欲之念，心馬上就會變成火一般熾烈的貪婪，這時就會墮入痛苦的地獄。心能清淨，即使已經出現熾烈般的欲火，也能把它化為清涼水池。

第二，一念貪私，萬劫不復。

《菜根譚》云：「人只一念貪私，便銷剛為柔，塞智為昏，變恩為慘，染潔為污，壞了一生人品。故古人以不貪為寶，所以度越一世。」意思是說：心中只要出現一念之私，就會使自己剛直的性格變得懦弱，聰明的才智被阻礙，善良的心地變得殘酷，純潔的心靈染上污濁，結果是毀了自己一生的人品。所以，古聖賢以不貪作為座右銘，憑藉這個法寶，超過了世間凡人。

在洪應明看來，品行的修養是一生一世的事，艱苦而又殘酷。古人對品行有污染者，很不願意原諒。王陽明的理學主張「致良知」。他說：「良知無待他求，盡人皆有，只有被物欲埋沒了他。」要求為人絕對不可動貪心。貪心一動，良知就自然泯滅；良知泯滅，就喪失了正邪觀念；正氣一失，其它就隨意而變了，剛毅之氣也就頓時化為烏有，聰穎智慧變成了糊塗，仁慈之心變成了殘酷刻薄，原本高尚的品德染滿了污點。只此一念之差，就使一生的人格破產。人若抵不住「貪」字，靈智必為之蒙蔽，剛正之氣必由此消除。「不貪」應如利劍高懸，使之警世而又可以救人。

第三，一行不慎，身敗名裂。

《菜根譚》云：「有一念犯鬼神之禁，一言而傷天地之和，一事而釀子孫之禍者，最宜切戒。」意思是說：一個念頭就可能觸犯鬼神的禁忌，一句話就可能傷害人間的和諧，一件事就可能埋下殃及子孫的禍害。這些都應該警惕。

俗語說：「一行不慎，身敗名裂；一言不慎，貽患終身。」因此，為人處事要善於掌握分寸，慎思謹行。每做一事，要為自己著想，也要為別人著想；要看眼前，也要為子孫後代考慮。否則，如果為達目的，不擇手段，只圖自己一時之歡，做出傷天害理的事，賺不仁不義的錢，就等於給子孫釀禍，給自己的前程伏下敗筆。

第四，存道心，消幻業。

《菜根譚》云：「色欲火熾，而一念及病時便興似寒灰；名飴利怡甘，而一想到死地便味如嚼蠟。故人常憂死慮病，亦可消幻業而長道心。」意思是說：當性欲像烈火一樣燃燒，只要一想到生病時的痛苦，這烈火就立刻會變成冷灰；當功名利祿像蜂蜜一般甘甜，只要一想到觸犯刑律，走向死亡的情景，這功名利祿就會像嚼蠟一樣毫無滋味。所以，要經常想到後顧之憂，才能消除惡念，增添善心。

孔子說：「君子有三戒：少之時血氣未定，戒之在色；及其壯也，血氣方剛，戒之在鬥；及其老也，血氣既衰，戒之在得。」朱子也說：「聖人同於人者，血氣也；異於人者，志氣也。血氣有時而衰，志氣則無時而衰也。」俗話說得好：「戒色可保壽，戒鬥可免禍，戒得可全名。」人在病中，會感到人生之虛幻與可悲；到了死地，大概只剩求生一念了。所以，平時做事應朝事物的對立面想想，不可隨心所欲，任意胡為。人生在世，宜控制自己的欲望而修德，做事勿為欲望而迷失本性。

第五，臨崖勒馬，起死回生。

《菜根譚》云：「念頭起處，才覺向欲路上去，便挽從理路上來。一起便覺，一覺便轉。此是轉禍為福，起死回生的關頭，切莫輕易放過。」意思是說：心中剛出現私念，如果覺得有放縱欲望的可能，就要依理性將它拉回。不好的念頭一產生就警覺，一有警覺就轉變想法。這正是變禍為福、起死回生的關鍵時刻，切不可輕易放過。

的確，人生的道路雖然很漫長，緊要當口卻常常只有幾步。在人的頭腦中，正確與錯誤、公與私常常並存，只一念之差，就可能偏過去。這就是人們常說的：「失之毫釐，謬以千里。」「千里之堤，潰於蟻穴。」所以，應該用道德操守，在自己的頭腦中築起一道堤壩，以抵禦邪念的進攻。必須在第一個回合就擊退這種進攻。如果小處退讓，就很可能犯大的錯誤。千萬不要——「一失足成千古恨，再回頭已百年身。」

■中庸處世，平和待人

——不要以為自己行得正、站得直，就可以無所顧忌。如果矯枉過正，眼不容沙，嫉惡如仇，後果不堪想像。

處世遵循中庸之道，行事才不會偏頗。不能認為自己行得正、站得直，就一切都不顧忌。一個清廉自守的人固然值得尊敬，若矯枉過正，把自己的格調提得很高，對萬事萬物容不得一點沙子，嫉惡如仇，就變成毫無容忍之雅量的偏激，其後果必不堪想像。因此，一定要把好處世的尺度，尋個合適的方法。

萬事萬物，「過猶不及」。一件事發展到頂點，就會走向衰亡。處世亦然。必須懂得留下餘地的道理，通過控制，使一切保持在最佳狀態，從而達到避禍保身的目的。

唐憲宗元和十二年（八一七年）四月，李光顏在郾城打敗叛將吳元濟，郾都守將舉城投降。

當時，韓弘為汴軍主帥，常常藉敵人的勢力要挾朝廷，不想盡快平叛。因此，他非常忌恨李光顏拼命死戰，密謀從中阻撓。於是，他花費數百萬錢，派人找到一位美女，教她歌舞管弦之樂和六博之藝，用珠翠金玉之衣裝扮她。然後，派使者送給李光顏，希望他因沈迷於女色而懈怠軍政大事。

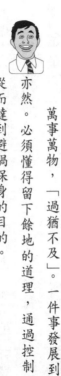

使者到軍營拜見李光顏，說：「韓令公感激您的厚愛，擔心您因辛苦，不能安居，特命我進獻一名藝妓，以撫慰您征戰在外的思家之心。謹聽您的指令。」李光顏說：「今天晚了，明天早晨再來進獻吧！」

第二天早晨，李光顏大宴軍士。等三軍齊集，他才命令使者進獻藝妓。這名藝妓姿色之美，使在座的人都驚訝不已。李光顏卻毫不動心地說：「韓令公憐憫我離開家室已久，求美妓贈送給我，我很感謝。但是，我受國家深恩，與叛賊勢不兩立。現在我帳下數萬名將士都別妻離子，我怎麼能迷戀於女色，自己快活呢？」說完涕泣不已。堂下數萬士兵都感動得泣不成聲。於是，李光顏在席間厚賜來使，讓他當場領著藝妓回去，並對來使說：「請代我多謝韓令公的美意。我侍奉君王，報效國家之心，至死不渝。」

從此，將士們勇戰報國之情更加激昂，很快平定了叛亂。李光顏加官檢校司空。

李光顏就是一個懂得「留下餘地」的聰明人！他雖然看透了韓弘的陰謀，卻沒有直接揭露，也沒有怒斥對方卑鄙，更沒有為難來使，而是沈著冷靜地來了個「厚賜來使」，「宴軍退妓」，既讓韓弘無話可說，又表明了自己奉君報國的浩然正氣，更激勵了全軍將士報國之心。

洪應明處世待人「留下餘地」的思想主要體現在以下幾個方面：

第一，君子德行，其道中庸。

《菜根譚》云：「清能有容，仁能善斷，明不傷察，直不過矯，是謂蜜餞不甜，海味不鹹，才是懿德。」意思是說：清正廉明而又能寬容他人，心地仁慈寬厚而又能當機立斷，做事精明而又不失於苛求，性情剛強而又不過分叫真兒，這正是所謂上好的蜜餞並不甜得過分，上等的海味並不鹹得過分。只有掌握好這樣的尺度，才算得上是為人處事中的美德。

人的優點與缺點常常相伴而生。心地善良本是人的美德，但往往導致心慈手軟，優柔寡斷。性情耿直也是人的美德，卻可能不注意說話與工作方式而刺傷他人，從而影響了群眾關係。生活中，這樣的情況不乏其例。

那麼，怎樣才能揚長避短，發揮優點，克服缺點呢？關鍵在於懂得「留下餘地」，真正體味出「蜜餞不甜，海味不鹹」的真諦。

第二，快心敗身，五分無悔。

《菜根譚》云：「爽口之味皆爛腸腐骨之藥，五分便無殃；快心之事皆敗身喪德之媒，五分便無悔。」意思是說：美味佳肴吃多了，就要傷及腸胃，吃個半飽就不會傷身；過分使人快樂的事是身敗名裂的媒介，遇到這種事，不要得意忘形，事發後就不致追悔莫及。

農曆九月九日為重陽節。這一天，大自然陽氣最盛，陰氣最衰。但是，到了九月十日，盛極的陽氣便開始衰落，陰氣漸漸升騰。從這天起，世間進入陰盛陽衰的急變中。自然的規律不可抗拒，但人間的許多事可以人為控制。比如，喜、怒、憂、思、悲、恐、驚中的「喜」，依中醫之告誡，平時應節哀制怒，遇事多往好處想，保持情緒的愉快。但是，它又指出，喜極可傷脾，樂極能生悲。因此，人即使遇到大快其心的事，也不要得意忘形，才不致使情緒失控，傷及身體。

世間萬物都是矛盾的統一體，矛盾雙方的變化消長促進了事物的發展。可是，人往往經不住誘惑。很多人一遇到香甜可口的美味，就不顧一切地拼命多吃，結果把腸胃吃壞了。聰明人必須注重養身之道。營養不良固然不行，吃得太多也絕非好事。必須懂得「欲罷不能」的危害。養身如此，處世待人同樣如此。應當明白：在此方有一得，必會在彼方有一失；若想兼得，只能各取其中，不可兼取其上。

第三，路讓一步，味減三分。

《菜根譚》云：「徑路窄處，留一步與人行；滋味濃的，減三分讓人嘗。此是涉世一極安樂法。」意思是：走到狹窄的地方，要儘量留出一點空間，讓別人過得去；吃到美味，別忘了省下三分，讓別人也能嘗一嘗。這才是最安全、最快樂的處世立身之道。

俗話說：狹路相逢勇者勝。但是，走山邊小路，不能兩人同時通過；爭先恐後，就有墜入深谷的危險。在這種情況下，要先停住腳步，讓他人過去，才算最安全。吃美酒佳肴時，不可以總是一個人獨享，要想想周圍還有許多不如自己的人，否則人們可能由於妒忌而產生惡念。就像古人掃墓祭祖，一定會拿出一些酒菜送給周圍的遊魂野鬼吃，否則那供給祖先的酒菜會給遊魂野鬼搶光。留一步，讓三分，就是提倡一種謹慎的處世方式，也就是「留下餘地」。這樣做，不僅不會招致危險，而且可以尋求安寧。人若能從誠心為他人著想的態度出發，遇事懂得退讓，就可以博得他人的好感，不僅可以保全自己的性命，還會得到他人的愛戴和保護，自己的內心也會感到愉快和滿足。相反，若總是貪一己之私利，寧肯別人遭殃，也不願損及自己一絲一毫的利益，這樣的人到頭來不僅問心有愧，結局也一定可悲。

第四，知退一退，加讓三分。

《菜根譚》云：「人情反覆，世路崎嶇。行不去處，須知退一步之法；行得去處，務加讓三分之功。」意思是說：人情總是變化無常，人生的道路總是坎坷不平。走到過不去的地方，必須懂得退一步的道理；走得過去時，務必做些謙讓他人的功德。

古聖賢十分重視明哲保身的道理。《詩經》說：「既明且哲，以保其身。」明代理學家王艮寫過一篇《明哲保身論》，對這個道理做了進一步的發揮：「知保身者，則必愛身如寶。能愛身，則不敢不愛人；能愛人，則人必愛我；人愛我，則吾身保矣。能愛人，則不敢惡人；不惡人，則人不惡我；人不惡我，則吾身保矣……吾身保，然後能保天下矣。此仁也，所謂至誠不息也……知保身而不知愛人，必至於適己自便，利己害人，人將報我，則吾身不能保矣。吾身不能保，又何以保天下國家哉？」

「人情冷暖，世態炎涼。」人生到處都有陷阱。這就更需培養高度的謙讓精神。遇到行不通的事，不要勉強去做。「知退一步之法，明讓三分之功。」這不僅是一種為人的美德，更是一種安身立命的方法。

「槍打出頭鳥」，「出頭的椽子先爛」。如果自以為聰明，玩弄陰謀詭計，言行荒誕怪異，必會招來禍害。在物欲橫流的世界中，只有順乎自然，不顯山露水，恪守中庸，才能避禍保身。

東漢和帝永元七年（九五年），太傅鄧禹的孫女鄧綏應選入宮，第二年冬季成為貴人。當時她年僅十六歲，正值豆蔻年華，光彩照人。可是，她恭順謹慎，一言一行都遵循皇宮的法度。她侍奉陰皇后小心周到；對其她嬪妃，她能夠克制自己，屈身對待；就連宮人、隸役，她都施加恩義。和帝對她的謙恭十分讚賞。

一次，鄧貴人染病，和帝恩准她的母親及兄弟入宮探視和護理。鄧貴人為此心中不安。她對和帝說：「宮禁重地，叫外人長期居住，上會使陛下受到私寵外戚的譏諷，下會使賤妾招來不知滿足的誹謗。這樣，你我都要受到傷害，我不願這樣做啊！」和帝嘆道：「別人都以家人親戚來皇宮的次數多為榮耀，你卻為此感到憂慮，主動提出讓親屬縮短在宮內居住的時間，真是難得啊！」

每當參加宴會，其她嬪妃都精心打扮，只有鄧貴人穿戴保持平時的樣子。每當她發現自己穿的衣服與陰皇后穿的衣服顏色相同時，必定換下來。與陰皇后一同進見皇上，她從來不敢端坐，而是恭恭敬敬地站在皇后一旁。與陰皇后一起行走，她必定壓低身子，讓皇后能高於自己。每當和帝有所垂詢，她都是讓陰皇后先說，然後才從容對答。

後來，陰皇后漸漸失寵。從此，每逢皇帝詔見，鄧貴人總是托病不去。和帝多次失去皇子，鄧貴人經常選才人進宮，以慰帝意。陰皇后怕鄧貴人的聲望越來越高，威脅到自己的地位和利益，就請巫師作法，想害死她。其後，和帝病重，陰皇后私下裏對心腹說：「我決不能讓鄧貴人有後代。」鄧貴人聽到這話，哭訴道：「我這樣竭誠盡心地侍奉皇后，竟然得不到皇后的保護，這是我得罪了上蒼的原因啊！婦人雖然沒有從死的義務，但我曾聽說『周公身請武王之命，越姬心誓必死之分』的故事，決心效法他們，上為報答皇上的寵遇之恩，中為避免皇族紛爭之禍，下不使皇后有人豕之譏。」說完就要飲藥自殺。宮人趙玉見狀，詐言：「皇上派使者前來，說皇上的病已經好了。」鄧貴人相信了，停止了自殺的念頭。第二天，和帝的病果然痊癒。

永元十四年，陰皇后因巫蠱事件，被廢除了皇后的封號，鄧貴人想盡辦法營救。陰后被廢黜之後，皇帝有意冊立鄧貴人為后，她卻假稱有病，閉門謝客。這年冬天，鄧貴人終於還是被冊立為皇后。

就上述故事而言，鄧氏的聰明之處在於能擺正自己的位置，處處不爭先。她初進宮時雖然年少，在為人處世方面卻已頗有心得。漢和帝對她十分寵愛，她未因此目空一切；和帝對她的寵愛勝過對陰后，她慎守分寸，不敢越位越權。相比之下，陰皇后就差遠了。當她見到鄧貴人的聲望日益升高，便妒心大發，不顧自己尊貴的皇后身分，去加害一個貴人。結果是聰明反被聰明誤，不僅丟掉了皇后的寶座，連性命也搭上了。

因此，洪應明避禍遠罪處世雞湯告誡世人：

第一，庸德庸行，和平之基。

《菜根譚》云：「陰謀怪習、異行奇能，俱是涉世禍胎。只一個庸德庸行，便可以完混沌而召和平。」意思是說：陰謀詭計、奇異之行、奇特之技能，都是處世的禍根。只有平庸的德行和平常的行為才能合乎自然，達到平安的生活。

第二，奇異無遠識，獨行無恒操。

《菜根譚》云：「驚奇喜異者，無遠大之識；苦節獨行者，非恒久之操。」意思是說：喜歡在形式上標新立異的人，不可能具有遠見卓識；苦守名節，獨往獨來的清高之士，難保恒久的操行。

人間的美味佳肴多得不可勝數，熊掌魚翅、燕窩駝蹄、猴頭豬腦，天上飛的，地上走的，無不在烹食之列。但是，再會吃的人，一生還是以五穀蔬菜為主。如果不食五穀，不咽蔬菜，只吃參鬚昆翅之類的稀奇之物，命必不長久。飲食如是，做事亦然。事物的發展要求汰舊創新。但是，若不求內容，只為求新而新、為立異而異，追求形式，這種人必會因內蘊不足而一事無成。因此，儘管喜歡新鮮好奇是人之性情所決定，有大志向的人仍須確認，不應把精力投放於此。性格穩重、修養厚實的人應當重視平素的言行，不要標新立異，聳人聽聞。奇特怪異之行多了，只會使人看了討厭，對於自己的前途、事業絕無任何好處。

性情急躁而慌慌張張的人，刻薄寡恩而無情無義的人，頑固不化而固執己見的人，都屬於性格偏激之類。如果不能戒除這種偏激的心性，就根本談不上避禍遠罪。

性情急躁的人對於任何事都缺乏全面考慮，完全聽憑自己的浮躁之氣行事，毫無沈著穩重之謀。其個性好像一團烈火，遇事好生氣，很容易自毀前程。刻薄無情的人，人們見到他就覺得不寒而慄，當然很難得到他人的信任。頑固不化的人，遇事絲毫不講究通融變化，認定一樣東西，不管對錯，堅持到底。若不能戒除以上這些偏激的心性，就根本談不上避禍遠罪。

因此，洪應明避禍遠罪處世雞湯提醒世人：

第一，中和為福，偏激為災。

《菜根譚》云：「躁性者火熾，遇物則焚，寡恩者冰清，逢物必殺，凝滯固執者如死水腐木，生機已絕，俱難建功業而延福祉。」意思是說：性情暴躁的人像是熾熱的火焰，碰到東西就會將其燒毀；缺少情義的人像是冷酷的冰雪，碰到物體就會將其凍壞；性情刻板、頑固不化的人像死水朽木般毫無生機。以上這三種人都很難建功立業，不可能廣泛地造福於人群。

有人說，人的脾氣秉性是天生的，其實不然。心理學將人的氣質分為幾種類型——膽汁質、多血質、粘液質、抑鬱質等。但也同時指出，純粹的類型極少，一般都是混合類型。這說明，人的氣質只是側重於某一方面，其它方面還同時存在，只不過，尚有待開發。一個人如果發覺了自己性格偏激，就應該努力克服，絕不能用脾氣秉性、氣質特點等藉口原諒自己。比如性情暴躁，雖然你沒有壞心，卻容易傷害朋友，天長日久，別人都會躲你遠遠的。又比如性情孤僻，凡事不理，因此別人不敢接近你，天長日久，就成了孤家寡人。諸如此類性格上的偏激，越早發覺，越早改正，越可以避禍遠罪。

第二，養天地正氣，法古今完人。

《菜根譚》云：「氣象要高曠，而不可疏狂；心思要縝密，而不可瑣屑；趣味要沖淡，而不可偏枯；操守要嚴明，而不可激烈。」意思是說：氣度要高遠曠達，不可放蕩不羈；思維心計要縝密細緻，不可流於瑣碎；生活的情趣要平和恬淡，不應該偏於某一方面；道德情操上應嚴格要求，但不可偏激過度。

萬事萬物都講求一個「度」，有其質的穩定性。一旦過了度，就會發生質的變化。一個人的品質也是這樣。氣度恢宏本是好事，一旦變為粗獷，就帶上了幾分缺憾；再變為粗野狂蕩，就完全成了缺點。心思縝密是獲得成功的必要保證，但巨細畢究，會付出許多無用的勞動，導致事情的失敗。把一種好的品德視為教條而走向極端，這種品德反而有害於人。一個人想做到不偏頗，言行和思想境界都需要承受一個很長的磨煉過程。否則，做事做人若總是看到好的一面，忽視隨之而來的不足，一不小心便會失之偏頗，得到相反的結果。

第三，我見害心，聰明障道。

《菜根譚》云：「利欲未盡害心，意見乃害心之蟊賊；聲色未必障道，聰明乃障道之藩屏。」意思是說：追求功名利祿的欲望不一定都會損害心靈，倒是那些自以為是的狂妄偏見才真是損害心靈的害蟲；輕歌妙舞的美女之色未必會蒙蔽道德良知，倒是那種自作聰明的習慣才是蒙蔽道德良知的障礙。

洪應明所說的「意見」和「聰明」，是指主觀偏執和自作聰明。他把它們的危害放在利欲聲色之上，極言其害人之普遍性和隱蔽性。利欲之心、聲色之好，人人皆以為恥，害處雖大，但人對它們的警惕性也高。相反，主觀偏執和自作聰明就不那麼容易認知，尤其不易被當事者自己察覺。它們往往被看作辦事果斷、才華橫溢的表現。因此，這兩種以華麗之外表出現的害心之蟊賊、障道之藩屏，自然更應引起我們的警惕。

第四，要有理智，不能放任。

《菜根譚》云：「當怒火欲水正沸騰處，明明知得，又明明犯著。知的是誰？犯的又是誰？此處能猛然轉念，邪魔便為真君矣。」意思是說：當心中的憤怒像烈火一樣升騰，欲念如開水般翻滾，心中雖清楚地知道此時的狀態不正常，卻又鬼使神差般對之放任不管。知道這樣做不對的是誰？明知故犯的又是誰？在這一關頭若能猛然清醒，惡魔也會變成賢明的上帝。

人真是不可思議，厲害時「敢叫日月換新天」，窩囊時連自己的情緒都控制不住。儘管有個叫作理智的控制中樞，但這個中樞也往往欺軟怕硬，遇到強烈的感情如火山爆發時，便頓時失靈，不敢行使權力。

生活中，很多人喜歡給自己大書一個「忍」或「制怒」的座右銘，說明他們都能意識到「怒火欲水」之害。但又很難一下子控制得了。要把這種本能的情感逐步理智化，需要一個修省的過程。要逐步以毅力把這種怒氣和欲望控制住，才可能使一切邪魔都成為自己的精神俘虜，使自己轉而變得輕鬆愉快。

「鋤地須鋤草，煩惱即菩提。」其實，世間根本沒有所謂魔鬼，自己內心的邪念即是魔鬼；世間也根本沒有上帝，內心的一顆良知就是上帝。怒火欲水本是一念之間的事，修養好了，一念之間，可以使自己變得高明。

第五，毋偏信自任，毋自滿嫉人。

《菜根譚》云：「毋偏信而為奸所欺，毋自任而為氣所使；毋以己之長而形人之短，毋以己之拙而忌人之能。」意思是說：不要聽信一面之辭，以免被陰險之徒所利用；不要放任自己，免得被一時的意氣所左右。不要因自己在某方面有長處，就去議論別人的短處；不要因自己在某方面笨拙，就去嫉妒別人。生活中，某些人覺得有些本事就傲氣待人，有些能力就很自信，瞧不起不如自己的人，且對自己的不足強力掩飾。人過於自信，就容易偏信，傲以待人便眼中無人。一個修養好的人，必定具備公正、無私、誠懇、同情的品性；修養較差的人則會表現出偏袒、自私、欺騙、嫉妒。人的善良本性一旦被蒙塵，劣性便占了上風。一個人究竟是君子還是小人，其關鍵完全操之於自己的修省磨煉。人有本領、能力強是好事；但如果因此形成許多惡習，便成了壞事。

第六，操持嚴明，守正不阿。

《菜根譚》云：「士君子處權門要路，操履要嚴明，心氣要和易，毋少隨而近腥膻之黨，亦毋過激而犯蜂蠆之毒。」意思是說：身處官場上的重要地位，操守和行動要嚴格光明，心境要平和寬宏，不要流露輕視的感情，去接近營私舞弊的奸黨，也不要過分偏激，從而招惹陰險毒辣的小人。

正與不正相對立，清廉與腐化、真誠與奸邪難以相容。「士君子」以其高雅的風範、嚴正的操守，自不屑於與奸邪為伍。但仕途是人際傾軋最利害的地方，魚龍混雜，清濁同在，往往涇渭難以分清。因此，人在官場應如履薄冰，行動要步步小心。

五代時，馮道歷經五個朝代，官越做越大，可謂政治舞臺上的不倒翁，被人稱為「騎牆孔子」。儘管他的氣節為後人詬罵，但他避禍保身的智慧可謂超絕。一個人如果自詡氣節清高，做事不講究方法，只知意氣用事，往往會形成主觀本意與客觀效果難相一致的局面，不僅辦不成事，還會壞事，自己也得不到善終。

第七，和衷濟節義，謙德承功名。

《菜根譚》云：「節義之人濟以和衷，終不啟忿爭之路；功名之士承以謙德，方不開嫉妒之門。」意思是說：崇尚節義的人，對世事的看法容易流於偏激，必須用溫和的胸懷調劑，以免發生意氣之爭；在政治上有所成就的人，應該經常保持謙恭和藹的美德，才不會招致別人的嫉妒。

俗話說：「樹大招風，功大招妒。」功勞大、地位高的人容易遭人嫉妒，所以態度應謙恭和藹。同樣，有氣節的人氣質剛強，性情傾向激烈，不免與人發生爭執。就其剛強而言是長處，而激烈或偏激則是短處。因此，做人不可恃一己之長，傲人待物，不能因一方面有優點，忽視另一方面的不足。為了取長補短，平日要養成溫和的處世態度，注意緩和激烈的個性。與世無爭，才能與人維持良好的關係。有身分、地位的人做人更應注意樹大招風的道理，保持謙恭，以維護功業的長久。人不論處於什麼位置，都應謙和謹慎，以避免無謂的紛爭。

溫文爾雅、態度平和的人通常會得到大家的好感；刻薄冷酷、淺薄自私的人則會招致眾人的厭惡。渾然和氣，才是處世之珍寶。

洪應明避禍遠罪處世雞湯提醒世人：

第一，渾然和氣，處世珍寶。

《菜根譚》云：「標節義者，必以節義受謗；榜道學者，常因道學招尤。故君子不近惡事，亦不立善名，只渾然和氣，才是居身之珍。」意思是說：標榜氣節的人，必定會因此受到他人的誹謗；標榜道學的人，常常會因此招致他人的怨恨。所以，君子既不可接近壞人壞事，也不能隨意留下美好的名聲，只應保留純樸、溫厚、雅儒、平和的人格。這才是立身處世的珍寶。

做人要平實無欺，不可自我標榜。要知道，學問、道德並非吹噓而來，是從艱苦的修養中累積而成。有的人好虛名，披上道德的外衣，實質上是在騙取他人的信任，以滿足私欲。這與為非作歹固然有別，卻具有更大的欺騙性。

第二，謙虛受益，滿盈招損。

《菜根譚》云：「宥器以滿覆，撲滿以空全。故君子寧居無不居有，寧處缺不處完。」意思是說：宥器由於裝滿了水才導致傾覆，撲滿空著的時候才能保持完整。所以，一個品德高尚的人寧可處於一無所有的狀態，也不願為了佔有而去爭名奪利；寧可生活中有所欠缺，也不去追求完滿。

一個人的內心若充滿妄想，心理就會產生障礙，從而不接受他人的善言；若心態驕狂，對事物的追求必如有一堵牆擋住了視線，使他在自我封閉的圈子裏自滿，從而很容易招致他人的忌恨，豈有不失敗之理。古人就非常懂得這個道理。

孔子說：「功成不居，勞而不矜，這才是最忠厚的。」洪應明處世雞湯則認為：有功不言，居功不伐，不僅是一種為人的美德，更是一種避禍遠罪的策略。

歷史上許多功勳卓著的文臣武將就因為恃功自傲，蠻橫無禮，無視於王法，胡作非為，遂招來殺身之禍。這些歷史教訓提醒後人，越是有功勞、有才能的人，越應該謙虛謹慎，不恃功、不自誇。

第三，忘恩報怨，刻薄之尤。

《菜根譚》云：「受人之恩，雖深不報，怨則淺亦報之；聞人之惡，雖隱不疑，善則顯亦疑之。此刻之極，薄之尤也，宜切戒之。」意思是說：受恩惠再多，也從不設法報答，有一點怨恨就千方百計地報復；聽到別人的壞事，即使不確實，也深信不疑，對好事，再明顯也不肯相信。這樣的人真可謂刻薄冷酷、淺薄自私到極點，應當戒絕。

「以小人之心，度君子之腹」，「以怨報德」的人大有人在。這種人喜歡聽別人的壞話、壞事，即使捕風捉影，他也深信不疑。而對別人的好話、好事，卻不肯承認。這實在是愚蠢至極。《禮記》中曾經歌頌舜的美德，說他為人處世具「隱惡揚善」的品格。《論語》中記載：「或曰：『以德報怨，何如？』子曰：『何以報德？以直報怨，以德報德。』」做人要恩怨分明，更應具有這樣的思想境界。要達到這樣的境界，如果不經長久的磨煉，不具寬厚的胸懷、良好的品德，是不可能的。要知道，隱惡揚善不僅是一種品德修養，也是一種人際和諧的前提，更是一種避禍遠罪的手段。

第四，多喜養福，去殺遠禍。

《菜根譚》云：「福不可徼，養喜神以為召福之本而已；禍不可避，去殺機以為遠禍之方而已。」意思是說：幸福靠祈求是得不到的，培養樂觀的精神才是幸福的根本。災禍很難避免，只有消除自己心頭的怨恨，才能遠離災禍

現代醫學證明，想要身體好，必須心情樂觀。有了樂觀的情緒，機體活力充沛，可以抵禦許多疾病。即使生了病，情緒樂觀，也能夠促進痊癒。怪不得曹操寫下這樣的詩句：「盈縮之期，不但在天，養怡之福，可得永年。」

世人對幸福總是爭先恐後，一遇災禍，則都想逃避。可逃避不是解決問題的辦法。只有心存忠厚，多反省自己，少怨恨別人，才可能遠離災禍。

■藏才隱智，冷眼觀世

——人生處世，要通權達變，因時進退，而不能固執迂腐，盲目進取。靜水深流，藏鋒斂鍔，含而不露，乃全身避禍之妙訣。

人生在世，要通權達變，因時進退，而不能固執迂腐，盲目進取。積極認真，富於創造性地工作，主動大膽地提出合理化的建議，本來是一個人敢於承擔責任的表現，應

該受到鼓勵和表彰。可是，有時候，上司心中可能厭恨或猜忌你這樣做。所以，是前進還是後退，是大膽諷諫還是緘口不言，全要看某時某地的客觀形勢和上司的品質、心性。面對複雜的現實社會，只有藏才隱智，冷眼觀世，才是最穩妥的。

韜光養晦，不但自己可以減少煩惱，社會也可以少生擾亂；鋒芒畢露，不但使社會日趨擾亂，自己也不能得到安寧。因此，完美的名譽、節操，不要一個人獨得；恥辱的行為、名聲，不可以全部推掉。

洪應明避禍遠罪處世雞湯提醒世人：

第一，不變操履，不露鋒芒。

《菜根譚》云：「澹泊之士，必為濃豔者所疑；檢飾之人，多為放肆者所忌。君子處此，固不可少變其操履，亦不可露其鋒芒！」意思是說：行為端正而又不求名利的人，一定會受到那些外表華麗卻不通點墨的名利之輩懷疑；一個處世儼然的人，往往會遭到那些輕狂自縱之徒的妒恨。品行高尚的君子當然不能因壞人當道而改變自己的人生理想，但也不能無視於現實，固執己行。應當根據實際情況，收斂自己的銳氣，待機會適當時再表現出來。

一個人具有優秀的內質，還需要適當的外部條件去激發。有些動物在嚴冬來臨時，便昏然冬眠，等待大地回春。這種以退為進，待機而發的生活態度，其實是很積極的。生活的方式和態度有千千萬萬種，全由個人選擇，別人無權指責。但現實生活中，許多才高德厚的人本想與世無爭，潛心於自己的理想境界，卻往往無故遭到各種詆毀，有時甚至橫遭災禍。有些人，自己修養未到，卻因他人修成正果而產生妒恨，於是想方設法狹人胸懷、薄人心志，以此聊以自慰。所以，秉賦優秀、銳意進取的人應當明白：一旦身處於惡劣的環境，就有必要收斂自己的言行，不要鋒芒太露。

第二，藏巧於拙，寓清於濁。

《菜根譚》云：「藏巧於拙，用晦而明，寓清於濁，以屈為伸，真涉世之一壺，藏身之三窟也。」意思是說：如果能做到表面笨拙，內心精明，外表含混，內心清楚，遇事以退為進，那就掌握了處世的關鍵，保身的法寶。

中國古代的大聖大賢曉古知今，觸類旁通，以智者的慧眼審視世界，故而明、晦、曲、直，隨心所欲。凡夫俗子，由於境界所限，只能化智聖的銘理為禦人保身的法寶。既然要保身，就得藏頭藏尾：為了使他人弄不明白，先使自己「晦」；與其讓外力所折，不如自己先彎。如此，該明不明，該直不直，在雲山霧繞之中，大家相安無事。

遍觀生物界，一般人或許認為，最無能，只能任人宰割的應該是昆蟲類。卻不知，昆蟲自有一套避凶趨吉的妙法，就是保護色和擬態。蝗蟲身體的顏色隨著環境的顏色而改變；竹節蟲和枯葉蝶在遇到天敵時，會裝成竹節和枯黃的樹葉；更有某些動物遇到危險時便假死以迷惑敵人。正是這樣的方法，使動物種群得以生存和發展。

在中國古代的封建專制王朝，為臣者伴君如伴虎，唯有裝糊塗才能保其身。尤其是在獨裁暴君的身邊，能夠自保實在不易。商末的箕子就做得很好。

商紂王因為通宵達旦飲酒淫樂，弄不清月日，就派人去問箕子。箕子是很清醒的人，他悄悄對自己的弟子說：「做天下之主而使全國沒有了日月概念，天下就危險了。一國的人都不知道時日，只有我一個人知道，我也就危險了。」於是他假裝酒醉，推說自己也不知道當天是幾月幾日。

明朝書畫大家唐伯虎被江西寧王聘為上賓。寧王是為了謀反奪權，極力收羅奇才異士。唐伯虎原以為他謙恭下士，但在寧王府待了一段時間，發現了他的陰謀，卻苦於想走又走不脫。為了避禍全身，唐伯虎便每晚去妓院尋花問柳，裝成一個癡迷的色情狂，見了老幼美醜的女人都追，在王府的嬪妃面前脫褲小便，污言穢語，不堪入耳。寧王啼笑皆非：想殺他，怕斷了賢路；想放他，又怕他泄露祕密。後來，另一個被聘為上賓的人妒賢嫉能，主張把唐伯虎趕出府去，唐伯虎才得以返回蘇州故里。幾年後，寧王舉兵造反，被剿滅，王府上賓均列為逆黨，無一倖免，只有唐伯虎逃脫此禍。

洪應明處世雞湯強調，一個人不可鋒芒太露，辦事應分清主次，講究方法；平時不可咄咄逼人，到緊要關頭自然會發生功效。這就是所謂的：「中流失船，一壺千金。」只有碌碌無為的人才會整天為瑣事纏身，處處顯露自己的鋒芒。世人想擁有足以藏身的三窟以求平安：第一，宜藏巧於拙，鋒芒不露；第二，要具備韜光養晦的修養功夫。最關鍵的是：在污濁的環境中保持自身的純潔。

顯示自己的聰明，別人必恐你的聰明害人，並希望你變成傻子。所以，聰明的人會採取抱樸守拙、遜銳示弱的生存策略。除了「藏鋒」之外，還應該「藏智」。絕不可「聰明反被聰明誤」。

所謂「抱樸守拙」，並非要人埋沒自己的才能，而是教人為了保護自己，不致引來禍端，必須小心發揮自己的才能和專長。追求卓越和超凡出眾本是一種積極的人生態度。但一味孤芳自賞，無視於周圍環境，就會與人格格不入，招人厭惡，千方百計和你過不去。有道是：「木秀於林，風必摧之。」

為此，洪應明處世雞湯提醒世人：

第一，富者多施捨，智者不炫耀。

《菜根譚》云：「富貴家宜寬厚，而反忌刻，是富貴而貧賤其行矣，如何能享？聰明人宜斂藏，而反炫耀，是聰明而愚懵其病矣，如何不敗？」意思是說：富貴人家待人應該寬仁慷慨，可他們反而常常對人刻薄寡情。可以說，他們身分雖然富貴，行為卻同那些貧賤吝嗇的人沒有兩樣。這樣，他們的富貴又怎麼可能長久地保持住呢？聰明人應該收斂掩藏些，可他們反而常常四處炫耀。這樣的人真是空長了一個聰明的腦袋瓜，對自己的短處卻一無所知！這樣，他們又怎麼能不身敗名裂呢？

倚富淩人、恃才自傲是有財勢、有才智的人最難避免的兩個心理誤區，也往往是這兩種人自取敗亡的根源。富足是做事的經濟來源，聰明是做人的內在要求。但是，應明瞭，富貴不應炫耀，才智不可仗恃，只有寬厚仁慈才可能成功。假如富貴而為人刻薄寡恩，就會陷入終日勾心鬥角，與人爭利的苦海中，完全喪失生活的樂趣，到頭來落得孤立無援，空虛寂寞。人有才智而無正氣，以此傲人愚人，正應了「聰明反被聰明誤」的俗語。因此，聰明人要有自知之明，遇事不要鋒芒太露。

第二，大智若愚，大巧似拙。

《菜根譚》云：「真廉無廉名，立名者正所以為貪；大巧無巧術，用術者乃所以為拙。」意思是：真正廉潔的人不會追求自己的名望和眾人的讚揚，那些沽名釣譽的人則到處宣揚自己，正好證明了他們的貪婪。真正聰明的人從不貪圖捷徑，投機取巧，那些弄權術、耍花招的人則正好證明了他們自己貌似聰明，實際很愚蠢。

屈原因忠心不為楚王所知，遭奸臣讒言所害，流落江湖，在河邊徘徊，容顏憔悴，大聲吟道：「心不怡之長久兮，憂與愁其相接。」聲音迴蕩在蕭颯的天地間。

忽然，河邊蘆葦叢中搖出一隻小船，操槳的漁父仙風道骨，不同凡俗。這漁父看見屈原，一眼認出，吃驚地問道：「這不是三閭大夫嗎？你怎麼來到這裏？又怎會弄成這副樣子？」

屈原仰天歎息，回道：「舉世皆濁我獨清，眾人皆醉我獨醒。就是因為如此，我被流放到這裏！」

漁父語出驚人地說：「聖人不拘於事物，能夠與世推移。世人皆濁，你為什麼不索性攪渾泥，揚起波浪？眾人皆醉，你為什麼不索性連酒帶糟都喝下去？何必深思高舉，與眾不同，把自己逼到這個地步？」

屈原慷慨激烈地答道：「我只懂得剛剛洗完澡的人必須換上乾淨的衣服，怎能反而穿沾滿灰塵的衣服，使它玷污清潔的身體？我寧可投到湘江的清流中，葬身魚腹，怎能讓皓皓的清白沾染世俗的塵埃？」

漁父聽完，臉上浮出神祕的微笑，掉轉船頭，順流而下，用槳有節奏地敲著船幫，引吭高歌道：「滄浪之水清兮，可以濯吾纓；滄浪之水濁兮，可以濯吾足。」

其後不久，屈原投到汨羅江中自殺。

故事中，漁父的話非常值得深思，他最後唱的那首歌更是大有深意。

漁父的意思，僅從前一段話看，好像建議屈原與當道的小人同流合污，醉生夢死。但聯繫那首歌辭，就不能這樣簡單地下結論了。從事政治活動，不能僅注意目的，還要注意手段。尤其是在封建專制制度中，憲法不修，民意不申，政治家想實現自己的雄心壯志，光憑一腔忠貞孤憤，絕對做不到，還需要高明的政治手腕。漁父的歌辭中包含這樣的意思：一定要因勢利導，善於應付各種各樣的社會環境。河水有清有濁，就像君主一樣，有英明，也有昏庸。無論河水清濁，都能為我所用。河水清，洗我纓；河水濁，洗我足。最後得到的都是清潔而非污濁。同樣，君主英明，固然可以藉此做一番事業。君主昏庸，小人當道，仍恃才傲物，卓爾不群，後果是可以想像的。如果能大智若愚，說不準，反而能有所作為，使君主受到自己的影響，甚至取而代之。

在錯綜複雜的社會中，刻意炫耀才能，會招致旁人的忌恨，或被視為輕浮。「邦無道則隱，邦有道則現。」所謂「才華須隱」、「玉韞珠藏」，不僅是一種生存方式，也是一種競爭的方式。

歷史上，權臣、小人運用權力，殺死才幹比自己高的人之例不勝枚舉。在一個充滿猜忌的環境中，就必須牢記因才招忌的教訓。其實，暫時明哲保身，並不意味著永遠消極頹廢，而是在等待時機。

為此，洪應明處世雞湯提出：

第一，心事宜明，才華須韞。

《菜根譚》云：「君子之心事，天青日白，不可使人不知；君子之才華，玉韞珠藏，不可使人易知。」意思是說：德才兼備的君子，內心應該如青天白日般光明坦蕩，絕不隱藏不可告人的心機；他的才智學問則應該如珍珠美玉般深藏不露，絕不輕易在人前賣弄。

做個君子，必須具有真誠坦白的心胸。這是不言自明的道理。《論語》中就說：「君子坦蕩蕩。」

可是，為什麼又說，君子的才華要「不可使人易知」？這主要有兩層含義：第一，不應該四處炫耀自己的才華。所謂「使人易知」，就是隨時隨地都要讓人看得到，這種浮誇張揚的作風顯然不可取。第二，展現自己的才華應當適時適度。特別是處在險惡的環境中，周圍充滿了猜疑嫉妒、相互傾軋的氣氛，這時如果不能清醒地認識到自己所處的環境，反而處處賣弄才智，甚至功高震主，只會落得身首異處的慘痛結局。

南朝宋文帝時，王僧虔官至太子中庶子。武帝繼位，他擔任過尚書令。少年時代，他就在書法方面下了大功夫，尤其擅長寫隸書。文帝見到他在素扇上的題詞，感慨道：「王僧虔不僅筆跡超過了王獻之，氣韻也勝過一籌。」

擔任太子舍人時，王僧虔沈默退讓，很少與人交往。後來轉任黃門郎太子中庶子。時為太子的孝武帝劉駿也愛好書法，而且對自己的書法造詣非常自負，認為自己已經登峰造極。因此，王僧虔不敢顯示書法上的真功夫，在整個孝武帝統治期間，他經常以笨拙的書法展示於人，以此成就孝武帝的書名。這樣一來，他終能避免因書法的名氣獲咎被貶的命運。

名美招嫉、才高招忌，自古皆然。而且，妒忌的主體是全方位的，可能來自親朋好友、同學同事，也可能來自兄弟姊妹，還可能來自上司。王僧虔以拙筆讓名於宋孝武帝，就是對付皇帝妒忌之心的一種處世智慧。因為，上司的妒忌之心比任何人都大，因上司的妒忌而招來的危險也最大。為了免受上司妒忌之害，最好的辦法就是像王僧虔那樣，深藏不露，不輕易表露自己的才能。歷史上不少有才能的人正是因為不注意這一點而被忌害。總想展露自己的才華，這是缺乏見識的表現。只是，真正學問廣博的人會表現得好像學問很少，學貧識少的人反而急於在世人面前賣弄自己。

第二，藏才隱智，任重致遠。

《菜根譚》云：「鷹立如睡，虎行似病，正是它攫人噬人手段處。故君子要聰明不露，才華不逞，才有肩鴻任鉅的力量。」意思是說：老鷹像睡著了一樣站著，老虎像患了大病一樣行走，其實正是牠們準備捉人吃人的狡猾手段。君子就得做到不炫耀才華，不盛氣凌人，才能鍛鍊出肩負重任的能力。

這裏，洪應明再次強調，一個人太出眾了，就會招人妒忌和打擊。因此，處世手段高明的人應懂得自我保護。老子說：「良賈深藏若虛，君子盛德，容貌若愚。」這才是智慧的方法。有才華的人時刻都應保持警覺的心理，像老虎那樣，時刻準備出擊，但又在外表上給人一副悠然自得、藏而不露的感覺。

歷史上有很多人身死家滅，並不是因為太平庸，卻正是因為才氣太盛，遭到別人的妒忌，而自己又不知道提防。

洪應明之所以非常推崇老子「大智若愚」的思想，是因為他深深地體會到：有大志向、大智慧的人無暇去忙世俗之事，表面上看起來，一副忠厚而愚癡的樣子，其實是為了成大事，先把自己保護好。

「大智若愚」可不是「真愚」。如果真的整天渾渾噩噩，不要說不可能抓住實施才華的機會，連保住身家性命都是奢望。因此，面對布滿陷阱的險惡世界，在含而不露的偽裝下，一定要冷靜觀察，掌握主動。

第一，冷眼觀物，勿動剛腸。

《菜根譚》云：「君子宜淨拭冷眼，慎勿輕動剛腸。」意思是：在紛紜複雜的社會中，應保持冷靜地觀察事物，謹慎行動，不要輕易表現出剛直的性格。

的確，天底下最難的是處世，因為險惡的世界到處布滿陷阱。為此，必須冷靜、謹慎，不要輕易地表現出剛直的個性，才不會招來怨恨與災禍。最重要的，凡事都要保持冷靜的態度、清醒的頭腦、準確的眼光，看準後才行事。

晉朝時代，隱士孫登沒有家屬，隻身在汲郡的北山中挖了個土窟居住。他夏天編草遮體，冬天披髮禦寒，從不與人說話。他愛好研讀易經，常抱著一具單弦琴，悠然自得地彈奏。他性情溫和，從來不發怒。有一次，有人乘他不注意，把他推到河水中去，想試探一下他到底惱不惱怒。浮出水面以後，他還大聲歡笑。他經常到民間遊歷，有人施捨給他食品和衣物，他一概不推辭。可是，離開時，人們會發現這些東西都留在原處。

晉文帝聽說有這麼一個高人，派阮籍前去探訪。阮籍見到孫登，想同他說話，可是他不應答。阮籍說自己是皇帝派來的使者，他還是不予理睬。

賢人嵇康同他交遊了三年，幾次問他將來有什麼打算，他也不回答。後來，嵇康要下山回朝了，分別的時候又問孫登：「我們相處三年，現在我要走了，先生難道不想送我幾句臨別的贈言嗎？」孫登突然開口：「你知道火嗎？火燒著的時候就有光，你不用它的光，其結果卻還要用它的光；人生來就有才能，你不用自己的才能，其結果還是利用了。光要得到柴薪，才能保持光輝；用才要識真，才能全身。現在，你才多而識少，難以容於現在的世道。你難道沒有探究過這個道理嗎？」嵇康不聽從他的話，最終身遭非命。臨死前作了一首《幽憤詩》，詩中有這樣兩句：「昔慚柳下，今愧孫登。」

孫登的確是一位高人，深識滾滾紅塵中的處世之道。他說：「用才要識真，識真才能全身。才多識少，盲目進取，難免要碰壁，甚至招致災難。」這裏的「識」，包括識人、識世兩個方面。首先，要認清人的忠奸賢愚，預測其前景，不為他眼前的權勢、地位所迷惑，免得盲目交往投靠，招來災難。其次，要認清所處世道的興衰成敗和周圍環境的清濁優劣，再決定自己的去留。

第二，冷靜觀人，理智處世。

《菜根譚》云：「冷眼觀人，冷耳聽語，冷情當感，冷心思理。」意思是說：要用冷靜的眼光去觀察別人的行為；用冷靜的耳朵去聽別人的言語；用冷靜的心去處理事情；用冷靜的頭腦去思考問題。

在這裏，洪應明進一步點出重要的一個「冷」字。西方有一句名言：「一個人切忌浮躁，千萬要冷靜。」中國俗諺說：「萬物靜觀皆自得。」「靜」即「冷」。的確，冷靜的頭腦、冷靜的心情、冷靜的態度，可以給人帶來正確的判斷和穩妥的處世方法。反之，如果冒冒失失，偏聽旁信，只會使自己吃虧上當。但冷靜觀察是一門很高深的學問，需要一個很長的修習過程。孔子說：「視其所以，觀其所由，察其所安。」沒有一顆冷靜的心，理智思維就難以建立起來。

北魏宦官苻承祖有一個姨媽叫姚楊氏，她家境貧寒，沒有什麼產業。苻承祖當時正受到文明太后的寵幸，他的親戚紛紛前來巴結，以便得到提攜和庇護。只有姚楊氏不為所動。她還常常對苻承祖的母親說：「姊姊，你雖然得到一時的榮華富貴，卻不如妹妹我能保長久的無憂之樂。」苻承祖的母親送給她一些衣服，她都謝絕不收。如果非讓她收下不可，她便說：「我夫婿家世代貧窮，破衣濫衫穿慣了，將這些華麗的衣服穿在身上，反而感到心中不安。」苻承祖的母親又想讓幾個奴婢去侍奉她，她也推辭說：「我家中缺衣少食，無能力供養她們。」偶爾不得已，接受幾件姊姊贈送的衣服，她也不穿，偷偷地把衣服埋到地下。

苻承祖見姨媽這樣寒酸，感到自己臉上無光，以為是母親捨不得周濟姨媽，便埋怨母親：「如今我身居顯要，我們家中要什麼有什麼，為什麼讓姨媽貧窮寒酸到這種地步？」母親把姨媽不肯接受的情況向他說了。苻承祖不相信天下竟有這種人，便派人駕車前去迎姚楊氏。姚楊氏死活不肯動身，前去接迎的人只得強行把她抬到車上。她就哭起來，說：「你們這是想殺死我呀！」從此，苻家內外的人都稱她為「癡姨」。

後來，苻承祖因罪被誅，他的兩個姨媽都被問罪，其中一位還獲罪伏法。姚楊氏則因衣裳破舊，官府知道她沒有沾到苻承祖的光，因而倖免於難。

俗話說：「識事務者為俊傑。」為人處世，識在先，斷為後。能先看清事物發展的趨勢，再決定自己的行事、態度，就是聰明人。由此看來，「癡姨」實在是一位精明的女人。她看清楚，苻承祖貴盛之後必定敗落，依附的結果難免招來殺身之禍。因為苻承祖倚仗文明太后的寵信，飛揚跋扈、貪贓枉法，而年富力強的孝文帝一旦親政，必然勵精圖治，問罪於他。為此，她寧願忍饑受窮，也要遠身避禍。事情的發展果然應驗了「癡姨」的預料。苻承祖伏罪後，與其共享福澤的親姻皆受株連，惟獨「癡姨」被免罪。這充分說明了「冷靜觀人，理智處世」在避禍遠罪中的重要意義。

第三，急處站得穩，高地看得準，危險徑地早回頭。

《菜根譚》云：「風斜雨急處要立得腳定，花濃柳豔處要著得眼高，路危徑險處要回得頭早。」意思是說：在動蕩急變的局勢中，要站穩立場，才不至於被吞噬；處身於美女群中，要把眼光放得遼闊，才不至於被美色所迷；事情發展到緊要關頭，要急流勇退猛回頭，以免陷入泥淖中不能自拔。

中國幾千年，所呈現的是一部社會動蕩史，王朝的興衰，政權的更替，無不充滿腥風血雨。想要生存，需要冷靜、小心，時刻站穩立場。尤其是戰國時代，諸侯紛爭，各國先後進行了變法運動。雖然變法是時代的需要，但參與變法者的結局大都很悲慘。如著名的商鞅變法，因為觸動了舊貴族的利益，商鞅被處以車裂之刑。由此可見，人生之路時刻充滿危險，一不小心就會陷入泥淖，不能自拔。所以，人要經常保持清醒警覺的頭腦，遇到危險時，不要一時衝動，不計後果。

第四，卓智之人，洞燭機先。

《菜根譚》云：「遇病而後思強之為寶，處亂而後思平之為福，非蚤智也；福而先知其為禍之本，貪生而先知其為死之因，其卓見乎。」意思是說：生病之後，才感到健康的重要，經歷了戰亂之後，才盼望和平幸福的生活，這都算不上具有遠見卓識；能預先料到僥倖獲得的幸福是災禍的根源，愛惜生命，卻能明白有生必有死的道理，這才是真知灼見。

生病時感到健康的重要，年老時感到年輕的可貴，這是一般人都能感知的。真正的先見之明來自對生活的深刻體驗和總結。一個人的智慧在於其洞察力，即事先預測事物發展變化的能力。要善於總結得失而不充當事後諸葛。一葉落，知天下秋。千萬莫糊糊塗塗做人，渾渾噩噩混世。

第五，身在局中，心在局外。

《菜根譚》云：「波浪兼天，舟中不知懼，而舟外者寒心；猖狂罵坐，席上不知警，而席外者咋舌。故君子身雖在事中，心要超事外也。」意思是：波浪滔天時，坐在船內的人不知道害怕，站在船外的人卻心驚膽戰；酒醉耍酒瘋，同席的人並不吃驚，旁觀的人卻目瞪口呆。所以，一個高明的人即使被某件事捲入旋渦，心智也要超脫於事外。也就是俗話所說：「當局者迷，旁觀者清。」

■方圓自在，明哲保身

——人心多險惡，世道多坎坷。這樣一種局面，不會因身處逆境而更加惡化，也不會因身處順境而有所改善。

洪應明避禍遠罪處世雞湯告誡世人，任何情況下，都要用到因人設勢、隨機應變、委曲求全、以屈為伸、以柔克剛的方圓處世之謀和明哲保身之策。

人是狡詐善變的動物，受環境所迫，就會一反常態，做出出人意料的舉動：當面一團火，背後一把刀；當面冠冕堂皇，背後寡廉鮮恥；滿嘴道義，實際上為了一己私利，不惜出賣靈魂。

對於世道人心的險惡，洪應明有極清醒的認識。為此，他發出了「茫茫世間，矛盾之窟」的感歎！

《菜根譚》云：「淫奔之婦矯而為尼，熱中之人激而入道，清靜之門常為淫邪之淵藪也如此。」意思是說：與情夫私奔的女子，可能裝成要去廟裏當尼姑；沈迷於權勢，終日鑽營之徒，會一時衝動，出家當道士。寺廟本來是遠離紅塵的清靜場所，卻經常成為淫蕩邪惡的聚集地。

有些人狡詐善變，受環境所迫，極可能一反常態，做出出人意料的舉動。比如，小人當面一團火，背後一把刀；偽君子當面冠冕堂皇，背後寡廉鮮恥。又比如，許多政客，嘴上高講為了百姓的權利和幸福，實際上卻只替自己打算，不惜出賣靈魂。正因奸邪之徒大量存在，才大大增加了處世的危險性。

世事有很多看似矛盾，其實乃發展之必然。清修於山林而為隱士，本是高雅之士所為，卻成了求功名者揚名的途徑；佛門本是信徒清修的場所，偏偏有許多六根不淨的人托身其中。正因奸人具有極大的欺騙性，因此，處世待人一定要圓滑些。

能建立豐功偉業的人，大都是在待人處世方面非常成功，其訣竅就在於「方圓處世」。因為，「禍福無門，惟人自召。」如果自己整天像刺蝟一樣，那麼，無論多麼才華橫溢，自己的大業也會因「小人」作梗而付諸東流。

自古以來，能建立豐功偉業的人，大都在待人處世方面非常成功，人緣極好。否則，個人的力量能有多大？沒有他人的支持、擁護，大業何來？即使個人的力量非常巨大，如果得罪了很多「小人」、「偽君子」，這些人從中作梗，大業也無從談起。

為此，洪應明避禍遠罪處事難湯提出：

第一，處事要方圓自在，待人要寬嚴得宜。

《菜根譚》云：「處治世宜方，處亂世宜圓，處叔季之世當方圓並用。待善人宜寬，待惡人宜嚴，待庸眾之人當寬嚴互存。」意思是說：生活在清明盛世，為人處世應該剛直秉正；生活在動蕩不安的社會，在人際交往中應該圓滑老練；生活在國家衰亂將亡的時代，為人處世就應該剛正和圓滑兼而用之。對待善良的人要寬厚些；對待邪惡的人應嚴厲些；對待普通百姓就要剛柔兼濟。

在中國漫長的古代社會，治世與亂世交替進行。太平盛世，政治清明，一般都是明君賢相主持朝政，大都能廣開言路。因此，臣屬可以剛正直言。但是，在動蕩不安的亂世，大都是昏君奸臣當道。他們排斥異己，迫害忠良。因此，許多人為了明哲保身，就採取了圓滑的處世方法。在對待人方面，作者提出了因人而異的方法。面對變化了的事物和不同的對象，應採用不同的處世方法。這正是「圓滑處世」的真正含義。

第二，虛圓立業，僨事失機。

《菜根譚》云：「建功立業者，多虛圓之士；僨事失機者，必執拗之人。」意思是說：創立豐功偉業的人，大多謙虛圓滑；坐失良機的人，必然性格倔強任性。

在這裏，洪應明是在提醒世人，為人處世不能只認死理，不要一條道跑到黑。這一思想又包念兩層含義：

首先，看到時機，改弦更張。

微子啟是殷朝紂王的同父異母哥哥。紂王荒淫無道，民怨沸騰，國勢危殆。微子多次進諫，紂王根本聽不進去。周西伯姬昌推行德政，微子感到大勢不妙，擔心大禍臨頭，於是，把這件事告訴了紂王。紂王卻毫不在乎地說：「我降生時不是有命在天嗎？

他西伯又能把我怎麼樣呢？」

微子估計紂王至死也不會聽從勸告，就想以死解除煩惱，或者離開紂王，以免禍及自身。對於選擇哪條道路，他一時猶豫不決。於是，他向太師箕子、少師比干求教：「太師、少師，我是遠走高飛好呢，還是應該留下來保衛國家？現在你們若不指點我，我就可能陷入不義的泥坑哪！」

太師說：「王子！天把重災降給殷朝，而紂王竟然不怕天的懲罰，不聽從長老的勸告，百姓也在褻瀆神的祭祀。若能使國家得到治理，國家太平，即使自己死了，也沒有什麼怨恨。如果殉死，國家仍舊得不到治理，倒不如離去。」

於是，微子選擇離開。

其後，周武王伐紂，滅了殷朝。微子拿著殷朝的祭器，到武王的軍營前，袒露臂膀，背捆雙手，跪行求見。武王親手替他解開綁繩，恢復了他原來的爵位。

其次，緊要關頭，能屈能伸。

據《史記．陳丞相世家》記載：秦末，陳平聽說項羽已率軍攻到黃河邊，就前往投靠。陳平跟隨項羽進入關中，打敗秦軍，立下戰功，項羽賜給他卿一級的爵位。後來，項羽東歸，在彭城稱王。漢王劉邦平定三秦後揮師東進。殷王叛亂，項羽封陳平為信武君，讓他率領魏王咎留在楚國的軍隊前往征討，得勝而歸。為此，項羽任命陳平為都尉，賞賜大量黃金。

可是，沒過多久，漢王攻打殷地，項王派陳平率軍前去救援，沒等抵達殷地，殷王已投降漢王。項羽大怒，要嚴懲前往救援的將領。陳平害怕被殺，便封金掛印，隻身抄小道逃走，西去投奔漢王。來到黃河岸邊，他雇了一條小船載他過河。

船夫們見陳平是魁偉的美男子，又是單身獨行，懷疑他是逃亡的將領，腰中一定帶有金玉珍寶，於是起了邪念。小船在黃水中緩緩行駛，船夫們一邊搖船，一邊反覆打量著陳平。陳平覺察出船夫們的不良圖謀，一開始有點害怕，因為他身上雖然帶有一把寶劍，終究是寡不敵眾。但他轉念一想：船夫們動疑，無非是貪圖財物。只要設法讓他們知道我身上並無財寶，就可以轉危為安了。於是，他脫掉衣服，光著身子上前幫船夫撐船。船夫看到陳平這一舉動，斷定他身上不會帶什麼財寶，就打消了殺他的念頭。

陳平身處危局，急中生智，化險為夷，能屈能伸，正是懂得「圓滑處世」的表現。之前，他跟隨項王，戰功卓著。然而，此一時，彼一時。眼下他正落在想圖財害命的船夫手中，此輩惟利是圖，心狠手毒。敵強我弱，稍不慎重，就可能喪命。好漢不吃眼前虧。於是，他靈機一動，解衣裸身，主動幫船夫撐船。一切做得那麼自然，情態是那麼誠懇。他之所以能免去殺身之禍，是由於他巧妙地運用了暗示法，及時打消了船夫劫財害命的念頭。他並沒有明確地說出自己的意思，而以示意性的動作，讓對方領會自己的意思。他主動幫船夫撐船，既巧妙地掩飾了自己脫光衣服的真正用意，也同船夫拉近了感情上的距離。這一切都顯示了他避禍遠罪的處世高招。

人的心性各異，善人與惡人品質不一樣，小人與偽君子的性格也有所不同。因此，以不變應萬變是不現實的，應該「看人下菜碟」，區別對待不同性格、品質的人，有針對性地採取不同的處世策略。

洪應明「因人制變」、「因勢制變」，避禍遠罪的智慧主要包括以下幾個方面：

第一，只畏偽君子，不怕真小人。

《菜根譚》云：「君子而詐善，無異小人之肆惡；君子而改節，不及小人之自新。」意思是說：偽君子假裝的善行，和奸邪小人恣意行惡沒什麼兩樣。君子如果放棄操守，改變志節，就此不上幡然悔悟的小人。

俗話說：明槍易躲，暗箭難防。許多道貌岸然的人貌似忠厚的君子，滿口仁義道德，其實肚子裏淨是陰謀詭計，男盜女娼。有些自稱「虔誠」信教的人，藉宗教的名義，施小仁小惠，既不知《聖經》之道、耶穌之愛，也不知釋迦牟尼之智慧。像這種偽君子、假教徒，理應受到社會唾棄。但在現實生活中，這些披著道德外衣的人往往能得逞於一時，欺世盜名。在社會生活中，面對面的壞看得清楚，也容易與之鬥爭。但對於那些偽君子，卻常常防不勝防，不知何時就會遭他背後一槍。可是，既然是做壞事，無論怎麼偽裝，都會露出馬腳。只要我們提高警惕，上當受騙的事就會大為減少。

第二，勿仇小人，勿媚君子。

《菜根譚》云：「休與小人仇恩，小人自有對頭；休向君子諂媚，君子原無私惠。」意思是說：不要跟小人結仇，因為自然會有人收拾他們；也不要向君子獻殷勤，因為君子不吃這一套。

俗話說：「一物降一物。」鳥吃蟲，貓捕鼠。人與人之間也是如此，「惡人自有惡人磨。」「不是不報，時候未到。」小人自然有小人對付他，所以，根本無須與這種人結仇。而且，小人尋仇的手段非常惡毒。所以，君子之所以不跟小人結仇，固然由於不屑尋仇，無暇為仇，更重要的是可以避其險惡之毒。此外，說人是非者，便是是非人，阿諛逢迎者必有私心私利，很可能因其私而害人，這是君子所不容的，更不要說同流合污了，因此，對有德行的人，一味地大獻殷勤，過分熱情，只會適得其反。

第三，陰險者勿推心，高傲者勿多口。

《菜根譚》云：「遇沈沈不語之士，且莫輸心；見悻悻自好之人，應須防口。」意思是說：碰到表情陰冷，城府很深的人，不要與他推心置腹；見到氣量狹隘，自以為是的人，要留心你的言辭。

人不說話的時候很多，沈默的時候卻很少。不說話與沈默，外在表現一樣，內心活動卻大相逕庭。前者的內心隨意無主，後者的內心則專注主動。真正會沈默的人在沈默時絲毫不會感到被動、壓抑，反而會顯露出一種巨大的精神力量。所以說：「雄辯是銀，沈默是金。」

在這裏，洪應明提醒世人，處世必須處處提防，察言觀色，把各種表情、習慣分類，接人待物時必須持一把合適的尺子。不然，一旦遇到心地險惡的歹徒，就會深受其害。處在複雜的人際關係中，學學觀人的本領是很必要的。俗話說：「逢人只說三分話，莫要全拋一片心。」不經過一段時間的觀察，很難看出一個人品性的好壞，也就很難決定交往的程度，說話的深淺。

第四，覺騙不明言，受侮不動色。

《菜根譚》云：「覺人之詐，不形於言；受人之侮，不動於色。此中有無窮意味，亦有無窮受用。」意思是說：發覺上當時，不要輕易說出來；受侮辱時，不要立刻在表情上顯露。這種做法中包含著深廣的道理，體現著無窮的妙味，夠世人一生品味。

發現一件事情中暗含著某種陰謀時，應當有這樣的警覺：即此事背後有可能隱藏著更大的陰謀。可是，絕不能冒冒失失地把它揭發出來，以免遭到報復，付出慘重的代價。遭到凌辱是難堪的事。可是，此時應當喜怒不形於色，強加忍讓。為小事而大動干戈是得不償失的。在明顯力量懸殊的情況下，被一時的怒氣所激發，更是不智之舉。

第五，知機杜讒，保密防禍。

《菜根譚》云：「善人未能急親，不宜預揚，恐來讒譖之奸；惡人未能輕去，不宜先發，恐遭媒蘖之禍。」意思是說：想跟心地善良、品德端正的人結交，不能性急，也不必事先讚揚他，以避免那種愛挑唆離間的人誹謗；想擺脫陰險的壞人，不能只是輕易地一走了之，更不能事先讓他得知你即將採取的行動，免得遭到這種人報復。

跟真正的君子交往，不可能讓他對你「一見鍾情」，因為這樣的人與人交往時必定很慎重，需要較長的過程。所以說：君子之交淡如水。如果你迫不急待地要與他結交，只會引起他的反感。反之，若不小心而與內心險惡的人糾纏在一起，瞭解他的人品後，想與他斷絕往來，應當明白：用心險惡之輩與你交往，很可能是想利用你。既要利用，就會在你身上投資。你若斷然將他拒於門外，他一定會惱羞成怒，打擊、報復你。

第六，窮寇勿追，投鼠忌器。

《菜根譚》云：「鋤奸杜幸，要放他一條去路。若使之一無所容，譬如塞鼠穴者，一切去路都塞盡，則一切好物俱咬破矣。」意思是：剷除邪惡之徒，杜絕投機鑽營的人，要給他留一條悔過自新的路。如果逼得他走投無路，那就像堵洞抓鼠一樣，既然無路逃生，老鼠就會咬物求洞，結果家中的好東西都被咬壞了。

兵法云：「置之死地而後生。」兩軍作戰，一方若陷入走投無路的境地，反會破釜沈舟，殺出一條生路。因此，必須慎守「窮寇勿追」之道。

第七，惡不即就，善可即親。

《菜根譚》云：「聞惡不可就惡，恐為讒夫泄怒；聞善不可即親，恐引奸人進身。」意思是說：聽到某人做了壞事，不要馬上就顯出厭惡的神色，必須冷靜地判斷，看看傳話的人是否有誣陷泄憤的企圖；聽說某人有德行，也不要立刻相信，必須冷靜地觀察，以免那些奸詐的人來到自己身邊。

日常生活中，總是有某些人愛打聽是是非非，喜歡聽別人說某某如何。對一個在事業上想有作為的人來說，這是大忌。古人曰：「流言止於智者。」一個心有主見，善於判斷是非的人，絕不會受流言蜚語的蠱惑，也不會被小人的表演所矇騙。因此，處世待人，不可貿然判定，應當多觀察和調查一下，再做結論。

完名美節，功名利祿，固然是眾人所追求；恥辱之名，牢獄之苦，固然避之惟恐不及；可是，一味地「過推他人，功歸自己」，實為招禍之源。明哲保身方為避禍之本。

在洪應明避禍遠罪處世雞湯中，提到了很多「明哲保身」的策略。

第一，完名讓人，咎歸於己。

《菜根譚》云：「完名美節，不宜獨任，分些與人，可以遠害全身；辱行污名，不宜全推，引些歸己，可以韜光養德。」意思是說：完美的名聲和美好的節操，不應該一個人獨佔，分些給人，才可避開是非禍害，保全身家性命。恥辱的行為和骯髒的名聲，不應該全部推給人家，自己承擔些，才可掩住自己的光彩，得以潛心修煉品德情操。

所謂「遠害全身」、「韜光養德」，是一種保全性命、獨善其身的手段。與謙讓功名、嚴責己過相比，和別人分享成績，尚不算太難做到。難就難在勇敢地承擔罪責。尤其是一個人已經取得了一些成績，具備了一定的地位時，就更不容易做到這一點。因為，這意味著你不僅不能再獲得讚揚，而且會受到責難，喪失既得的利益和地位。因此，讓名遠害，引咎韜光，這種處世之良策，只有具備涵養德行的高明之士才能運用。

第二，同功相忌，同樂相仇。

《菜根譚》云：「當與人同過，不當與人同功，同功則相忌；可與人共患難，不可與人共安樂，安樂則相仇。」意思是說：應該與人共擔過失，不應爭著與人共享功勞，共享功勞會引起猜忌；可以與人共擔困難，不可與人共享安樂，共享安樂會導致仇恨。

楚漢相爭之時，蕭何向劉邦舉薦韓信。起初，劉邦不信任韓信，致韓信負氣而去。

蕭何獨自連夜追趕，終將韓信勸回漢營。依此足見蕭、韓二人的關係非同一般。然而，恰是蕭何在漢朝建立之後，為漢高祖出謀劃策，消滅了韓信、英布等異姓諸侯。

歷史上，這種「可與人共患難，不可與人共安樂」的事例還有很多。比如宋太祖趙匡胤「杯酒釋兵權」、明太祖朱元璋「慶功樓剿滅功臣」等。

第三，多心招禍，少事為福。

《菜根譚》云：「福莫福於少事，禍莫禍於多心。唯苦事者，方知少事之為福；唯平心者，始知多心之為禍。」意思是說：最大的福氣莫過於無牽無掛，最大的不幸莫過於多心多疑。只有被瑣事纏身的人，才能體會到少一點事是真正的幸福；只有那些恬靜淡泊的人，才知道多心多疑是最可怕的災禍。

一個想要有所作為的人應當達到「大智若愚、大巧似拙」的境界，才不會被瑣事纏身，為閒言困擾。日常生活中的禍端多半是由多事招來，多事又源於多心。所以，多心是招致災禍的最大根源。俗話說：「疑心生暗鬼。」很多人就因疑心而把事情弄壞，最終使自己身陷禍端！

第四，勿逞所長，勿持所有。

《菜根譚》云：「天賢一人以誨眾人之愚，而世反逞所長以形人之短；天富一人以濟眾人之困，而世反挾所有以凌人之貧；真天之戮民哉！」意思是說：上天讓一個人聰明賢達，目的就是讓他教導那些愚笨的人，可是，稍有才智的人反而賣弄才華，以彰顯那些天賦較差者的平庸；上天讓一個人享有財富，目的是讓他拯救貧苦的人，可是，擁有財富的人卻倚仗財富，欺凌窮人；這種自以為聰明而欺凌愚者的人，以及倚仗財富，剝削窮困者的人，實在是違背天意，罪大惡極。

世人在智力和財富上確有高低之分。由於這種差別，有些自以為比別人聰明的人總是在眾人面前賣弄才學，以顯示自己比別人強。這種人實際上並不是真正聰明的人。同理，有些富有的人倚仗手中的財富欺凌貧窮的人，為富不仁，其做法更是愚蠢至極。只有勿逞所長，勿持所有，才能明哲保身。

第五，守口須密，防意須嚴。

《菜根譚》云：「口乃心之門，守口不密，泄盡真機；意乃心之足，防意不嚴，走盡邪路。」意思是說：嘴是心的門戶，大門若防守不嚴，機密就會泄露出去；意志是心的雙足，腳步若不堅定，就會走入歧途。

洪應明避禍遠罪處世雞湯一再強調「病從口入，禍從口出」的道理。因為嘴巴不嚴而吃虧的大有人在。有的人慣於用口撥弄是非，對這種人要多加提防。有的人則有口無心，常常把不該說的話無意間泄露出去，結果禍延自己。俗話說：「人心隔肚皮。」說話尤其要謹慎，以免發生不測。同樣，意志是人的一種品格，可以左右人的行動。意志堅定的人能夠自我控制，不會誤入歧途；而意志薄弱的人往往經不住事物的各種誘惑，從而誤入歧途，不能自拔。

第六，守正安分，遠禍之道。

《菜根譚》云：「趨炎附勢之禍，甚慘亦甚速；棲恬守逸之味，最淡亦最長。」意思是說：依附權貴，固然能得到一些好處，為此所招致的禍患卻淒慘而快速；安貧樂道雖然很孤單，由此所得到的平安卻淡而綿長。

歷史上，依附於權貴的奸佞之輩，一時榮華富貴，作威作福，但他們所依附的權貴本身就如一座冰山，轉眼間就可能家破人亡，甚至禍滅全族。只有那些不貪名利、不趨炎附勢的人，每天過著自由恬淡的生活，才能寧靜以致遠，淡泊以明志，遠禍而快樂，冷眼看世界。這是明哲保身的最高境界！

第七，非分之獲，陷溺之源。

《菜根譚》云：「非分之福，無故之獲，非造物之釣餌，即世人之機井。此處著眼不高，鮮不墮彼術中矣。」意思是說：不是分內應該享受的福分，以及無緣無故得到的意外之財，如果不是上天故意誘惑你的釣餌，也一定是他人詐騙你的陷阱。為人處世如果不在這些地方睜大眼睛，就難免落入狡詐的圈套。

正是由於人世間荊棘叢生，到處都是陷阱，洪應明才提醒涉世不深或貪欲過強的人，千萬不要上當受騙。古人說：「人為財死，鳥為食亡。」很多人因為貪圖名利、地位，結果招來悲劇。有些人總希望天上掉下餡餅。殊不知，意外之財大多是不義之財，到頭來難免招來天外橫禍。所以，想明哲保身，安然於世，必須做到非我之財不要，明白「非分收穫，陷溺之源」的道理。

第2章

當忍則忍，吃虧是福

行走世間，要幹大事、獲大利、成大器的想法無可厚非。但是，應知凡事均有長有短、有陰有陽、有圓有缺、有勝有敗，何況人生？一味地不堪寂寞、焦躁不安、躍躍欲試，到頭來只能是竹籃打水一場空。洪應明告誡世人：只有保持一種「該退則退，當忍則忍，知足常樂，吃虧是福」的心態，才能保證人生的順遂。

忍苦耐勞，梅花香自苦寒來

——人生之路布滿荊棘，人生之事，十之八九不遂人願。忍苦耐勞、忍辱負重、忍受挫折，便是人生中一種經常性的忍，也是有志者必須做到的第一忍。

人生之路布滿荊棘，人生之事，十之八九不遂人願。苦累和逆境具有普遍意義。忍苦耐勞，忍辱負重，是人生中一種經常性的忍，也是有志者必須做到的第一忍。假如連苦累、饑寒、失敗和侮辱都忍不了，那就沒有什麼能忍受了。越是經常性的忍，越需要精神和毅力支撐。否則，一點苦也受不了，那就休想幹成什麼大事，經受更重大的人生挫折和磨難。所謂「梅花香自苦寒來」，正是這個道理。

「吃得苦中苦，方為人上人。」歷史上，無論是成大器者還是成小器者，無一不在苦中浸泡，在勞累中走過。人生在世，如果耐不住貧寒痛苦，不是自暴自棄、自怨自艾，就是心生邪念，行旁門左道。

兩千多年前的孟子曾說：「夫天將降大任於斯人也，必先苦其心志，勞其筋骨，餓其體膚，空乏其身，行拂亂其所為，所以動心忍性，增益其所不能。」基於此，洪應明防人杜心處世雞湯提醒世人：

第一，磨煉福久，參勘知真。

《菜根譚》云：「一苦一樂相磨煉，煉極而成福者其福始久；一疑一信相參勘，勘極而成知者其知始真。」意思是說：只有飽嘗苦辣酸甜，經歷困苦之磨煉的人，所獲得的幸福才能保持長久；只有不斷釋疑解難，精心考證，追求甚解的人，所獲得的學問、見解才是真理。

人的一生若一帆風順，沒有經歷過困苦，就無法體現「苦盡甘來」的道理。可以說，忍苦耐勞，是人生這部忍經中最基本的功夫。

著名的數學家華羅庚之所以有那麼大的貢獻，取得那麼大的成績，就是苦和累換來的。他念完初中，就在一家小雜貨店當夥計，櫃檯上常常一邊放著賬本，一邊放著數學書籍，沒有顧客時就捧起來鑽研。有時夜間睡著了，猛地想到一個數學難題的解法，他便點亮小油燈，把它寫下來。後來，他發表了幾篇數學論文，引起清華大學數學系主任熊慶來教授的注意，就寫信邀請他到北京，在清華大學數學系當管理員。在這期間，他一邊幹著繁重的勤雜工作，一邊自學了各種知識。二十四歲時，他已能用英文寫數學論文；二十八歲時更當上了西南聯大教授。

華羅庚這樣總結自己的治學經驗：「髮白才知智叟呆，埋頭苦幹是第一。勤能補拙是良訓，一分辛苦一分才。」

幹大事業，一定要具備吃苦耐勞又能夠持之以恒的精神。縱觀歷史，所有成功者莫不如此。在人生道路上有追求、有理想的人，能忍苦耐勞是達到理想境界的惟一方法。做學問是這樣，搞科研也是這樣。對一般平平常常的人來說，想生活得安寧、幸福，也需要忍苦耐勞。做工要忍得住勞累之苦；種地要經得起風吹日曬雨淋之苦；當運動員要吃得下訓練之苦；就是讀書學習，也須忍得住寒窗之苦，耐得住坐冷板凳的寂寞。只要能吃苦，就能做出成績。關鍵是能不能堅持下去。

第二，淨從穢生，明從暗出。

《菜根譚》云：「糞蟲至穢，變為蟬而飲露於秋風；腐草無光，化為螢而耀采於夏月。因知潔常自污出，明每從晦生也。」意思是說：糞蟲可算是至髒至穢了，當牠蛻變為蟬，卻能夠堅守節操，只飲那秋風中的露水；腐草看上去毫無光彩，當它變化成螢火蟲，卻能夠在夏夜裏與皎潔的月色爭輝。可見，潔淨常常從污穢中而來，光明往往由晦暗中生出。

現實生活中，「貧窮」和「病痛」這類磨難很常見，應該如何對待？

首先，保持「儘管很窮，但要堂堂正正」的精神。

關鍵是要把握住以下幾點：

(1)不因貧窮而失德。某雜誌曾經刊載過一個發生在美國的故事：一位父親用自己的錢買了兩張號碼挨著的彩票，其中一張是替上司買的。後來，他們中了一輛漂亮的小轎車。孩子們高興極了，因為他們家是那個鎮子上惟一因貧窮而買不起汽車的人家。可是，這父親心中卻陷入了激烈的鬥爭。原因是：中獎的號碼是他給上司代買的那一張，在不引人注意的地方，他曾用鉛筆寫了一個很輕的符號。這件事，他不說，沒有第二個人知道；更何況，上司家中有的是錢，根本不在乎這個。孩子們希望父親把車留下，他卻堅決地通知他的上司過來把車開走了，留給孩子們一筆永久的精神財富。這個故事說明：人窮不妨礙德高。

(2)不因貧窮而喪志。俗話說：「人窮志短，馬瘦毛長。」的確，貧窮使人沒條件發展。但有許多人窮且益堅，志向高遠，終於成就了一番事業，這也是事實。比如，馬克思一生貧困，常常吃了上頓沒下頓，寫好的書和文章竟沒錢將它們寄出去。儘管這樣，他仍然靠著頑強的意志，寫完了《資本論》。又比如，居里夫婦在進行科學研究時，生活很貧困。他們在一棟破舊的倉庫裏，用一口大鐵鍋，經過四年的努力奮鬥，終於煉出了世界上第一克鐳。

(3)窮則思變。忍貧是指：對貧窮要有一定的承受力，不要被貧困嚇倒，在貧窮中養德，立志，目的是最終改變貧窮的命運。

其次，保持「面對病痛，樂觀坦然」的精神。

日常生活中，病痛是一種常見的磨難。有了病，除了以科學的態度對待外，精神狀態也十分重要。有人抱著「既來之則安之」的態度，始終保持心態平衡，很快戰勝了病魔。有人無病呻吟，小病大養，大病無望，病魔沒怎麼磨他，他先把自己打倒了，精神一垮，結果真成了不治之症。所以，能否忍住病痛也是能否吃苦的重要內容。

人吃五穀雜糧，一輩子從不生病的人很少。如果是得一般的病，倒也沒什麼。要是得了難以治癒的大病或絕症，就看得出人與人的不同了。

「上帝是公平的，但也有打盹兒的時候。」世界上有許多源自先天或因病致殘的人。面對這種不幸，如何活下去，如何在社會上立足，找到自己生存的位置，對他們來說，的確是一場嚴峻的考驗。

愛爾蘭作家克里斯蒂·布朗生來就全身癱瘓，只有左腳能動作。他從小在母親耐心輔導下，認真用心地學習識字，並練習用左腳寫字。經過一番難以想像的艱苦鍛鍊，他掌握了用左腳寫字的技能。其後，他忍受了他人的嘲笑、身殘帶來的種種不便，以自強不息和堅韌不拔的精神創作了五部小說、三本詩集，成為有名的作家。

除了患病和致殘之外，人生還有許多不幸，也需要當事人樂觀地忍受。如個子矮、身材胖、容貌醜等等，若不能正確對待，也會使局中人走進人生的死胡同。任何事物都是辯證的，身體的某些缺陷，可能造成一些人的不幸，卻會給另一些人帶來幸運。關鍵在於局中人如何面對。

深受美國人民愛戴的老羅斯福總統，小時候長得很醜。他長著一副極不大方的面孔，牙齒露在外面，極不整齊，還發出讓周圍人都能聽到的氣喘聲。他的這副尊容，給他帶來的常常是旁人的嘲笑。卻正是他自己的醜相和別人的嘲笑，激發了他奮鬥的雄心。他針對自身的缺陷，一一加以改正。沒辦法改正的，就加以利用。他把那讓人討厭的氣喘練成一種沙沙聲，在演說中巧妙運用，並利用那露在外面的牙齒，以及他打樁工人的姿勢。這些本可能使他的演說失敗的缺陷，經他細心改造，竟然都成了增強演說效果的條件，使他獲得了事業上的成功。

「心想事成」只能是一種人生的理想。登上人生金字塔的人，哪一位不是身帶受挫之創傷，飽嘗失敗之苦味？因此，只要失敗的結局已經出現，就應忍受得住。人一生要做很多事情，不可能每件事都成功。

在求學過程中，不可能人人都成績傲人；婚姻上，不可能人人都一次成功，終身幸福；事業上，更是榮譽難求，不可能人人都登上金字塔。即便是登上金字塔的偉人，又有哪一位不是身帶受挫之創傷，飽嘗失敗之苦味？失敗者之所以失敗，原因很多：或是本來就缺乏真才實學，未能掌握住應有的知識；或是不被賞識，缺少機遇；或是一時失算，馬虎大意；或是驕傲自大，目空一切；或是有人搗亂，暗中作梗……等等。

不管是主觀原因還是客觀原因，只要失敗的結局已經出現，就應忍住。

第一，君子居安思危，天亦無用其技。

《菜根譚》云：「天之機緘不測，抑而伸、伸而抑，皆是播弄英雄、顛倒豪傑處。君子當逆來順受，居安思危，天亦無所用其伎倆矣。」意思是說：上天給世人的運氣變化莫測，有時使人先陷於困頓窘迫，而後又飛黃騰達，有時使人先是春風得意，而後又遭受痛苦、挫折。不論是先失敗後成功，還是先得意後失意，都是上天在捉弄戲耍那些自命不凡的英雄豪傑。一個真正德才兼備的人，應該適應環境，處變不驚，居安思危。真能做到這樣，上天也拿他沒辦法。

在不可抗拒的客觀力量面前，有兩種態度：一種是驚慌失措，無所作為。另一種是奮起抗爭，盡力而為。持第二種態度的人哪怕失敗了，也是英雄。因為他即使不能免去災害，也可以減輕災害；即使不能減輕災害，也可以為後人留下寶貴的經驗。人之所以稱為人，是因為他在自然界面前站了起來，拿起工具，開動了大腦。人赤條條地來到世界，與生俱來的只有那頑強奮鬥的生命力。切記：忍受失敗，首先要忍受住失敗帶來的打擊，從失敗的陰影中走出；切切不可一敗即餒，一蹶不振，甚至做出蠢事。

第二，順境不喜，逆境不憂。

《菜根譚》云：「居逆境中，周身皆針砭藥石，砥節礪行而不覺；處順境中，眼前兵刃戈矛，銷膏靡骨而不知。」意思是說：身處艱難困苦，萬事不順的環境，往往能激起當事人自強不息的精神和勇氣，鍛冶他的德行和氣節，就像治病的器具和藥品一般，在潛移默化中，治好他精神和行為上的一切毛病；生活在物質條件優越、事事順利的環境中，這優越的環境因素會使當事人滿足於現狀，不求上進，就像陷入無形的刀劍叢中一般，身心遭刮受戮，不知不覺中走向失敗的境地。

順境並非不能造就人，只是，它給人的肯定往往過於隨便、誇張。順境中的人看似主動，其實是沿著一條軌道滑行，須臾不得偏離。順境的人生是每個人都渴望的，逆境的人生是每個人都逃避的，但必須看到逆境和挫折對於磨煉人的品格和成就具有重要的作用。因此，面對挫折和失敗，一定要具備一種良好的心理素質。

沒有誰敢擔保自己一生都不犯錯，不會有心理壓力。「人非聖賢，孰能無過。」事實上，聖賢也不能無錯。關鍵是：要用正確的態度對待，那就是——忍錯知改！也就是說，一旦犯了錯，要能忍住因錯誤帶來的壓力，力圖改正。犯錯的人若承受不住，必會因失敗而悔恨，甚至因一次錯誤而終身懊喪，走不出「誤區」。

人生之路有起有落，看待人生的起落順逆，應該持辯證的觀點。居逆境固然痛苦，但對一個有作為、能自省的人來說，在各種磨礪中，正可以鍛鍊自己的意志，修正自己的不足，一旦有了機會，就可能由逆轉順。很多事都不以人的意志為轉移，人只能為實現自己的願望而努力，至於成功與否，要看天意。為人處世，安身立命中，安危利害不隨天，成敗得失皆由人。只是，要做到這一點，就看個人的忍功有多高了。

第三，良藥苦口，忠言逆耳。

《菜根譚》云：「耳中常聞逆耳之言，心中常有拂心之事，才是進德修行的砥石。若言言悅耳，事事快心，便把此生埋在鴆毒中矣。」意思是說：耳中常聽到些不中聽的話，心中常存些不如意的事，對於提高修養來說，是最好的磨煉。倘若一個人聽到的話句句中聽，遇到的事件件稱心，那就等於是把這一生葬送在毒藥中了。

孟子說：「生於憂患，而死於安樂也。」即使是從生物學的角度看，這個道理也很容易理解。譬如某種生物，如果它常與某種病毒同處，受其侵害，同其抗爭，久而久之，它便獲得了免疫力，不再害怕這種病毒。相反，如果我們一開始就把這種生物養殖在無菌無毒的環境裏，滿足它所需的任何養分，那麼，不論它長得多麼茁壯，一旦離開這個環境，立刻就會死於非命。人也一樣，若是事事順心、言言悅耳，只能養成經受不了任何打擊的心態；而一個歷經磨難卻自強不息的人終將顯示出他的優勢。

人生在世，要經常接受各種橫逆和痛苦的考驗，艱苦奮鬥，才能走上康莊大道。一生都想稱心如意，根本不可能。

「匹夫見辱，拔劍而起，挺身而鬥，此不足為勇也。天下有大勇者，卒然臨之而不驚，無故加之而不怒。」可見，能忍辱負重的人才是真正的「忍者」。

身負重大使命，蒙受多大屈辱也能忍受，此謂忍辱負重。忍辱負重，忍辱是手段，完成使命是目的。忍辱負重是英雄豪傑的重要氣節之一，卻是一般人很難達到的。

第一，忍得住耐得過，則得自在之境。

《菜根譚》曰：「語云：『登山耐側路，踏雪耐危橋。』一『耐』字，極有意味。如傾險之人情、坎坷之世道，若不得一『耐』字撐持過去，幾何不墮入榛莽坑塹哉？」這個意思是：有句話說：「爬山要耐得住傾斜的山坡路，踏雪時要耐得住危險的橋。」這個「耐」字有極其深遠的含義。比如傾軋險詐的人情、坎坷不平的人生，如果沒有一個「耐」字支撐著，有幾個人不會摔到雜草叢生的深溝裏呢？

現實生活中少不了這種忍辱負重的精神。儘管環境不同、條件不同、所負的使命不同、蒙受的屈辱不同，這種人生智慧仍舊沒有過時。對於那些擔負重要事務和領導工作的人，這尤為需要。比如資訊社會，資訊即金錢，即效益，掌握管理資訊的人如果缺乏這種精神，當有人以金錢、地位為交換條件收買他時，他就無法抵禦。如果他抵禦了，且在被人誤解，甚至誣陷時，能夠忍住，那是很可貴的。工作中難免摩擦碰撞，得罪人，甚至遭上級、同僚誤解，那就更需要具有忍辱負重的精神。為了團體的利益，忍受侮辱也是值得的。若是誰也不肯受一點委屈，雞爭狗鬥，恨不得你吃了我，我吞了你，如此下去，只能怨怨相報，互不相讓，惡性循環，整個生存空間就失去了和諧。

普通人總認為，蒙辱不爭是膽小鬼、窩囊廢，讓人瞧不起。這種心理壓力非常大。為此，很多人在受到侮辱時會應激反應，不是反唇相譏，就是以命相搏，只要能掙回面子，後果如何，全不去想。當然，人們對待侮辱的態度，也不是全不能忍。比方說，大多數人在受到上級辱罵時，往往能強忍怒氣，因為不忍會給自己的前途、工作等切身利益帶來影響，這是因懼怕而忍；受到長輩辱罵時，許多人也能忍著一聲不吭，因為對長輩必須尊敬，這是因敬而忍；受到家裏人辱罵時，許多人能做到裝聾作啞，這是為親情而忍；受到朋友辱罵時，許多人也能表現出寬容、大度，這是為友情而忍。可見，人們面對侮辱，不是一律不能忍。所不能忍的大多是來自同級、下級、同輩、外人的侮辱。

大多數人的內心反應是：「連你這樣的人都敢欺侮我，我不還擊，今後還如何做人？」其實，這時能忍下來，才愈發顯出你的「忍功」。

第二，困苦窮乏，鍛鍊身心。

《菜根譚》云：「橫逆困窮是鍛鍊豪傑的一副爐錘，能受其鍛鍊則身心交益，不受其鍛鍊則身心交損。」意思是說：逆境和困苦，對於有雄心壯志的人來說，就像是熔爐和鐵錘。能夠忍受這種鍛鍊，身心必然受益；承受不了這種鍛鍊，身心會趨於脆弱。

人生的逆境、災禍、困苦宛如河流遇到的隘口。正如英國作家夏洛蒂．勃朗特所說：「你可以記下我的話——有一天，你會在河流中來到一個險峻的隘口，在這裏，整個生命的河流要碎成漩流、紛擾、泡沫、喧鬧；你或者在這岩石上撞碎成石子，或者被一波大浪浮起來，漂下去，漂到一條較為平靜的河流。」天下沒有一條河流不遇隘口，人生不可能不處逆境、不遇禍事。但人生的幸福與歡樂正繫於越過一道道溝坎。能不能越過這一道道溝坎，取決於你是否頑強。

人世間，有陽光明媚的白日，就會有黑如鍋底的黑夜。雖說正義遲早會戰勝邪惡，但在邪惡沒有被打敗之前，冤屈不可避免地會發生和存在下去。因此，如何對待冤屈，就是頑強與脆弱的一大考驗。

一個人處世若沒有經過一番憂患，絕不是好事；尤其是剛剛進入社會的人，對未來充滿美好的憧憬，雄心萬丈，壯志凌雲。可人生之路往往多起多伏，是靠自己的意志克服困難，還是像以往那樣，去尋找長輩的庇護，或者一蹶不振，乃是人生的三岔口。溫室的花經不起風雨。不論是驚天動地的大事業，還是謀生的小手藝，固然是條條大道通羅馬，但每條路都坎坷不平，都要在刻苦的磨煉中戰勝外來的艱難險阻，克服內心的消沈，才可能成功。能在橫逆中挺起胸膛的人才算是英雄好漢；在困苦中倒下去的人就是凡夫俗子。身心的鍛鍊，必須以不屈的追求、堅強的意志為前提。

■忍心制欲，莫爲虛妄遮住眼

——容天下難容之人，忍常人難忍之事，固然不易；克制自身的私欲，摒棄自己的邪念，尤為困難。

古人提出了四項「忍功」：忍性，即克制性情；忍事，即以忍耐的態度處事；忍垢，即對惡人之垢語要忍受；忍辱，即忍受恥辱。其中，忍性放在第一位。

《荀子》云：「志忍私，然後能公；行忍情性，然後能修。」大意是：從主觀意志上克制私欲，然後才能為公；在行為上抑制性情，才能夠進行修習。這是因為，容天下難容之人、忍常人難忍之事固然不易，克制自身的私欲、摒棄自己的邪念尤為困難。惟其如此，才更顯「忍心制欲」這一人生智慧的意義。

「情欲意識，盡屬妄心。」具有忍功的人，不但可以不為妄心所左右，還能加以制服。只要能把世俗的各種私欲、邪念及虛偽造作去除，就可以顯出本性，消弭人生旅途中的天災人禍。

人如果真能不為妄心所左右，甚至加以制服、消滅，正氣和真心自然會出現。把世俗的各種欲念及虛偽的種種造作去除，就能顯出本性，顯出一個本我。為此，洪應明防人杜心處世雞湯提出了「客氣伏而正氣伸，妄心殺而真心現」的思維。

《菜根譚》云：「矜高倨傲，無非客氣；降服得客氣下，而後正氣伸。情欲意識，盡屬妄心；消殺得妄心盡，而後真心現。」意思是說：自大傲慢的言行，無非來源於心中那些毫無根據的虛浮驕躁之氣。把這股外來的邪氣降服，心中原有的剛正無邪之氣就能得到發揚光大。貪婪的欲望、主觀的幻想，都屬於一種虛妄不實的念頭。把這些虛妄之心除盡，心中潛藏的純真質樸之本心就能顯現出來。

人的本性是純真的，只因成人之後，外來的「客氣」、「妄心」侵入，才蒙蔽了人的「真心」，導致醜惡的言行。因此，陶冶情操的最好辦法就是除盡那些外來的「客氣」

和「妄心」，即驅除後天的邪念和私欲。正如王陽明所說：「各人盡著自己的力量精神，只在此心純天理上用功，即人人自有，個個圓成，便能大以成大，小以成小；不假外慕，無不具足，便是實實落落明善誠身的事。」

洪應明這一人生智慧用於處世上，主要體現在以下幾個方面：

第一，忍言慎語，消除自以為是之心。

語言是交流思想、感情的工具。人與人之間，沒有語言作橋梁，就無法溝通，也就一事無成。但是，語言能成事，也能壞事。所以，古人認為：凡事少說為佳。《易．繫辭》云：「吉人之辭寡。」孔子亦云：「君子欲訥於言。」因此，在人生路上，要生活得安寧愉快，就必須該說的要說，不該說的不說，並且要考慮好了再說。否則一言有失，即釀大禍。

忍言慎語，又包括以下五個方面。

(1)忍傷人惡語。俗話說：「好言一句三冬暖，惡語一字六月寒。」人與人之間應本著平等的態度進行交往。說話和藹，善解人意，是對他人的尊重，也是有教養的表現。動不動就蠻橫無理，出口不遜，不僅傷了人與人之間的和氣，還容易埋下禍患的種子。

(2)忍無忌之言。所謂「無忌之言」，或是言語內容不當，或是時間、場合、語境不當。必須給自己嘴上設個崗，當說則說，不當說不說。有些人快人快語，有啥說啥，口無禁忌，嘴無遮攔。在一個熟悉的環境，大家彼此比較瞭解，可能這還算可愛之處。反之，在一個陌生之地，周遭皆是不熟悉的人，不分場合、對象，一律口對著心，心裏想什麼就說什麼，這是萬萬不可的。

(3)忍非議之言。所謂「非議之言」，是指那些在閒談中非議他人的語言。有些人就是會張家長、李家短，越扯越遠，越說越離譜。特別是關於他人私生活的話題，說起來眉飛色舞，興趣之濃，興致之高，令人歎為觀止。這種人也不能說是壞人，只是心理不大正常，只要是別人的隱私，不論與他有無關係，一律都感興趣。說時也沒打算圖點什麼，說完又不負責任，只是有種莫名的心理滿足。不過，愛背後議論他人的私事，毫無根據地說長道短，是很壞的品質。在現代社會，侵犯他人的「隱私權」是要受罰的。

(4)忍牢騷之言。遇到不公平的事，發發牢騷，將自己的不滿傾泄出去，保持心理的平衡，這是可以理解的。但是，總發牢騷，或牢騷太盛，就是一個壞毛病了。世界上許多事都不能盡如人意，你牢騷發得完嗎？牢騷太多，影響自己的心境，不利自己的健康。而且，愛發牢騷的人往往小題大做，看問題偏激，只會影響問題的解決，削蝕人的積極性。生活中，某一些人眾到一起，無論升官的、發財的、失業的、落魄的，都是牢騷滿腹。發完了牢騷，心裏只覺得空落落的沒勁兒。當然，這種牢騷不是針對某一個人，發過也就拉倒了。如果是有針對性，就難免遭人忌恨。

(5)忍戲言謔語。日常生活中說句笑話，能活躍氣氛；工作緊張了，開句玩笑，能減輕疲勞。但是，切記一定要有分寸。國外某廣播電臺的主持人曾和聽眾開了一個很不適當的玩笑。他突然停止歌曲的播放，用非常緊張的語調對聽眾說：「有數以百計可致命的變形蟲現正向市區侵襲。請市民馬上找尋躲藏的地方！如果不幸與牠們接觸，將無藥可救！」聽眾們立刻驚慌失措，紛紛躲藏。有六個人因驚慌過度，跳樓死亡；有兩個人則向自己開槍，飲彈身亡。

第二，忍氣制怒，消除怨恨之心。

氣大傷身，也傷心。人無論遇大事小情，都不可能總是順順當當。但一不順當就發火、發怒，不但於事無補，還容易壞了大事。

就此而言，「諸葛亮三氣周瑜」的故事頗耐人尋味。周郎氣性太大，不堪一氣再氣。諸葛亮抓住他的弱點，活生生把他氣死。所以，無論從健康意義還是從事業角度，都應該懂得忍氣制怒。從心理學上講，怒氣屬於情緒的一種基本形式，它會直接影響人的心境。一個人暴怒時，心境極為惡劣，在這種狀態下，他的認知範圍往往會縮小，理智分析能力受到抑制，控制自己的能力減弱，不能約束自己的行為，正確地評價自己的行動的意義及後果，從而造成一錯再錯，甚至由於一時氣不忍而成千古遺恨。現實生活中，許多脾氣暴躁的人就常常由於一點小事不忍而火冒三丈，暴跳如雷，大吵大鬧，或走極端，闖下大禍，以愚蠢開始，以後悔告終。

日常生活中，讓人生氣、發怒的事，隨時可能發生。一個有頭腦而生性冷靜的人，為了更安寧地生活，理智地處理各種不愉快，他會忍氣制怒。因為不忍，任意放縱自己的感情，首先傷害的是自己。若激怒你的人是你的對手、仇人，有意氣你、激你，你不忍氣制怒，保持頭腦清醒，就容易被他牽著鼻子走，中了他的計。而且，由於不忍怒所闖下的大禍，往往牽連親屬、家人，或受審公堂，或經濟賠償，或牽腸掛肚。

有些人身兼要職，若一時不忍，動怒發火，不但害己，而且會耽誤正事。所以孔子云：「一朝之忿，忘其身以及其親，非惑歟？」因一時氣憤，就胡作非為，忘了自己的身心，也忘了自己還有親人，這樣做顯然是很愚蠢的。

從身體健康的角度講，忍氣制怒，保持心平氣和，方能身強體壯，精神愉快。中醫學說：「怒傷肝。」人發怒時，會使肝氣上逆，頭痛頭脹，面紅目赤，甚則可導致血隨氣逆，或咯血、吐血，或過清竅而致昏厥。可見，發怒對人體是極其有害的。

那麼，怎樣做才能制怒呢？

首先，將憤之初，則必忍之。因為人遇到憤怒的事，心情比較煩躁，只覺得腦袋一熱，就什麼都不顧了。如果這時候你能有意識地讓自己的頭腦冷靜下來，仔細權衡利弊，結果就不一樣了。

其次，不急不惱，轉移情緒。當自己要發怒時，換換環境，如看場電影、讀讀小說，或出去打打球，之後就會覺得心情大不一樣。尤其是睡一覺或過幾天後，再想那個令自己發火的事，甚至會感到自己當時的怒氣很好笑。

再次，以責人之心責己，以諒己之心諒人。遇事先想想自己有沒有不對的地方，檢討自己的過錯，體諒別人的難處，就不容易發怒，甚至能變怒氣為愛心。

最後，聽勸不聽慫。當你因與人相爭而發怒時，旁觀者的態度頗為多樣。有人往火上澆水，這是好心，一定要聽；有人往火上澆油，這是歹意，千萬別上當。現實生活中，看到別人爭吵發怒，後腦勺樂開花的人肯定有。這種人看似站在你一邊，為你使勁敲邊鼓，激你做出事與願違，過後悔之晚矣的事，千萬要警覺。那些勸你息怒的人必會指出你的不是。忠言逆耳利於行，千萬別不識好歹。

第三，忍隱以讓，消除報復之心。

佛祖曾說過這樣一段話：「對忿怒的人以牙還牙，是不應該的事。對忿怒的人不以牙還牙，將得到兩個勝利。知道他人忿怒，而以正念鎮靜自己，不但能戰勝自己，也能戰勝他人。」

洪應明處世雞湯也提醒世人，碰到衝突，應以德報怨，不應以牙還牙。

釋迦牟尼佛在世時，有個人因妒忌他擁有美譽，惡意中傷，破口大罵。佛始終保持冷靜，等他罵累了，才問他：「朋友，如果有人送你東西，你不願接受，那麼這禮物該歸誰？」那人脫口便答：「當然是物歸原主呀！」釋迦牟尼笑道：「那麼，你剛才中傷我的話，我不想接受，這份贈禮又該歸誰？」這一問，使那人無言以對。

對於他人的譴責，我們應當心平氣和地分析一下，不可不加思索地反脣相譏，免得如同向空中吐痰，逆風揚土，不但傷害不到對手，反而自取其辱。

即使與小人打交道，也應該以忍讓為先。知道他是小人，就用對待小人的方式對待他，不要反過來報復。報復他，自己豈不也變成了小人？有人詆毀你，先考慮一下那是不是你自己；不是你自己，有道理的是你，沒道理的是他，何必計較？所以，孔子曾告誡弟子：牙齒剛硬，所以容易折斷；舌頭柔軟，所以能保存完好。好與人爭，一定會受傷害；一時勇敢，一定會導致滅亡。做各種事，一個基本態度是——忍讓。

第四，去除機心，流露赤子之心。

與人相處，不藏半點機心，會讓人感到一種濃厚的人情味。不存機心，心地坦白，在競爭的社會中或許非吃虧不可。但是，若因為怕吃虧，將自己的純樸之心也變成「機心」，就失去了人最寶貴的品質。不可否認，在社會活動中，頭腦靈活、反應機敏的「機心」是從智慧與聰明中鍛鍊出來的。不過，為了自身的利益而以偏狹的私心去施展權術，當然不如那些不懂得這些東西的人可愛。懂得這些權謀卻棄而不用的人，其人格則更為可佩！正如前人所說：「存我之道，切在去機。機去身存，機住身死。無機身中，純白自處。」這裏所謂的「機」，無疑是指各種不正當的心機，其中當然也包括殺機。去掉了各種機心，人的純真本性才會重新恢復。

人能夠知機心而不用，可以說是在人生道路上的一大進步。雖然按照《易經》中的說法，「進必有所傷」，即人的每一進步，都必須付出一定的代價。在人生的道路上不斷清潔自己的心靈，誠懇地待人接物，難免會有受到傷害的時候，例如讓人騙、讓朋友出賣、因正直而得罪人……但這都不是問題的關鍵，關鍵在於是用什麼樣的態度面對烏雲蓋地、烏煙瘴氣的時刻，在受傷害、受困壓的情況下堅持原則，即使負傷，也能促使自己去反省人生之意義何在。

洪應明認為，去除了「機心」的人，有五種特徵：一是勤勞質樸；二是沈默寡言；三是心地善良；四是熱愛生活；五是光明磊落。

「機關算盡太聰明，反誤了卿卿性命。」擅於算計別人的人，常會反過來讓別人也算計了；而敞開心扉對人，人們也會敞開自己的心扉對待他。

立身，應有良好的道德修養；處事，貴在具備理性能力。自制或忍耐正是理性能力的一種完善。當自己的道德選擇陷入困境時，應通過自我心理的調節，冷靜處之，顯示出強烈的意志力、高度的自制力。

《菜根譚》云：「舍己毋處其疑，處其疑即所舍之志多愧矣。施人毋責其報，責其報並所施之心俱非矣。」意思是說：準備做出自我犧牲的時候，不要心存猶豫不決。猶豫不決，就會使義舉失去光彩。準備給他人幫助的時候，不要有要求人家報答的心思。要求報答，那就連你幫助人家的好心也走樣了。

中國傳統文化一向注重自我道德修養，「自查、內省」。這種自省精神實際上就是一種忍。一部《忍經》和一部《勸忍百篇》，歸根結柢就是一個主題：忍。一些情緒、欲望、言行必須忍。忍了才能贏得好處，獲得成功；忍了才能安身立命。一個人能不能忍言、忍氣、忍色、忍酒、忍聲、忍食、忍樂、忍權、忍勢、忍貧、忍賤、忍寵、忍辱……要看他是否把忍提升到理性高度，自覺地樹立起忍的意識，把能忍視為一個人理性能力的完善，而不是被逼無奈。這正如荀子所說：「行忍情性，然後能修。」

當自己的道德選擇受到干擾，遇到麻煩或陷入困境時，必須通過自我心理的調節，冷靜處之，迅速做出判斷，然後做出正確的選擇，從而在實際行動上顯示出強烈的意志力、高度的自制力、精明的判斷力，塑造出溫文爾雅、寬容大度、人格高尚的良好形象。這其中，最要緊的功夫就是忍。忍住吃喝嫖賭的欲望是最起碼的道德約束。進入到較高層次，主要是在人際關係中，如何發揮自制力，去私心，達到與世無爭、與人為善，心中無愧的完善境界。

第一，客觀公允，忍私為公。

一個人評價自己的同事，做到客觀公正似乎不難。但是，其中若夾有隱情、私仇，就不容易了。要實現理性的自我完善，就必須做到忍住私怨，秉公辦事，客觀評價。

據《呂氏春秋》記載，春秋時，晉平公問大夫祁黃羊：「南陽沒有地方官。你看，誰可以去擔任這個職務？」祁黃羊回答：「解狐可以。」平公很驚訝地說：「解狐不是你的仇人嗎？」祁黃羊平靜地說：「陛下問的是誰可以當南陽的地方官，沒有問誰是我的仇人呀！」於是，平公讓解狐做了南陽縣令。果然，解狐很快就博得南陽人的稱讚。

一次，平公又問祁黃羊：「國家沒有管軍事的官。你看，誰能勝任？」祁黃羊回答：「祁午可以。」平公吃驚地說：「祁午不是你的兒子嗎？」祁黃羊回答：「陛下問的是誰可以擔任管軍事的官，不是問誰是我兒子呀！」祁午當了官以後，也很快獲得眾人的稱讚。

祁黃羊舉賢不避仇，亦不避親，正說明他一心為公，坦誠正直。假如他要公報私仇，解狐可能永無出頭之日，南陽縣也少了一個好官。就算他不公報私仇，不保舉解狐，也不批評，已經很大度了，誰也不會怪罪他，還可落個清靜。然而，他不但不記仇，還力保「仇人」為官，說明他確實很有忍勁。其後，他舉自己的兒子當官，這還需要勇氣。這兩件荐舉人才的事，正說明，為了國家和百姓，祁黃羊沒有私心，心地坦蕩，不怕人們說三道四。

第二，「唾面自乾」，以德報怨。

對於重視尊嚴的人來說，面子比生命還寶貴。所以說：「士可殺，不可辱。」也就是說，一個人的面子一旦受到損傷，人格遭到無端的羞辱，他寧可拼掉性命，也要維護自己的尊嚴。那些具有民族氣節和英雄氣概的壯士確實令人欽佩。但是，以個人的蒙冤受辱而取得他人的心悅誠服，實現某種更廣更大的利益和目的，這種人更令人敬重。能「唾面自乾」，或「以德報怨」，是真大丈夫。

第三，忍而不發，穩重練達。

遇事不驚，穩重練達，是理性能力完善的重要表現。「嘴上沒毛，辦事不牢。」這是指責年輕人遇事不冷靜，沈不住氣，聽風就是雨，氣急了，甚至為了芝麻大的小事，以命相抵。「打了一輩子雁，還被雁啄瞎一隻眼。」意指生活閱歷豐富的人遇事穩重，不魯莽行事，偶爾也會衝動起來，忍不住氣，幹出蠢事，事後追悔莫及。有理性修養的人就不至於感情用事，時刻保持清醒、冷靜，大事不驚，小事不忙，穩穩當當。

「忍」是對理性能力的一種完善，它的妙處在於：「一忍可以支百勇，一靜可以制百動。」感情衝動時，忍一忍，就能抵禦急躁和魯莽；冷靜一下，就可以控制衝動的行為。只有這樣，才能理智地分析問題，正確地處理問題。

「晚節不保」，最值得痛惜。一個人即使大半生都忍得過、耐得住，也可能在晚年時，由於受不了金錢、權勢等方面的誘惑而誤入歧途。足見忍名讓利、忍奢節欲的艱巨。

《菜根譚》云：「聲妓晚景從良，一世之胭花無礙；貞婦白頭失守，半生之清苦俱非。語曰：『看人只看後半截。』真名言也。」意思是說：有些妓女後半生嫁入良家為婦，以前的生涯並不妨礙後半生的正常生活；有些為丈夫守節的婦女晚年改嫁，前半生的清苦生活就失去了意義。

洪應明處世雞湯在這裏告誡世人，忍名讓利、忍奢節欲絕不是一朝一夕的事。具體包括以下幾個方面：

第一，忍美名。

求名並非壞事。一個人有名譽感，就有了進取的動力，從而也有了羞恥感，絕不允許自己的名聲被玷污。但是，什麼事都不能過於追求。只要過分追求，求名心太切，就容易產生邪念。結果名譽沒求來，反倒臭名遠揚，遺臭萬年。古今中外，有的人為求虛名不擇手段，最終身敗名裂；有的人已小有名氣，還想名聲大震，於是邪念膨脹，連原有的名氣也遭人懷疑。

唐朝時，詩人宋之問有一個外甥叫劉希夷，是一位很有才華的年輕詩人。一天，劉希夷寫了一首《代白頭吟》，請舅舅指點。當他誦到「古人無復洛陽東，今人還對落花風。年年歲歲花相似，歲歲年年人不同」時，宋之問情不自禁連連稱好，忙問他此詩可曾給他人看過。知道外甥還不曾與人看，宋之問就說：「你這詩中『年年歲歲花相似，歲歲年年人不同』二句著實令人喜愛，若他人不曾看過，讓與我吧！」劉希夷回答：「此二句乃我詩中之眼，若去之，全詩無味，萬萬不可。」當晚，宋之問睡不著覺，翻來覆去只是念這兩句詩。他心中暗想：此詩一面世，便是千古絕唱，名揚天下。一定要想法據為己有。於是他起了歹意，命手下將劉希夷活活害死。後來，宋之問獲罪，先被流放到欽州，又被皇上勒令自殺，天下文人聞之無不稱快！名聲美則美矣！只是，對那些有正義感、有良知的人而言，面對不該屬於自己的名聲，坦然接受必然辦不到！須知，得到了名，就得到一座沈重的大山，一條捆縛自己的鎖鏈，早晚會被壓垮。

第二，忍官欲。

做官的好處顯而易見，千百年來，人皆心嚮往之。當官致富耀祖的「官念」在許多人腦中根深柢固。為了求官，滿足官欲、權欲，他們會置國法於不顧，以錢買官，以利換官，拉選票，結死黨。在商品經濟大潮衝擊下，有的人官欲確實淡泊了，有人卻官欲更強，因為他們看到了官與商的關係、權與錢的關係。

洪應明從現實「官場」和個人體驗中總結出三種官莫做，必須引以為戒。

(1)糊塗官莫做。這種官到了哪裡，哪裡倒楣。

平心而論，這些人並非不想把事做好。他們也常常早起晚睡，一把泥一把汗，吃苦耐勞，甚至拋家捨業。只可惜，工作就是無起色。究其原因，只能說這些當官的是無能之輩。「勞心者治人。」不是能人，如何能位居眾人之上去治人呢？無能而要逞能，既苦自己，又害他人。

二十世紀五〇年代，大科學家愛因斯坦收到一封信，邀請他去當以色列總統。愛因斯坦是猶太人，若能當上以色列的總統，在一般人看來，自是榮幸之至。出乎人們意料，他竟拒絕了。他說：「我整個一生都在同客觀物質打交道，因而既缺乏天生的才智，也缺乏經驗處理行政事務，公正地對待別人。所以，本人不適合如此高官重任。」

能看出自己有何才能，合適的位置在哪裡，這說明愛因斯坦是一位真正的聰明人。

(2)閒官莫做。有些人在其位而不謀其政，整天無所事事。這種人很怕幹實事，因為他不懂業務，一幹就出醜，丟人又丟不起。他們純屬「碩鼠」。哪個機構臃腫，那就是「碩鼠」聚集之處。還有些年長體弱者、身患疾病者，掛著官銜不辦公，領著餉銀不幹事。就因為他的存在，這個部門的其他領導就只能是副職。圖什麼呢？也許是心理的滿足，也許是某種待遇。

這樣的人，最典型的是英國的前首相丘吉爾。他在七十六歲那年再度出任首相之職，剛上任，表示只任一年。可是，他對權力太迷戀了，一再延長任期。直到他體力實在支撐不住了，在同事們勸說下，才很不情願地離任。他的一生光彩奪目，晚年卻為自己抹上了一塊污點。

(3)貪官莫做。有些人私心太重，心術不良，只想自己撈待遇、撈錢、撈女人……當然，這種人也不一定是一上臺就很貪，就去撈。就其本質，最初也相當不錯。可是，架不住人家主動送，一次二次能拒絕，三次四次呢？久而久之也就習慣了。這種官不做也罷。做下去，早晚要出事！

第三，忍小利。

名和利是一對孿生兄弟，誰也離不開誰。但是，現實中有重名不重利者，人稱清廉之士。有人重利不重名，講究實惠。有人追名逐利，什麼也捨不得放下，總想名利雙收。三種人哪種更高潔，更可取，不言而喻。人生無利則無以生存，無以養身，不能養身則無法立業。所以，不能簡單地把求利之人都視為小人，要看為誰謀利和以怎樣的手段謀利，獲利後又怎樣對待和利用所獲取的利。

凡是人，都想賺錢。就連自詡清高的讀書人，也可能一朝下海，去經商賺錢。因為沒有錢，你寫的著作只是廢紙一堆，無法變成鉛字；沒有錢，你寫的劇本無法搬上舞臺、銀幕；沒有錢，你的科研成果無法轉化為經濟效益。然而，賺錢是可以的，致富也應當，切不可錢迷心竅。用不正當的手段賺錢，走歪門邪道致富，很可怕，它會把人拖入萬丈深淵。一個人若被錢迷住了心竅，不僅會置國法於不顧，甚至會失去人性，幹出喪盡天良的事。這種例子不勝枚舉。嚴酷的事實告訴我們：錢能把人送往「天堂」，也能把人引入「地獄」。只顧發財，不擇手段，那是「徒知愛利，而不知愛身」的蠢貨。

南宋人洪邁的《容齋隨筆》講述了一個故事：一年春天，一個叫曾叔卿的人因家中窮得揭不開鍋，便向親友借錢買了一些罈子之類的陶器，準備運到福建去賣，好賺幾個錢，買米度日。正要走時，有人捎信給他說：福建遭水災，民不聊生。他想，陶器肯定無人買，只得暫時放在家中。一天，一位商人路過，買下所有的陶器。錢貨兩清後，曾叔卿聽他說買陶器是為了運到福建去賣，趕緊勸道：「福建遭了水災，誰還買陶器？你把陶器退給我吧！」買主很為他的高尚行為所感動。曾叔卿的妻子看到好不容易到手的錢飛了，抱怨道：「是人家登門求買，又已錢貨兩清，為什麼要自請退貨？如今家裏正等著錢買米下鍋，難道你不知道？」曾叔卿笑道：「做人貴在品節，損人利己的事切不可做。咱們寧可忍饑挨餓，萬不能惟利是圖，嫁禍於人。賢妻不是常說要效法樂羊子妻勸夫上進嗎？」妻子聞言啞口，面帶幾分愧色。

洪應明強調忍利勿貪，並不反對賺錢發財，只是希望君子愛財，取之有道，並強調，人應懂得忍小利而取大義的道理。

第四，戒奢侈。

「成由勤儉敗由奢。」這是一條為古今中外無數事例所證明的普遍規律。日本是亞洲的第一富國，其國民的節儉精神也很有名氣。許多到日本講學、研修、探親的中國人都大為感慨：日本人雖富，卻很少大吃大喝。即使在飯店請客，飯菜也是精致、簡單。吃完後，服務小姐還會將剩下的飯菜裝進塑膠袋裏包好，請客人帶回家。日本各大公司的電話是不准用來談私事的，辦公用紙也不能用來寫工作以外的內容，甚至有的電話記事簿是用廢紙訂成；節日互贈禮品，也常是物美價廉的小玩意兒。

縱觀歷史，因奢侈而敗家亡國的不計其數，因奢侈而犯罪的屢見不鮮。所以，歷史上的有志之人、有識之士都崇尚勤儉，忍奢抑侈。

第五，戒惡習。

我國釀酒已有幾千年的歷史，是酒的故鄉。從醫學角度講，適當地飲酒，可以驅寒暖身、舒筋活血；從人際交往的角度看，酒能助興，增添喜慶氣氛。但是，飲酒不可多，多了難免出事。對身體來說，酒多會致病。尤其是心、肝、肺病患者更要戒酒。而且，飲酒過量會引起血液循環加快，造成情緒失控，從而忘乎所以，胡說八道。

人們常說，菸酒不分家。所以，說到忍酒，就不能不說說戒菸。吸菸是一種壞習慣，有害而無益。它的第一害處是傷害身體，容易致病。吸菸時，煙霧中有許多有害成分，這些有害物質吸入人體，對人體器官必定造成不同程度的損害。而且，吸菸在經濟上損失嚴重。更何況，吸菸的人常常有亂扔菸頭的壞毛病，在不准吸菸的地方忍不住菸癮，這就導致火災事故時有發生。

不僅如此，如今賭具、賭場、賭徒都司空見慣。普通人節假日親戚朋友聚會，一時興起，也會搓兩圈麻將。但是，賭博是病，害人最烈。一旦沾上賭，就難以自拔。賭場如火坑，進去的人無不被燒得焦頭爛額，身敗名裂。

第六，戒女色。

古人云：「萬惡淫為首。」商紂王因荒淫無度而亡國亡身，留下千古惡名。在他之後，荒淫無度的帝王仍然不計其數，而且很多因縱欲而夭折，因荒淫而亡國。

在中醫看來，荒淫無度，大傷元氣。所以皇帝早夭，自有其道理。春秋時，晉平公患病，向秦國求醫。秦國派名醫醫緩前去。醫緩察看了平公的病情後說：「你的病不能治癒了。這是因為接近女人而造成。」平公問道：「難道女人不能接近嗎？」醫緩回道：「要節制。任何事物都不能過度，一過度就會出現災害。」

醫緩之言很有見地。男女結合，順乎自然，荒淫無度者則違背了「天意」。違背「天意」，必遭天怨，傷身殞命乃罪有應得。

淫亂者傷風敗俗，害人害己，為法律人情所不容。自古以來，「淫婦」、「蕩婦」、「淫棍」就是人世間最難聽的稱呼。一個人犯了其它方面的錯誤，大多能得到諒解，甚至得到幫助。惟獨犯了「淫」字，很難獲得原諒。大家都瞧不起你，異性都躲著你，生怕和你說上幾句話，就會被旁人誤解；同性也都防著你，怕你的行為傷害到他的親人。

以奢侈為榮，視菸酒如命，靠賭博賺錢，為縱欲而淫亂，都有百害而無一益。所以，洪應明處世雜湯把戒奢侈、戒菸酒、戒賭博、戒淫欲視為修身養性的戒律。

常言道：「心靜自然涼。」節制內心的欲望，關鍵在於「心靜」兩字。越是胸懷大志的人，越應該「心靜」。「心靜」才可以臥薪嘗膽，等待時機，「心靜」才可以以「忍」制勇，忍小取大。

《菜根譚》云：「熱不必除，而除此熱惱，身常在清涼臺上；窮不可遣，而遣此窮愁，心常居安樂窩中。」意思是說：對夏季的炎熱，不必去消除，只要解除你心中煩躁不安的情緒，身體就猶如坐在涼亭中一樣涼爽；對貧窮也不必在意，只要能改正因為貧窮而煩惱的錯誤觀念，心境就會像生活在舒適快樂的寓所裏一樣愜意。

第一，「心靜」方可耐心等待時機。

人立於天地之間，應當做幾件功德圓滿的事。但世事紛繁，並不是每個人在事業上都能一帆風順。可以說，客觀條件是事業成功或失敗的關鍵因素。雖然客觀條件制約人的成功，但並不是說，上天就一點也不給身處逆境的人成功的機遇。不過，機遇到來，若不能把握，還是不能成功。這時，只有「心靜」的人才可能發現和抓住機遇。

第二，「心靜」方可以「忍」制勇、以靜制動。

宋代蘇洵曾說：「一忍可以制百勇，一靜可以制百動。」意思是說：忍的作用可以抵擋千軍萬馬。這段話強調了「忍」的無形威力，它就得之於領導者的「心靜」。比如諸葛亮七擒孟獲而不斷，一忍再忍，終於以自己的「心靜」制服了叛軍。

第三，「心靜」方可忍小取大。

要成就大業，就得分清輕重緩急、大小遠近，該捨的得忍痛割愛，該忍的得從長計議，從而實現理想宏願，成就大事，創建大業。只可惜，人無法完全擺脫七情六欲的控制。就此而言，不能「心靜」，就很難做到忍痛割愛、忍小取大。

劉邦和項羽爭霸時，其實就是在「心靜」的功夫上見出高下。誰能夠「忍小取大」，誰就得天下；誰若小肚雞腸，誰就失去天下。

■安於不公，一半清醒一半醉

——將以硬碰硬的正面衝突和隨波逐流的消極退避轉化成以柔克剛、以韌對強，才是對待命運不公的最佳策略。

面對命運戲弄或不公平的待遇，若怨天尤人，甚至發展到仇視社會，與整個環境對抗，其結果可想而知；若聽天由命，甚至自暴自棄，就再也不會有東山再起的機會。此時，最好的心態是「一半清醒一半醉」，最佳的方法是「忍」，將以硬對硬的正面衝突和隨波逐流的消極退避轉化成以柔克剛、以韌對強的積極策略。

社會上到處都有妒忌、誹謗、嘲諷、吹捧之類的「惡」，這些「惡」皆源於一個「利」字。面對人情冷暖、世態炎涼，最好還是超脫些，與其「嫉惡如仇」，不如「忍惡揚善」。

「惡」有「大惡」、「小惡」之分。經常困擾人的主要是小惡，如妒忌、誹謗、嘲諷、吹捧等。當這些小惡向我們襲來，是應該「嫉惡如仇」還是「忍惡揚善」？洪應明認為，這些「惡」皆源於一個「利」字。面對人情冷暖、世態炎涼，最好還是超脫些。

《菜根譚》云：「我貴而人奉之，奉此峨冠大帶也；我賤而人侮之，侮此布衣草履也。然則原非奉我，我胡為喜？原非侮我，我胡為怒？」意思是說：我有權有勢，別人就來奉承我，他們奉承的只是權勢、地位；我貧窮卑賤，別人就來侮辱我，他們侮辱的只是貧困、寒酸。他們本就不是真心奉承我，我為什麼要高興？本就不是輕視我本人，我為什麼要生氣？

司馬遷說：「天下熙熙，皆為利來；天下攘攘，皆為利往。」一個「利」字，道出了世人「惡」的本性。面對此種境遇，超然一些，不必感到命運的不平，最佳選擇就是忍惡揚善，讓惡無地自容。

第一，忍讒耐謗。

在某人面前說另一人的壞話叫「進讒」；捏造事實冤枉人，栽贓陷害叫「誹謗」。茫茫人海，既有白浪滔天，也有濁浪翻滾，人在海浪中，要求得心安、身安，就不能不忍讒耐謗。一個人的生活是否安寧愉快，與他能否和他人友好相處密切相關。生活在友愛的群體中，人往往精神愉快，積極向上；生活在冷漠、猜疑，互相攻擊的群體中，人整天疲於提防冷槍暗箭的傷害，往往精神壓抑，心緒不寧。要為自己創造一個好的生活環境，必須以誠待人，不進讒言，也不聽信讒言。一個人養成了不進讒言、不信讒言的良好品質，自然就不會為了一己的私利去誹謗他人。

可是，你不進讒言，不誹謗他人，有些人卻可能因為某種原因，向他人進你的讒言或誹謗你，破壞你的名譽。對於這種事，該如何對待？

首先，若這種讒言或誹謗對你並無太大的影響，也構不成危害，最好不予理睬。

宋代時，呂蒙正被任命為副宰相。在上殿謝恩時，有人對他指指點點地說：「這小子也能參知政事，治理國家嗎？」他裝作沒聽見。下朝後，有的同僚為他打抱不平，非要查出說這話的是誰不可。他堅不同意，說：「一旦知道是誰說了這句話，便一輩子忘不了！倒不如不知道為好。」

呂蒙正之所為，不但沒有降低他的威信，更贏得了大家的敬重。私下裏，那位說他壞話的人也可能對他感激不盡。反之，如果他不忍，非要查個水落石出，就算人查出來了，也只為自己多樹了個敵人，並讓周圍人人自危。

所以，洪應明處世雞湯認為，若聽說背後有人對你發泄不滿的情緒，不管是出於誤會、嫉妒還是私怨，只要無傷大雅，就不必急於去針鋒相對。忍著點，寬大為懷，謠言不攻自破。這樣更有助於贏得威信。

其次，如果造是非者不僅僅是發泄私憤，而是到處鼓噪，傳播對你不利的言論，也一定要忍住。

《伊索寓言》有這樣一則寓言：獅子聽見青蛙高聲鼓噪，心想：這一定是什麼龐然大物？他轉過身去。等了一會兒，看見從池塘裏爬出來的是一隻青蛙，就走過去把牠踩個稀巴爛，並說：「在親眼看到之前，千萬不要被攪得心慌意亂。」

這則寓言意在告誡世人：不要一聽到鼓噪就心慌意亂。心平氣和地觀察一陣子，就能看出破綻，不費力地將鼓噪的根源徹底消滅。如果忍不住，一聽到鼓噪聲就滿腹委屈，或暴跳如雷，做些沒有任何意義的自我消耗，反而對鼓噪起了推波助瀾的作用。

最後，對那些心懷歹意，憑空捏造罪名，非要置人於死地而後快的誹謗之人，就更要忍。這種「忍」不是束手待斃，向惡勢力低頭，而是忍住一時的衝動和蠻幹，以便沈著迎戰。最不可取的是，受了誹謗之後，只知吵吵鬧鬧，以淚洗面，甚或悲觀失望，一死了之。前者不能解決問題，甚至越抹越黑；後者缺乏承受能力，正中惡人的奸計。

第二，忍嘲耐諷。

嘲諷是對人的挖苦和刺激，不尊重他人人格的尊嚴。喜歡嘲諷的人對他人的長處、短處都看不順眼。人家有長處，他當成嘲諷的內容；有短處甚或生理缺陷，就更成為他嘲諷的內容。嘲諷雖然較之誹謗輕些，但它的尖酸刻薄，最讓人下不了臺。中國古話說：「虎落平川被犬欺，落魄的鳳凰不如雞。」人在失意時，往往會落入被人瞧不起的境地。這種處境雖然令人憤慨，可又常常是一種不可避免的客觀現實。

通常情況下，人在失意時，容易遭到諷刺打擊，進取時也常常會受到譏諷和嘲笑。也就是說，人生無論是得意還是失意，都免不了受到冷嘲熱諷。因此，要生活得充實、安穩、瀟灑，就要有充分的心理準備，不怕嘲笑諷刺，不怕挖苦打擊，堅定不移地走自己的路。自己的行為若遭到嘲諷，要分析一下別人的嘲諷是否有道理。因為，生活中有些人，心地原本善良，只是表達的方式不對頭；也有的人關心你的進步，恨鐵不成鋼，總喜歡用諷刺的語言刺激你。所以說，聽到別人的嘲諷，應檢查一下自己的行為是否正確。如果你做對了，就要堅持到底，用行動感化和影響嘲諷你的人。對於那些別有用心的惡意嘲諷，最好的辦法莫過於不屑一顧。無法讓他閉嘴，就裝聾作啞。

第三，忍嫉耐妒。

嫉妒是在看到別人比自己幸運或比自己強的時候產生的一種心理情緒。人們常說：嫉妒是好勝心強的表現。沒有嫉妒，就可能不思進取；沒有嫉妒，就追求不到愛情……等等。但是，必須看到，靠嫉妒心振奮起來的進取精神不會持久，愛情摻進嫉妒，搞不好會出人命。所以，怎麼說，嫉妒絕不是好品性，會使正常的人變成不正常的人，把好人變成壞人，聰明人變成愚人。正如莎士比亞所說：「嫉妒是一個綠眼妖魔，誰做了它的俘虜，誰就要受到它的愚弄。」

嫉妒是一種特殊的疾病，其輕重不同，表現形式就不一樣。一是「動心不動口」者。看到別人好，他們心裏馬上不舒服，一個勁地活動心眼，盼望人家有個天災人禍。二是「動口不動手」者。他們總是喜歡說三道四、品頭論足、冷嘲熱諷、譏笑挖苦。三是「動口又動手」者。他們不僅破口大罵，還會拳腳相加。

從洪應明處世雞湯的角度看，一旦患上嫉妒病，不僅害人，也會害己。

首先，這種人不僅心理發生變化，生理也發生變化，常見的是情緒變化異常，食欲不振，內心痛苦不堪。正如巴爾扎克所說：「嫉妒者的痛苦比任何人遭受的痛苦都大，他自己的不幸和別人的幸福都使他痛苦萬分。」

老約翰・施特勞斯是奧地利的音樂家。後來，他的兒子小約翰・施特勞斯也成了音樂家，而且名氣超過了他。一人，兒子宣布要舉行音樂會。父親聞訊，也立即宣布，在同一天同一個時間，他也要舉辦音樂會。可是，觀眾都跑到兒子那裏。這使老施特勞斯又愧又恨，一下子就病倒了，並說：「我但求速死。」

其次，這種嫉妒的情緒發展到「動口又動手」時，必然會傷害到他人，甚或做出違法之事，最終難免受到法律的制裁。

既然嫉妒對他人、對自己都有危害，面對嫉妒，就必須「忍」。

(1)看到別人比自己強時，要能忍住自己的嫉妒心。多尊重人家的長處，多檢討自己的短處。這樣，久而久之，就能純淨自己的心靈。

(2)自己比別人強時，要忍受住別人的嫉妒。

著名的民主人士黃炎培，字任之。人家問他為何叫任之。他說：「其中一個含義就是，對無所謂的事、無聊的流言，不管它，由它去。」

第四，忍吹耐捧。

吹捧是他人對自己的一種言過其實、言不由衷、心口不一的溢美。因此，吹捧本身也是一種惡習。忍惡揚善，吹捧也在必須忍之之列。不過，要頂住吹捧可不是件容易事。喜歡吹捧，討厭批評，這是一般人共同的弱點。一般人之所以喜歡聽吹捧的話，一是覺得別人在肯定自己的價值，二是覺得別人對自己不錯，表示願意親近自己。因此，明知有些吹捧的話言過其實，仍然願意接受。

吹捧的害處主要體現在以下幾個方面：

(1)它看人下菜碟，專揀好聽順耳的說，讓你舒舒服服，失去了警惕性，不知不覺地把吹捧者當成知己，進而言聽計從。有人心中也明知聽信吹捧不應該，可感情上就是喜歡。法國總統戴高樂就承認自己雖討厭盡說好話的人，卻很願意同這樣的人共事；對那些敢提不同意見的人，他雖認為他們是天才，卻討厭他們在自己身邊。

(2)吹捧使人頭腦發暈，搞不清自己到底有多少斤兩。雖然初聽可能覺得言過其實，但久而久之，就感覺自己可能確實高明，在錯覺中自得其樂，滋生盲目自滿的情緒。

(3)聽慣了吹捧，必然排斥批評。凡是與自己意見不同的人，都易認為不尊重自己，與自己作對。久而久之，朋友會離你遠去，小人會將你緊緊包圍。

(4)聽慣了吹捧，就不能正確地辨別人與事，分不清誰是你真正的朋友，甚至以敵為友，認賊做父。

總之，不管自己多麼有本領，功勞多麼大，別人怎樣吹捧，最要緊的是時刻保持清醒冷靜的頭腦，不為吹捧所迷惑。

忍受別人對自己的惡行，就是忍惡。如果能抑制自己，不生惡念而懷善心，不吐惡語而發善言，不為惡事而行善事，那就不只是在忍惡，也是在揚善了。「人之初，性本善；苟不教，性乃遷。」人的惡念、惡言、惡行都不是由娘胎裏帶來。童心可貴，就在於此！如果人人都保持童心不變，就不會有壞人做惡，而不僅讒謗者、嘲諷者、嫉妒者和吹捧者不再有。六祖慧能云：「菩提本無樹，明鏡亦非台；本來無一物，何處惹塵埃。」人都是光身空手進入塵世，如能悟出這層道理，對人間事就會進入人我兩空的境界，對於世態的變遷就會看得淡漠了。

人在沒有得到一件東西之前，會以之為獵取的目標。因此，有了這件東西，便有了利益之爭。在利益之爭中處於劣勢的一方，如果不懂得「忍」，不要說親情難存，富貴難求，就是自身的性命也難保。

《菜根譚》云：「炎涼之態，富貴更勝於貧賤；妒忌之心，骨肉尤狠於外人。此處若不當以冷腸，禦以平氣，鮮不日坐煩惱障中矣。」意思是說：人情勢利反覆無常，在富貴人家中的表現比在貧苦人家中更為明顯；親人之間的嫉妒猜忌比同外人更為厲害。如果不能冷靜看待，心平氣和地對付，很少能擺脫煩惱苦悶的侵擾。

歷史上骨肉相煎的事例太多了，其中尤以三國時魏王曹丕迫弟曹植作《七步詩》之典最為悲切動人。「煮豆燃豆萁，豆在釜中泣。本是同根生，相煎何太急。」如果曹植不是「當以冷腸，禦以平氣」，不懂得「忍」，必定寫不出這首千古悲歌，也無法打動曹丕，更談不上保全自己的性命。

第一，捧人家碗，看人家臉。

漢代末年，步騭隻身逃難到江東，生活十分貧困。他和衛旌同齡，關係很好，都靠種瓜為生。步騭白天辛勤勞作，夜晚就挑燈苦讀。

當時會稽郡有個人叫焦征羌，是那裏的大戶人家。步騭和衛旌都在他的地盤上寄食，怕他找麻煩，就一起抱著瓜去給他送禮。到了焦邸，正趕上焦征羌在臥室內休息，步騭和衛旌只好在外邊等著。可是，等了很久，還未蒙接見。衛旌想離去，步騭勸止道：「我們之所以來拜訪，獻禮，是害怕他的強橫。如果見不到他就回去，他會認為我們瞧不起他，從而結下怨仇，我們就難以在這裏謀生了。」衛旌只好耐著性子等下去。又過了一段長時間，焦征羌才推開窗戶接見他們，卻只露出一張臉，身子還隱在床帳裏面。到了吃飯的時候，他叫家人在窗戶外面的地上放一張席子，席上放幾小盤青菜，招待步騭和衛旌，他自己卻在室內的大餐桌上，津津有味地享受著美味佳釀。衛旌因為受到慢待，面露怨忿之色，也不吃飯。步騭卻神色自若，香香甜甜地吃飽以後才離去。

事後，衛旌對步騭說：「你怎麼能忍受那樣的羞辱？」步騭回道：「我們本來就貧窮卑下，主人按照對待貧窮卑賤之人的態度接待我們，有什麼值得羞恥的？」

正由於步騭此時能降志辱身，委曲求全，其後才能一直官至吳國宰相。

第二，身在簷下，就得低頭。

南朝劉宋時，王韶之曾在他的著作《晉史》中寫到王珣經營謀利、王廞參與作亂的事，因此得罪了王家。後來，王珣的兒子王弘、王廞的兒子王華都在劉宋王朝升任要職。王韶之怕遭到他們報復，便結交朝廷重臣徐羨之、傅亮等人。景平元年（四二三年），王韶之出任吳興太守。徐羨之被誅殺後，王弘任丞相，兼任揚州刺史，成了王韶之的頂頭上司。王韶之非常擔心被王弘抓到把柄，日常言行和工作都特別謹慎。他勤於政務，官聲很好。王弘也只好強壓著怨憤的情緒。所以，大面子上兩人相安無事。宋文帝知道他們之間的關係，對兩人忍私怨和平相處的行為經常加以肯定。

「冤家宜解不宜結。」結下冤仇，當事人雙方互相寬容和諒解是上智之策。如果做不到，就要像王韶之那樣，雖然不能冰釋私怨，卻能夠努力克制隱忍，以便和平共處。千萬不要怨怨相報，無休無止。

第三，以柔克剛，感動對方。

堯是傳說中遠古時代一個仁德的君王，他一生中最為人稱道的是沒有讓自己的兒子承襲君位，選擇了舜做繼承人。堯看中的正是舜身上具有一種超乎常人的忍德。

舜從小不幸，父親雙目失明，母親早逝，父親又續娶並生了弟弟象。父親受繼母挑唆，偏愛象，並同他的繼母及弟弟一起，千方百計想除掉他。但舜每次都巧妙避過，且仍然順從父母，不失孝道，對弟弟友善，不失手足之情。天下人為此交口稱讚舜是個有德性的好人。

堯聽到此事，便把兩個女兒嫁給了舜，並分給他糧倉和許多牛羊。這反而加深了舜的父母和弟弟的嫉恨。一次，父親讓他修補糧倉屋頂。舜架起梯子，剛剛爬上去，父親就撤掉梯子，點燃糧倉。舜急中生智，雙手拿著兩個斗笠，從倉上跳下，倖免一死。另一次，父親讓舜去掏井。舜下井後，父親和象就落井下石，想把他活活埋在井裏。沒想到，舜早就在井下挖了一條祕密通道，見情形不妙，便從通道安全脫險。此時，象暗自高興，對父母說：「這回哥哥死了，他的財產分給你們一部分，兩個妻子歸我享用。」說完，立刻往舜的屋子走去。哪知一推開門，看見舜正坐著彈琴，好像什麼事也沒發生過。象暗自吃驚，掩飾道：「我正想你想得厲害。」舜也裝著若無其事地說：「正好，我的事情多，需要你來幫我。」

如此一而再、再而三地忍讓，終於感化了他的父母和弟弟，打消了除掉他的念頭。堯經過反覆多次考核，認定舜有驚人的忍德，可承擔重任，便把帝位傳給了他。

在此，舜面對的是一個糊塗的父親，一個心狠的後母，再加一個愚狂的弟弟。可是，在生命受到威脅時，他仍不做任何正面的反抗，事後又息事寧人，足見其忍功之強。幸虧，每當生命受到威脅時，他都能發揮聰明才智，全身遠禍。這就說明，舜的忍既是一種「和合」的德性，又是「全身」的策略。

第四，以迂為直，以屈求存。

戰國時期，有人在燕王面前詆毀蘇秦：「蘇秦是個叛賣國家，反覆無常的小人，恐怕快要作亂了！」

此時，蘇秦正在齊國。他得知有人詆毀自己，知道如果自己長期不在國內，對自己非常不利。於是，他立即回到燕國。

聽信讒言的燕王對他已經不再信任，沒有讓他擔任官職。

於是，蘇秦求見燕王，說：「我本是東周一個鄙陋的人，沒有半點功績，是大王親自在廟堂上封我官職，並以禮相待。現在我替大王說退了齊國的軍隊，收回了十座城池，照說，大王對我應當更加親近。而今，我回到燕國，大王卻不給我官職，必定是有人用不忠做罪名，在大王面前中傷了我。其實，我的不忠，恰恰是大王的福運。我聽說，忠實誠信的人處處都為自己打算，講求進取但有某些不忠之行的人卻處處都替別人打算。我遊說齊王，就不曾欺騙他。我把年老的母親留在東周，本就是為了拋棄為個人謀利益的打算，一心幫人進取。假如現在有這麼三個人，一個孝心像曾參，一個廉潔像伯夷，一個忠信像尾生，來侍奉大王，大王以為怎麼樣？」

燕王回道：「足夠了。」

蘇秦又說：「像曾參一樣孝順，連離開父母，在外面住宿一夜也不肯，大王又怎麼能讓他步行千里，替處在危困中的國家分勞？像伯夷一樣廉潔，不願做孤竹君的繼承人，也不肯做武王的臣子，餓死在首陽山下，大王又怎麼能讓他步行千里，到齊國幹一番有所進取的事業？像尾生一樣堅守信用，和女子約好在橋下相會，由於女子不來，洪水來了也不肯離開，終於抱著橋柱淹死，守信到這種程度，大王又怎麼能讓他步行千里，去退卻齊國的強兵？我正是因為太忠誠、太講信用了，才得罪了大王呀！」

燕王質問：「你是不忠不信的人！難道有因為忠信而得罪人的事嗎？」

蘇秦回答：「我聽說，有個在外地做官的人，他的妻子與別人私通。到了他即將回家之時，那跟她私通的人很擔憂。他的妻子說：『你不要擔憂，我準備好了毒酒等著他。』幾天後，這人回來，妻子果真讓侍妾捧著那杯毒酒給他喝。侍妾想說出酒裏有毒，卻害怕主母被主父驅逐；不說吧，卻又擔心主母會毒死主父。因此，她只得假裝昏倒，把酒潑到地上。主父見了，大發雷霆，把她打了五十鞭子。侍妾假裝昏倒，潑了那杯毒酒，對上而言，保全了主父，對下而言，成全了主母。然而，她竟免不了挨打。這怎麼能說，堅守忠信，就不至於得罪人呢？我的過失，跟這事是同樣的性質啊！」

就這樣，燕王被蘇秦的話打動，說：「寡人知道了。就請先生恢復原來的官職吧！」

而且，從此更加優禮他。

在處世方面，兩點之間的最短距離往往不是直線，而是曲線，什麼時候應當強硬，什麼時候需要妥協，都不是一成不變的，暫時的妥協不過是為了將來的強硬。蘇秦的高明之處在於：面對君王不信任這一被動局面，他採取了「以迂為直」、「以退為進」的策略，從而保全了自己。

人的一生都在同命運抗爭。生不逢時，要忍受環境的壓迫；力所不及，要忍受心靈的重負。忍是為了爭，想爭就得學會忍。幸運之神總有一天會光顧一個有遠見、有意志、有智慧的人。

「忍」字心頭一把刀。刀口隨時會落下，將這顆血肉之心四分五裂。為了保住這顆心，就要讓理想、遠見、意志、智慧充滿其中。因此，洪應明告誡世人：柔能勝剛，能忍即能爭。忍是為了爭，爭就得學會忍。

《菜根譚》云：「世人以心肯處為樂，欲被樂心引在苦處；達士以心拂處為樂，終為苦心換得樂來。」意思是說：世人都以滿足心願為快樂，卻常被快樂引到痛苦中；心胸豁達的人平日能忍受各種不如意之事的折磨，最終才能在艱苦奮鬥中換來甘甜。

人生在世，會遇到許多挫折。一般的挫折還能忍受；遇到大的挫折，許多人就會被徹底擊敗，一蹶不振。

一個人若身遭厄運，特別是在個人能力還極為渺小的時候，對命運的抗爭，最佳選擇就是「忍」。這種忍，表面看卑瑣而懦弱，但這樣做可以不顯山露水，保存實力，以求打碎厄運，擺脫困境。遇厄運，有必要採取迂迴曲折，另求生路的策略。古人說：「仁者忍人所難忍，智者忍人所不能忍。」古今中外，有無數為人稱頌的「忍」君子，他們的美名和他們對命運的默默抗爭，感人至深。

洪應明這一人生智慧，具體包括以下幾個方面：

第一，忍難忍之辱，成不世之功。

忍得住一般人所不能忍的厄運，就是打不倒、擊不垮、刀槍不入的硬漢子。對普通人來說，在正常環境中，為遠大的理想而奮鬥是做得到的，因為在這個過程中，保險係數較大，雖然不太刺激，卻可平安無事，按部就班。可是，一旦厄運到來，有人就會頓感萬念俱灰，悲觀絕望，或者看破紅塵，玩世不恭。據此而論，司馬遷乃非常人也。他在遭宮刑時雖痛不欲生，卻能忍常人難忍之辱，「宜守不移之志，以成可大之功。」

司馬遷的「忍」體現了不屈不撓和堅強的意志。這種堅強不像那種一折就斷的脆鋼，而等同於百彎不折的韌鋼。

第二，留得青山在，不怕沒柴燒。

處於漫長的不幸之中，經受痛苦的煎熬，死確實比生容易。特別是在遠離親人和同胞，孤軍奮戰時，你的氣節、勇敢不為人所知，得不到任何報償，忍受著煉獄般的磨難，卻看不到一點希望，隱忍之心真比求死之心強到千倍萬倍。要做要這種忍，需要堅強的信念，相信一切都將改變。只要有希望，就能忍受一切熬煎。「留得青山在，不怕沒柴燒」，「出水才看兩腿泥」，這些都是長期隱忍的精神動力。有勇氣死而無勇氣忍受非人之苦的人稱不上英雄好漢；只有那些倍受煎熬，終見天光的人才是真正的鐵漢。

漢武帝天漢年間，蘇武在荒涼酷寒的北海邊上忍饑挨餓，以堅強的毅力，度過了漫長的歲月。一直到漢昭帝始元六年（八一年）春天，經幾度交涉，他與常惠等九人才終於回到長安。出使的時候，他是個四十歲左右的壯漢，在匈奴度過十九年非人的生活，歸漢時已是個鬚髮皆白的老人。

蘇武的過人之處在於：寧可忍受沒有期限的各種折磨而拒不投降。俗話說：「死罪好受，活罪難抗。」蘇武忍受住十九年漫長而非人的折磨，忍饑挨餓，忍受寒冷、勞苦、荒涼、寂寞，尤其是在得知自己的守節不為朝廷所知，家人並沒有因自己的守節而獲得封賞，反而家破人亡時，他仍然抱定信念不改。一句話，他忍受了常人難以忍受的磨難，挺住了別人難以挺住的考驗。中國歷史上不怕死的壯士很多，但「雪地又冰天，苦忍十九年。渴飲雪，饑吞氈」，「歷盡磨難，心如鐵石堅」的英雄只有蘇武一人。當然，普通人一般不會有這樣的厄運，也沒有這樣的機會表現自己的忍功。但是，從洪應明處世雞湯的角度看，這種超人的忍耐精神正是世人在為人處世中應該學習的。

第三，忍命運不公，令死神卻步。

正如蘇武所表現出來的堅韌，作為向命運抗爭的「忍」，其力量之大，常常令人不可思議。當厄運到來之際，死神往往也會趁火打劫。此刻，生死只在一念之間。不能忍或忍不了，就難免徹底輸給死神；能忍，甚至強忍，就能令死神卻步。也就是說，在生命攸關的關鍵時刻，忍則生，棄則死。命運是由無數次遭遇、機會所構成，必然中常有偶然發生，偶然中也包含著必然。命運之舟在某一時空觸礁，能否穩妥地擺脫困境，就看你的智慧，你的忍耐力。穩不住神，就把不住舵，命運之舟就會沈沒；能穩住神兒，就能掌好舵，命運之舟就會重新駛入幸運的航道。有人大半生都很幸運，卻在偶然突發的不幸中栽了跟頭，甚至身敗名裂，就是這個道理。

英國有一對年輕夫婦到瑞士旅遊，在風雪迷霧中迷了路。費了九牛二虎之力，夫婦倆總算爬上一塊大岩石。正當他們想休息一下，丈夫腳下的雪塌落了，身子失控，向山下滾去。妻子立刻去抓連結兩人的繩子，可是手已被凍僵，不聽使喚。在這千鈞一髮的時刻，妻子急中生智，用牙死死咬住了繩子。由於過分用力，她兩眼發黑，一陣陣眩暈。她心中十分清楚，只要鬆開繩子，就等於把丈夫交給了死神。她的頭部、下頷乃至全身都疼痛難忍，牙床上流出的血染紅了繩子。她已經感到自己不行了，可是想到一鬆開，自己的丈夫就完了，於是，她強忍著，用牙齒承受了體重達六十公斤的丈夫長達六個小時，一直挺到搜索的人趕來搶救。

若一個人處處不肯吃虧，則處處必想佔便宜，於是妄想日生，驕心日盛，導致紛爭迭起，在四面楚歌之下，焉有不敗之理?!比上不足，比下有餘。吃虧是福，難得糊塗……就是面對不公平時的最佳心態。

《菜根譚》云：「事稍拂逆，便思不如我的人，則怨尤自清；心稍怠荒，便思勝似我的人，則精神自奮。」意思是說：事業不如意時，想想那些還不如自己的人，就不會怨天尤人；事業一帆風順時，想想那些比自己強的人，就會振作起精神。

有些人遇到挫折和失敗，就萎靡不振，陷入痛苦中不能自拔。這時最重要的是恢復自信心。可行的辦法是退後一步，與那些還不如自己的人比較一番。如此就會產生「比上不足，比下有餘」的想法，對於不公平就會坦然受之。

洪應明這一人生智慧，大體包括以下幾方面含義：

第一，吃虧就是「得福」。

「福」是指物質上的盈餘與精神上的富足。因此，「吃虧是福」，表面上看是矛盾的。但是，就是在這句話中，蘊涵最深刻的含義。它是中國哲人所總結出來的一種人生觀，即愚笨者的智慧、柔弱者的力量、領略了生命含義的放達和由吃虧所帶來的安穩與寧靜。它顯示出了一種穩重和圓熟。「吃虧」也許是指物質上的損失。但是，一個人幸福與否，往往取決於他的心境如何。因此，「吃虧是福」的前提，一個是「知足」，另一個就是「安分」。「知足」，就會對一切都感到滿意，對所得到的一切，內心充滿感激之情；「安分」則使人不奢望那些根本不可能得到或根本不存在的東西，不會心存妄想，心存邪念。「吃虧是福」，或說「知足」、「安分」，並不是讓人不思進取，是在教導人們對自己要有清醒的認識。需知，一切禍患，都起因於人的「不知足」與「不安分」；或者說，不肯吃虧。

總之，面對逆境和不公正，總是相信一切都能通過努力而得到改變，或人的一切努力都是徒勞，兩者都有失偏頗。正確的態度是寧肯吃一些虧，換得非常難得的和平與安全，重新調整我們的生命，使它再度放射出光芒。

第二，吃虧就是「佔便宜」。

表面上看，「盈」與「虧」是對立的。「盈」是指「充滿」、「圓滿」、「增長」、

「富餘」；「虧」則是「虧空」、「缺乏」、「不足」。以經濟收入的多少衡量人與社會，人當然難免「盈」則欣欣然，「虧」則戚戚然了。

洪應明提醒世人，一定要弄清楚攫取財富與尋求安身立命之所，哪一個更為重要。一個人由貧困到富裕，可以改變一個人的命運。「盈」未必有益，「虧」則未必有害。一個人的本質，往往在此時顯露出來。有人在炒股票時虧了本，這是「虧」。於是，他放棄了投機生意，轉而去做進出口生意，獲得不菲的利潤，這是「益」。但是，他又開始貪得無厭。為求在短時間內掙得更多的利潤，他不惜用種種卑劣的手段壓低對手，結果引起眾怒，既失信於人，也失去了朋友，沒有人再肯同他做生意，「益」於是又轉為「損」。失敗之後，這個人又開始總結經驗，悟出了之前的自己確是太過分了。由此一悟，他的人生又從「損」轉為「益」。可見，把人生的目的只定在掙得利益上，便自然會做出許多招人怨恨的事，因此，雖「益」而「損」，雖「盈」而「虧」。必須看到，錢並不代表一切，它可能在收買、拉攏、擴張、吞併、排擠……諸方面大顯神威，卻不能取代友情、溫馨、義氣。一個人在金錢上可能顯得匱乏，這並不妨礙他在精神、思想、感情與友誼上的豐富。再多的利潤，卻眾叛親離，同雖然不算富裕，卻有許多知心朋友相較，哪一個收穫更大呢？

由此可見，為解脫困境、擺脫不公，必然會有所損失。當人生出現轉機之時，應該立即抓住這樣的機會。但是，利用機會，要出於坦誠之心，而不是貪婪和自私。以別人的犧牲為代價而換來自己之利益的人，最終是無法擺脫逆境的。

第三，吃虧就是「避禍」。

面對不公平的對待，對個人來講，是一種「禍」。可是，在災禍裏面，未必不隱藏著幸福；幸福之中，也未必不隱含著禍患的根源。這種得失禍福的循環，非常讓人難以捉摸。面對「禍」與「福」對人的捉弄，高明的處世者自有一套妙方。

夏朝之際，一天黃昏，仍為諸侯的商代首君湯發現庭院中生出一株穀子。第二天早晨，這株穀子已經長得十分巨大。湯於是卜了一卦，而後說：「我聽說，卜卦時卜得了吉祥，這是好兆頭。但見到了好兆頭而不做好事，福就不會來。卜得了凶象，就說明會有不好的事發生。見到了不好的預兆，趕緊去做好事，那麼，即使有禍患，也不會帶來什麼危害了。」於是，他檢點了自己的行為。三天後，這株穀子就自動消失了。

正是基於這樣一個道理，洪應明才提出，為人處世之道，要讓人幾步，才算是高明之道。讓一步，就等於為以後的進一步留下餘地；以寬厚的態度待人，給人家方便，也就是為自己日後的方便打下了基礎。

超過別人，就容易引起別人的不平；不如人，則會讓對手生出一種喜悅之心，自然容易被接納。可見，謙恭而不顯狡猾，退讓而不怯懦，實為一種高明的處世態度。自己的謙退，避免了他人的猜忌，實為避禍之妙著。

第四，吃虧就是「分寸」。

洪應明處世雞湯提醒世人：「有福者莫享盡。」凡事都不可發揮到盡頭。適當地吃點虧，正是善於把握「分寸」的表現。

首先，必須懂得勢不可使盡的道理。人很容易順著某種慣勢行事，卻疏忽了在順心、走運的時候，很可能已埋下毀滅的種子。人往往是在事業達到高峰時，最為危險。

古人說：「君子當權積福，小人仗勢欺人。」君子可以在掌有大權的時候，為眾人做許多好事。小人則會在當權的時候，假公濟私，排擠賢明，做盡壞事。他們倚仗權勢與財勢，做事總要占上風，不可一世，時時顯露殺機。

可是，「天地之氣，暖則生，寒則殺。」從自然界來看，只有在春暖花開的時候，天地顯出生機；秋去冬來之際，萬物則喪失了生機。為人處事也是這樣。

一個性情高傲冷漠的人，他的表情也就會像秋冬一樣，讓人感到肅殺而不敢接近。因此他所能得到的福分也會日漸貧薄，只能在孤立無援的情況下度過寂寞的一生。執著於「勢」，實際上就是執著於私欲。只有放棄了私欲的人，才能接近最真實的人生，順應自然之道。文人雖然無權無勢，但恃才傲物，也不能不說是一種「勢」。所以，文文必須將自己的才華稍微收斂些以遠禍，只在關鍵時刻發揮自己的才華。假如不分任何時候，都使自己的才華表露無遺，不僅會招致別人忌恨，也會使自己的輕浮與所有缺點都暴露出來，讓人家輕易地抓住把柄。

其次，必須懂得福不可受盡的道理。如果把擁有的財富、權勢等盡情消受，發揮到極限，幸福的源泉就一定會很快枯竭。

西漢的鄧通，一開始非常貧窮。後來得寵於漢文帝，得到四川銅山的賞賜，並准許他自行鑄錢。一時之間，天下遍布「鄧氏錢」。漢文帝死後，鄧通失寵，銅山被沒收，他的生活也隨之窮困潦倒，結果活活餓死。

所以，古人說：「君子之澤，五世而斬。」無論官職多大，財力多雄厚，充其量不過能傳個三、五十年。「舊時王謝堂前燕，飛入尋常百姓家。」富貴是無情之物，你看它越重，它害你也就越大。反之，貧賤是耐久之道，你待它愈好，它益你也就越多。經過自己的努力而積累的東西，一下子被別人拿去了，的確讓人不能平靜。但是，如果能想一想：「身外之物，生不帶來，死不帶去。」心裏也就平靜了。

最後，必須懂得規矩不可行盡的道理。掌握權力的人，在責備別人的過錯時，不可過分嚴厲，要顧及到是否傷害了當事人的自尊心。立身處世，雖然以清高為貴，但應該對一切羞辱、委屈、毀謗、髒污都能容忍才行。與人相處，善惡的觀念不可泯滅，但也不要分得太清，對三教九流，各色人等，都要容得才行。在此，重要的是一個「恕」

字。所謂「恕」，意即寬恕、原諒。走在狹窄的路上，要時時留下些餘地，讓別人安全順利地通過。如果每個人都爭先恐後，就有墮下深谷的危險。

■安貧樂道，留得自在於心間

——越是世風不古，人心躁動，越應該在自己的心頭加一把「安貧樂道」的鎖，監視著自己別因清貧而自尋煩惱。

洪應明處世雞湯認為，越是世風不古、人心躁動，越應該在自己的心頭加一把「安貧樂道」的鎖，讓它嚴把關口，監視著自己別因清貧而製造事端，直鬧得違法坐班房。

厭惡窮困的人痛苦不堪，享受貧窮的人卻自由自在。後者是一種因不執著於世俗的一切而安於貧困，用自己人格的全部力量，經過艱苦的奮鬥之後，才可能達到的境界。

陶淵明在《五柳先生傳》中說：「環堵蕭然，不蔽風日；短褐穿結，簞瓢屢空，晏如也。」這是人格力量的表現，這種力量可使人享受內心固有的財富，並煥發出來。這種「財富」因超越時代、社會而具有最高的價值。洪應明正是看破了這一點，所以提出了「苦中有樂」的人生智慧。

《菜根譚》云：「苦心中常得悅心之趣，得意時便生失意之悲。」意思是說：在艱難困苦的境遇中奮鬥，常常能夠得到使心情愉悅的樂趣；在春風得意時如果忘乎所以，必然種下日後失意悲哀的種子。

每個人都有自己的苦樂觀，在奮鬥中自有其快樂。困苦給人壓力，在壓力面前消沈、悲觀，那是真正的痛苦與悲哀。為此，要做到：

第一，貧而能安，斯為君子。

元代的許衡出身寒微。後來做了官，仍然不富裕。因為他為政廉潔，心中沒有個人的貪欲，不爭利益，總是為國事而忘卻家事，寧願過清苦的生活，絕不以權謀私。

一次，有人拿了一個金元寶送給他。他不接受。獻寶者驚訝地問他：「你知道這東西的價值嗎？」他答道：「知道。它可以買三匹絹、五畝良田。」獻寶者又問：「那你為什麼拒絕收下？」他回答：「我給自己立了一條規矩：不該得的財不能拿。而且，我用不著它。」

還有一次，三伏天初過，太陽曬得路上的黃塵要發火。許衡與眾人行走於山間小道，越往前走，越喘不出氣。這時，只看見不遠處有一片梨樹，碩大的果實掛在枝頭上。於是，同行眾人一哄而上，摘梨解渴。惟獨許衡站在那兒，絲毫不為所動。別人問他：「這梨樹沒有主人，即使有，也不在場，你為什麼不摘下幾個吃？」許衡回答：「不是自己的東西，就不該亂拿。現在世道混亂，梨樹無主，難道我的心也無主嗎？」

的確，貧賤，不應該引為羞恥。人生在世，是貧是富，往往面臨著客觀因素和主觀因素的制約。客觀因素是外在的，如機遇等，不可預料，可遇而不可求；主觀因素，如個人的努力程度等，可由個人掌握。有的人由於客觀環境、條件和機遇的制約而清貧，沒什麼可羞的。有的人則不是這樣，他們滿懷信心地走向命運之門，坐等好運來臨，而絲毫不做主觀努力，遇到貧賤的厄運便怨天尤人，喪失志氣，這才是可羞可惡的。

第二，貧中有樂，不失自信。

子路是孔子的學生，他家境貧寒，嘗盡了貧困的苦果。但他沒有屈服，反而更堅強、成熟。

一天，他向孔子說出自己的感悟：

「我剛開始謀事的時候，日子過得很苦。沒有錢財，衣食不周，還遭人冷眼。那時候，為了節省糧食，奉養父母，自己在飯食裏就儘量多放些野菜。我沒有馬車，給父母送米時，相距百里之遙，也只能背著一大口袋米，翻山越嶺，快步趕路。因為想早點送到，在炎炎的太陽下，喘不上氣，也不願休息。我望著遠方，不敢稍有懈怠，只安慰自己說，大概快到了吧！就這樣，一次又一次，當我把米送到家裏時，兩位老人家臉上總是露出難得的笑意，連聲誇道：不錯，不錯！缸裏的米還未吃完，又送到了。同時，母親總是用布巾輕輕擦去我額頭上的汗珠，給我遞上一碗水。這種時候，一家人笑逐顏開，歡歡樂樂。這一夜，我就伴著濃濃的親情進入甜美的夢鄉。

「父母去世以後，我離開家鄉，到了楚國，在那裏當上了大官，吃的是山珍海味，穿的是綾羅綢緞，出門坐著高大華麗的馬車，真是氣派得很！可是，這豪華的生活並沒有給我帶來快樂。我想，當我風燭殘年，再回首往事時，內心所感到自豪和難忘的，必不是此時所享受的榮華富貴，而是那段貧困而不乏樂趣的生活。我多麼希望和從前一樣，還吃那種摻很多野菜的飯食，從百里之外急匆匆給父母背米，回家看到父母布滿皺紋的臉上掛著笑容，母親為我擦汗。可是，所有這一切，再也不可能了。」

聽了子路的講述，孔子發出了由衷的感慨：「如果人們都具有你這樣的情操，什麼樣的貧困和苦難不能忍受，什麼樣的貧困和苦難不是快樂呢？」

貧賤並不可怕。只要充滿自信，從容應付生活中的各種挑戰，面對貧困，不失希望，面對厄運，不忘堅強，就一定能保持樂觀向上的精神。一個人能否逐步擺脫貧困，創造有價值的人生，就取決於他的精神狀態。切記：缺少錢財，不見得悲哀；缺少享樂，算不上悲哀。真正悲哀的是缺乏自信。

第三，樂天知命，知足常樂。

面對不可捉摸的命運，一定要有正確的心態，天降禍福，皆安然受之。人生在世，只管勤奮努力，生老病死、貧賤富貴皆由天，將成敗置諸度外。這種豁達的人生觀是最為可取的。

人與人之間之所以產生摩擦與矛盾，最基本的因素就是人的不知足。每個人都希望自己的無論合不合理的願望百分之百得到實現，不能實現，就會產生不滿，從而人與人之間的矛盾就會產生，平添許多煩惱。要擺脫這種煩惱，祕訣就是——「知足」。

碗中的水盛得太滿，就會溢出；刀刃磨得太鋒利，就會捲折。

對「知足」看得最透徹的，當屬老子。《道德經》四十四章裏說：「名與身孰親？身與貨孰多？得與亡孰病？是故甚愛必大費，多藏必厚亡。知足不辱，知止不殆，可以長久。」名聲與生命比起來，哪一個更親切？財貨與生命比起來，哪一個更貴重？得到名與利，卻失去生命，哪一樣更有害？過分貪圖虛名，就必付出慘重的代價。只有在得到東西時就滿意，並知道其界限，才可以身不受辱，不遭遇危險，生命得以久存。

現代社會中，很多人會說：「說什麼知足常樂？如果什麼都沒有，哪裡會有什麼快樂？」所以說，大多數人已失去簡樸中的樂趣。反之，洪應明一再強調，快樂的生活絕不是靠物質水平的高低衡量的。

第四，陷於貧困，不喪志向。

人生在世，仕逐勢，將求勝，農赴時，商趨利，屬於常態。然而，有的人經過努力，獲得成功，攫取了權力、地位和財富；有的人奮鬥不息，卻未能成功，無權無錢。切記：在清貧的處境中，別忘了守住「浩然之氣」，保持高尚的氣節和志氣。

正如孟子所說：「居天下之廣居，立天下之正位，行天下之大道，得志，與民由之，不得志，獨行其道。富貴不能淫，貧賤不能移，威武不能屈。此之謂大丈夫也。」這段話已成了千古不朽的金玉良言。

衣衫襤褸而心似錦緞的人會得世人的讚美。「家貧未是貧，道貧愁煞人。」家中貧困算不得什麼，因貧困而失去生活下去的向上道心，才是真正的悲哀。「學會在貧窮中樂道，就能獨享成就事業的美境。」

《菜根譚》云：「貧家淨掃地，貧女淨梳頭，景色雖不豔麗，氣度自是風雅。士君子一當窮愁寥落，奈何輒自廢弛哉！」意思是說：貧窮的家庭，更要打掃得乾乾淨淨，貧家的女兒，更要梳洗得整整齊齊。雖然陳設和穿著談不上鮮麗，在氣度上卻能顯示出一種不俗的風雅。因此，一個德才兼備的人正當窮困潦倒不得志的時候，難道可以就此自暴自棄，無所作為嗎？

洪應明這一人生智慧大體包括以下幾層含義：

第一，在貧窮中發現生活的真諦。

林語堂先生在《生活的藝術》中說：「以中國人的立場來說，我認為文化須先由巧辯矯飾進步到天真純樸，有意識地進步到簡樸的思想和生活裏去，才可稱為完全的文化。我以為人類必須從智識的智慧進步到無智的智慧，須變成一個歡樂的哲學家。」這就是為什麼一個人身無分文或物質生活十分貧乏，卻不妨礙他仍然快樂的精義所在。

晉人葛洪在《抱朴子．博喻》中說：「利豐者害厚，質美者召災……金玉崇而寇盜至，名位高而憂責集。」意思是說：利潤越大，隱患就越大；質地精美，就容易招惹災禍……金錢寶物越來越多，固然是一件好事，難免引起盜賊的邪念；身處於高位，所受的非難也就多，自己的煩惱也一定不會少。

因此，寧可以貧窮換取身心的自由，也不要以生命為代價，換取一時的浮華。

一個缺乏感悟能力的人，不可能領略到貧窮在道德與精神上的裨益，只會想著物質上的匱乏。所以，安於貧窮的人，常常被人從經濟或地位上加以嘲笑。可是，高明的處世者仍然對它樂此不疲。其中之關鍵在於「享受」二字。為貧窮而苦惱、憂鬱，那的確是慘事。反之，若能享受貧窮的妙趣，就可以在貧窮之中認識到人生的真諦！貧窮能產生一種富有詩意、仁慈而質樸的天真風格。這種天真風格在現代社會已經越來越少見。中國哲人指出：「飽肥暖，衣輕暖，不知節者損福；廣積聚，驕富貴，不知止者殺身。」「福生於清儉，德生於卑退，道生於安靜，命生於和暢；患生於多欲，禍生於多貪，過生於輕慢，罪生於不仁。」這些都是高明的處世者透過冷眼觀察所得的智慧。

第二，憂「道」不憂「貧」。

一個德才兼備的人最憂慮的是在亂世或利欲當道的世界中，「真理」被人忘卻。對自身的貧富與否，他們不會掛在心上。過的若是清貧的生活，他們不會因此動搖心中純真的信念。反之，一個人若為名利欲望所誘惑，一生的煩惱憂傷必多。內心的財富豐盈了，外物的誘惑就顯得微不足道。能夠愉悅地沈酣於茅舍炊煙嫋嫋升起之際，留戀村徑，閒覽每一滴露珠隱映著的寥廓宇宙，進而滲入整個生命，這才是真正的富有。

第三，在貧窮中樂道。

哲人王爾德說：「學會在貧窮中樂道，就能獨享人生成就事業的美境。」在跋涉的長途中，遇到荊棘，要應之以岩石的意志；遇到沙漠，要展現出駱駝的耐力。孔子為了推行自己理想中的「道」，在貧困中帶著弟子周遊列國。孟子為了推行其道，也吃了不少苦頭。屈原為了替楚國爭雄，曾提出在內實行政治改革，勵精圖治，在外聯合齊國，抗擊秦國的方略。惜乎此議遭到楚懷王的反對，他被迫流離，悲苦不堪，卻依然懷著一顆憂國憂民的心。

「安貧樂道」的處世智慧，其作用無比巨大，其迸發出來的偉力也無比巨大！一生貧寒的詩人、作家，寫了那麼多好詩、好作品，卻連一頓美食都吃不上。如果他們像某些人那樣，只為個人的錢財、享樂去奮鬥，那誰能給我們留下那麼多詩文名篇？所以，惟安貧樂道，才能做出一番偉業；惟學會在貧窮中樂道，才能獨享成就事業的美境。當然，安於在貧困中刻苦攻讀，研究課題，艱苦創業，確實容易，它是堅韌與剛毅、耐心與恒心、品格與修養等各方面融合之後的產物。

那麼，怎樣才能擁有這些因素呢？首先，要不斷加強學習、修養，調理豐盈自身的品格。其次，面臨貧困的考驗，更須講求「忍」字。也就是說，陷於貧困中，要堅韌不拔，經得起挫折的打擊。人不必怕物質貧困，可怕的是精神貧困。也許，暫時什麼都沒有，但只要精神富有，始終保持積極樂觀向上的心態，就是最富有的人！

第3章

淡心寡欲，順其自然

不知足是亡身喪家的根由。對生不帶來、死不帶去之物，忙忙碌碌，巴巴結結，實在活得太累。看淡些，即使有功，也不自傲，有名，也不氣盛，有錢，不覺腰粗；看開些，什麼好事，能得則得，不該得，絕不巧取豪奪，甚至尋死覓活；看透些，一切不過如此，即使「功成名就」，又能怎麼樣。

■淡泊名利，爲而不爭

——為人切不可貪求過高，更不能打腫臉充胖子。保持淳樸敦厚的本性，別無所求，才能自得其樂。

爭名奪利，就是對名利太過熱中，不加區別，不顧死活，不要尊嚴地去奪取，不惜犧牲社會公德，踐踏別人的利益。

且學學「鄉下農夫」吧！在鄉下跟老農夫談論飲食，談到白斬雞和米酒時，他就會眉飛色舞；問他一些山珍海味，他就茫然不知了。談起衣著，一提及長袍短襖，他就會興高采烈；問他黃袍紫蟒，他就一點也不懂了。因為農夫保持著淳樸敦厚的本性，所以他的欲望那樣淡泊。這才是人生的崇高境界。

羨慕外界的榮華富貴，就會被物欲困惑所包圍；有了貪戀功名利祿的念頭，就會陷入危機四伏的險地。功業和文章都會隨著人的死亡而消失，功名利祿、富貴榮華，都會隨著時代的變遷而轉換。

爭名奪利，爭來爭去，只得到一點微不足道的名或利，卻失去了太多東西。

曹操次子曹丕被立為太子。但幼子曹植更有才華，文名滿天下，曹操遂產生易儲的念頭。曹丕得知，問計於貼身侍臣賈詡。賈詡回道：「願你展現德性和度量，像個寒士一樣做事，兢兢業業，不要違背做兒子的禮數，這就足夠了。」

一次，曹操親征。曹植朗誦一篇歌功頌德的文章，討父親歡心，又顯示自己的才能。曹丕卻伏地而泣，跪拜不起，一句話也說不出。曹操問他為何。他哽咽著說：「父親年事已高，還要親征，兒子心裏又擔憂又難過，所以說不出話來。」一言既出，滿朝默然，都為太子如此仁孝而感動。反之，大家都覺得曹植只曉得為自己揚名，未免華而不實。兩人處世之技巧高下立現。

善於處世的人知道，面對名利二字，必須適可而止，有所節制。爭名奪利，實際上吃虧受害的還是自己；淡泊名利，才能福壽雙全。

漢字是世界上最奇妙的文字。先民造字時，一定在裏面預設了一些警示人的玄機。「忍」字心上一把刀，「利」字的一邊竟也配了一把刀，一頭鑽進去的貪心者其實正是撞在刀刃上。因此，佛祖告誡世人：「財色之取，譬如小兒貪刀刃之飴，甜不足一食之羹，然有截舌之患也。」這是對爭名奪利之人的當頭棒喝。

洪應明處世難湯中對淡泊名利做了詳細的論述：

第一，淡中知真，常裡識奇。

《菜根譚》云：「醲肥辛甘非真味，真味只是淡；神奇卓異非至人，至人只是常。」意思是說：美酒佳肴並無天然純真的本味，天然純真的本味其實就是平淡；奇異莫測之人並非真正的偉人，真正的偉人其實就是那些平凡的人。

雞鴨魚肉、山珍海味，固然都極端美味可口，時間久了，就會覺得厭膩而難以下咽。一個人若仗恃自己才學出眾，盛氣凌人，必定不能博得眾人的景仰。人格完美、品德高尚的人，會在平凡中堅守自己的崗位，實踐自己偉大的理想。

「淡」和「常」是事物的本初狀態，自然而無雕飾，才是處世的最高境界。所謂自然而無雕飾，並非要人們回到原始狀態，而是指拋棄貪婪的私欲，真誠無私地待人。近勢利而不染，懂權謀而不用。這樣的人看上去平凡，毫無「神奇卓異」之處，但只有他們才真正稱得上是達到崇高之理想境界的「至人」。

第二，淡泊明志，肥甘喪節。

《菜根譚》云：「藜口莧腸者，多冰清玉潔；袞衣玉食者，甘婢膝奴顏。蓋志以淡泊明，而節從肥甘喪也。」意思是說：吃著粗菜劣飯的清貧之士，大多有著冰清玉潔的美好情操；那些錦衣玉食的王公顯貴卻往往甘心卑躬屈膝，阿諛獻媚。

一個人的氣節、情操只有在恬淡自在、清心寡欲中才能展現出來。反之，花天酒地、紙醉金迷的生活只會使人喪失氣節。人人都有追求較好之物質生活的權利。但須切記：「君子愛財，取之有道。」只講物欲的生活是不完全的，層次淺薄。古人說：「百味甘香，一身清淨，吾生可保長無病。八珍五鼎不須貪，葷膻濁亂人情性。」一個人如果沈湎於紙醉金迷的物質享受，無論多麼可恥無道的事都可能做得出來。

第三，脫俗成名，超凡入聖。

《菜根譚》云：「作人無甚高遠事業，擺脫得俗情便入名流；為學無甚增益功夫，減除得物累便超聖境。」意思是說：未必一定要成就什麼輝煌的事業，只要能擺脫庸俗的欲念，就可以成為情操高潔的名士；做學問也沒有什麼突飛猛進的訣竅，只要能掃除物質利益的纏繞，就可以達到至高無上的境界。

所謂「俗情」、「物累」，就是指對物質和虛榮的追求。一個人想要成就高遠的事業，做到崇高的思想境界，必須做到古人所說的：「淡然虛而一，志慮則不分。」擺脫物欲世俗的困擾，追求一種自我心理的平衡，是孔子推崇顏回之處。顏回過著粗茶淡飯的清苦生活，但自得其樂，絲毫不受外界物欲的困擾。

第四，事悟癡除，性定動正。

《菜根譚》云：「飽後思味，則濃淡之境都消；色後思淫，則男女之見盡絕。故人常以事後之悔悟，破臨事之癡迷，則性定而動無不正。」意思是說：酒足飯飽之後，再回想其味道，則享受美味的心境就全消失了；男歡女愛之後，再想起其淫欲，則有關男女性愛的念頭就跑光了。所以，人們常常用事過之後的悔悟，破除遇到另一件事情時所產生的迷惑。這樣一來，就能夠做到內心堅定不移，一舉一動都端正不邪。

生活中，有些人常常禪精竭慮，不惜一切地追求某件東西。一旦得到之後，卻發現自己最初的欲望原來毫無價值，到手的並非自己真正希望得到的東西。可是，對於沒經歷過，可逞一時之歡的事，一般人往往不去考慮後果或不利的因素。只有經歷過了，才會思考；思考了，才會醒悟。因此才有「事悟癡除，性定而動」的經驗之談。

第五，無過是功，無怨是德。

《菜根譚》云：「處世不必邀功，無過便是功；與人不求感德，無怨便是德。」意思是說：人生在世，不必去刻意追求功名，只要能一生沒有過錯，就算是大的功業。給人恩惠，不要指望人家感恩，只要死後沒有人怨恨自己，就算是大恩德。

世上之人，分工有所不同，能力有所不同，機遇更有所不同。若是人人都要爭功奪名，就什麼事業也做不成了。只要能夠踏踏實實地把自己分內的事做好，力爭不犯過錯，便是對社會最大的貢獻。

「無過是功，無怨是德」，並非指「多做多錯，少做少錯，不做不錯」，而是一種捨己為人的精神。真正的給予，絕不是施小惠，而是一種自我犧牲。假如施恩圖報，那就是貪婪而不是給予。真正的給予，應該是犧牲自己，照亮他人，多貢獻，少索取，對不屬於自己的東西不強求，聽其自然。

第六，放得心下，入聖超凡。

《菜根譚》云：「放得功名富貴之心下，便可脫凡；放得道德仁義之心下，才可入聖。」意思是說：如果能夠把求取功名富貴的念頭拋在一邊，就可以超脫凡俗；只有把道德仁義之類條條框框丟開，才可以真正達到返璞歸真的境界。

人生在世，任何事都不應走極端。如果為求取功名利祿而不擇手段，以種種不道德的行為去鑽營，就會在無形中產生質變。所以一個人要在平凡中奮鬥，不可太熱中於功名富貴。仁義道德非常重要，置仁義道德於不顧，就等同於不通人性的禽獸。但是，太熱衷於仁義道德，急著想做一個人人讚美的道德家，就可能成了偽君子，或者把道德當教條，成了教條的奴隸。只有胸懷開闊者才能衝破教條的牢籠，創造偉大的事業。

第七，有木石心，具雲水趣。

《菜根譚》云：「進德修道，要個木石的念頭；若一有欣羨，便趨欲境。濟世經邦，要段雲水的趣味；若一有貪著，便墮危機。」意思是說：想提高道德修養，必須具有木石般的意志；一旦對身外之物動了心，就會走入被欲望纏繞的境地。立志救助天下、治國安邦，一定要像雲水僧人那樣，具有四海為家，以苦為樂的情懷；一旦貪欲附了體，就會墮入危機四伏的險境。

修身養性講究心定，不為外物所擾，排除一切雜念。一個當權者可能權傾朝野，一個有錢人或許富可敵國，一個入仕者可能雄心萬丈，可是他們很難具備隱世者的淡泊趣味，及有道高僧雲遊天下那種無憂無慮，飄然出世的風貌。一個經邦濟世的人若具有這種胸襟，就會看淡名利，保持清廉。如果一味貪戀榮華富貴、功名利祿，終有一日會跌落無底深淵，不僅不能為國為民服務，恐怕連身家性命也難保全。權力會使人腐化。時時保持一種高雅脫俗的心性，在名利場中保持清醒，才能避免隨波逐流。

第八，名利墮俗，意氣剩技。

《菜根譚》云：「名根未拔者，縱輕千乘，甘一瓢，總墮塵情；客氣未融者，雖澤四海，利萬世，終為剩技。」意思是說：沒有徹底清除名利思想的人，縱使看輕榮華富貴，甘願過清貧困苦的生活，總不免淪落世俗；一個還存有各種欲望，未能精於義理的人，雖然能做出恩澤四海，利惠萬代的好事，終究不過是他人曾經做過的末技。

名利思想往往使人變得庸俗，被個人名利的繩索捆住手腳的人，不可能攀上人生輝煌的頂點。有時已經取得了一定成績，也會因名利思想的阻礙而失於一旦。

爭名奪利之累，人所共知，而名利之誘惑確也太大。一個人不剷除名利觀念，隨時都會有追逐名利的念頭產生，不論他如何標榜清高，聲稱退隱林泉，都不過是以退為進的托詞。晉唐時期，退隱成了爭名的一種方式，即所謂「終南捷徑」。許多人不如意時便高歌隱退，一遇時機便馬上出世。唐代的盧藏用本來功名心很強，卻善於造作而隱居京師附近的終南山。由於清高之名，很快獲得朝廷徵用。這時，他竟毫不隱諱地指著終南山說：「此中大有佳趣！」在洪應明處世雞湯看來，出世入世是次要的，關鍵是要看是正氣居多還是私心雜念滿身。

第九，正義路廣，欲情道狹。

《菜根譚》云：「天理路上甚寬，稍遊心胸中，便覺廣大宏朗。人欲路上甚窄，才寄跡眼前，俱是荊棘泥塗。」意思是說：天理的道路很寬廣，只要稍加用心，就會覺得心胸廣闊，豁然開朗。人欲的路上很狹窄，剛一涉足，眼前即是滿目荊棘，無邊泥淖。

人應該有個人的追求，但不能只有個人的追求，而須順乎歷史的潮流。比如追求幸福的生活，如果是利用自己的勞動所得，提高了消費水平，這是好事。但整天追求吃喝玩樂，入不敷出，就會去侵佔別人或國家的利益，甚至走上犯罪的歧途。又比如追求實現個人的價值，要看是企圖出人頭地呢，還是多做奉獻。如果一味追求成名，不成功時就垂頭喪氣或不擇手段，到頭來必然不會有好結果。人生在世，合乎天理的大道隨時隨地都擺在世人面前。這條路雖不一定能滿足你種種世俗的欲望，而且走起來可能枯燥、寂寞，但你若能順著這條路前進，必會越走越見光明，胸襟恢宏開朗。

第十，心公不昧，六賊無蹤。

《菜根譚》云：「耳目見聞為外賊，情欲意識為內賊。只是主人翁惺惺不昧，獨坐中堂，賊便化為家人矣。」意思是說：耳聞目見，會引起各種欲望和嗜好，這些都是外部的敵人；心理活動中常有許多貪欲邪念，這些都是內部的敵人。只要是以主人翁的姿態把握自己，時時保持清醒，站得直，坐得正，這些外部、內部的敵人都會成為幫助你修養品德的家裏人。

的確，你要修身養性，排除私心雜念，可內賊和外賊這兩種心理敵人實在可怕，稍一疏忽，它們就會乘虛而入。處在這兩種敵人夾攻之下，必須時時提防。人不可能不食人間煙火，但是，對物欲、情欲的需求，必須自我克制。官能上的享樂可調劑身心，一旦過度，就會腐化人性；情欲上的活動可以創造人生，一旦走向極端，就會毀滅生命。客觀環境會影響某些人，正所謂「近朱者赤，近墨者黑」；也有人不受客觀環境影響，正所謂「出淤泥而不染」。受不受客觀環境影響，關鍵在於主觀因素，在於自己心中所恪守的道德標準。比如佛家講究修行；六根不淨，就不能脫離苦海，不能成佛。

第十一，有識有力，魔鬼無蹤。

《菜根譚》云：「勝私制欲之功，有曰識不早，力不易者，有曰識得破，忍不過者，蓋識是一顆照魔的明珠，力是一把斬魔的慧劍，兩不可少也。」意思是說：對於戰勝自私、克制物欲來說，有的人因未能及早發現自私與物欲的危害，沒有採取有力的措施，有的人雖意識到它的危害，但利欲熏心，使其難下決心。明辨是非的真知灼見就像是一面「照妖鏡」，堅強的意志則像一柄「斬魔劍」，二者缺一不可。

每個人都知道自私自利是不好的行為。可是，控制私心私欲，很難做到。因為大多數人缺乏「識」與「力」。沒有人見過魔鬼，卻不時可見「魔鬼」之行。人明知道殺人犯法，卻總有人以身試法；明明清楚放火有罪，卻屢屢有人縱火犯罪。看來，魔鬼附體之說並非癡人夢話。其實，「照妖鏡」、「斬魔劍」之類法寶，每個人身上都有，只不過「無識無力」者太多。想徹底降妖除鬼，就一定要培養自己的「識」與「力」。

第十二，靜中見真，淡中識本。

《菜根譚》云：「風恬浪靜中，見人生之真境；味淡聲希處，識心體之本然。」意思是說：在寧靜平淡的環境中，才能發現人生的真正境界；在粗茶淡飯的清苦生活中，才能體會人性的真實面目。

許多人喜歡過刺激冒險的生活，認為這才是真正的人生。的確，時勢可以造英雄，生活在驚濤駭浪的混亂時代，可以磨煉人的鬥志，充分發揮人的才能。那麼，在風平浪靜的時代，人是否也能大有作為呢？當然能。身處於太平盛世，同樣能體會人生的真諦，創造出豐功偉業。因為，在平靜生活的外表下，時時隱藏著巨大的波瀾。有時候，看似平淡無奇的生活，可能更值得人們去體驗。而且，驚濤駭浪的變革時代固然能磨煉人的鬥志，卻使人無暇體會內心的境界。生活在風平浪靜的太平盛世，才有功夫和情致去體驗。所以，老莊強調在寧靜中修煉身心，以達返璞歸真之境。這種靜而淡的田園生活曾吸引無數人，形成古人「入世則濟天下，出世則隱山林」的處世觀。

第十三，處世忘世，超物樂天。

《菜根譚》云：「魚得水逝而相忘乎水，鳥乘風飛而不知有風。識此可以超物累，可以樂天機。」意思是說：魚在水中，才能悠哉遊哉，但牠們何嘗明白自己置身水中？鳥借風力，才能自由自在，但牠們並不知道自己置身於風中。倘若人能悟透此理，就可以超然置身於物欲的誘惑之外，從而得到真正的人生樂趣。

人生在世，經常受到外在之物的引誘，因之陷於苦惱之中。這是由於大多數人不懂得超脫物外之道。佛教有語：「水清澈地魚行遲，空闊透天鳥飛杳。」只要超脫物欲的迷惑，就能享受鳥飛和魚遊的那種樂趣。因此，洪應明處世雞湯說：處世而忘世，可以超物而樂天。世上很多事，知道了，引來憂鬱煩愁；忘乎所以，反而其樂融融。一般人以追求物欲的最大滿足為幸福。殊不知，煩惱便由此而生。如果忘卻這種物欲上的不滿，放棄貪得無厭的追逐，尋求精神自修之道，達到心理上的平衡與安然，就可以超然於物欲之外，自會減少許多驚險，增添一些開心。

第十四，徹見真性，自達聖境。

《菜根譚》云：「羈鎖於物欲，覺吾生之可哀；夷猶於性真，覺吾生之可樂。知其可哀，則塵情立破；知其可樂，則聖境自臻。」意思是說：被物欲所困擾，會感到生命很悲哀；只有留戀於純真之本性，才能感到生命的樂趣。明白受物欲困擾的悲哀，世俗的情懷就可以立刻消除；明白留戀於純真本性的快樂，聖賢的美好境界就能達到。

佛教的經義在於消除人的煩惱。人生在世，具七情六欲，煩惱也由此而生。因此，佛教勸世人不要為身外的物欲所纏繞，必須在徹悟自己的真性上下功夫。真性就是天理。人能去人欲，存天理，就能明心見性，進而達到圓證無礙的境界。道家也有這種思想。老子說：「人之大患在吾有身。及吾無身，則吾有何患。」有吾身則煩惱接踵而來，就難以抗衡一切外物的困擾了。人在修養中發現本性的過程是很艱難的，一達到彼岸，便能感到一種修持的快樂。如果每個人都能不斷地反省自己，修養身心，人間就太平多而紛爭少了。

第十五，心月開朗，水月無礙。

《菜根譚》云：「胸中即無半點物欲，已知雪消爐焰冰消日；眼前自有一段空明，時見月在青天影在波。」意思是說：心中若沒有半點物質欲望，那就像爐火化雪和陽光化冰一樣；倘若能把眼光放得遠一些，自然會呈現一片空曠開朗的景象，宛如皓月當空，月光倒映在水中一樣。

的確，人生在世，脫離不了各種欲望的纏擾。因為，欲望太過強烈，心神就會受物欲蒙蔽，以致不明事理。這裡所言，不是要人杜絕欲望，而在於說明欲望淡泊，便能使心情輕鬆，心情輕鬆就好像「月在青天影在波」，既能明心見性，又能通達事理。宋儒周敦頤說：「無欲則靜，靜則明。」心底清靜，本性自現，本性現就會愉快，就能神清目朗，得見山水明而日月新。

對名利欲望的危害，一定要有清醒的認識。「制服野獸容易，想降伏人心就難了；溝壑填平容易，要滿足人的欲望卻太難了。」古今多少聰明人，皆是被一個「欲」字毀掉。

經常舉辦宴會，飲酒作樂，絕不會是一個正派人的家庭；喜歡靡靡之音，愛穿華麗的豔服，絕不會是一個真正的讀書人；名利和權位觀太重的人，絕不會是一個好官吏。一個人在讀書求學時就一味追求物質的享受，不可能讀好書。一個為政清廉的領導，絕不會一味地追求名利地位，不顧自己肩負的責任。一個人只追求私欲的滿足，必然有損於公德，其最終結果是敗壞自己的形象。熱中於飲宴聲樂之輩，必然輕浮；一門心思在名利場鑽營，定然不會是為民造福，堅持正確之原則的人。洪應明處世雞湯之所以推崇「淡泊名利」，正是基於對「名利欲望」之危險性的清醒認識之上。

《菜根譚》云：「眼看西晉之荊榛，猶矜白刃；身屬北邙之狐兔，尚惜黃金。語云：『猛獸易服，人心難降；溪壑易填，人心難滿。』信哉！」意思是說：西晉時，眼看就要發生亡國之大禍了，一些高官顯貴卻還在那裏窮兵黷武；漢代皇族，死後多葬在北邙山，屍體成為山中狐鼠的食物，這些人在世時，卻那樣愛戀財富！俗話說：「制服野獸容易，想降伏人心就難了；溝壑填平容易，要滿足人的欲望卻太難了。」

人的生死有其自然規律。有人因此而珍惜生命，多做益事；有人卻歎人生苦短，微不足道，而及時行樂，欲壑難填。

人活在世上，追求成就和利益本無可厚非，因為這是社會發展的動力和要素。一個國家盡是些消極避世的隱士，社會定是死水一潭。但是，如果因追求名利，不擇手段，危害他人和社會的利益，那就已走入了歧途。

第一，爭名逐利，名利皆失。

近幾年來，出現一個新的富婆階層。這些人不是已被丈夫遺棄或面臨著被遺棄的危險，就是富人的新歡，隨時可能被遺棄。她們的丈夫或情人給了她們很多錢，算是堵住了她們一張不安分的嘴。可是，最初正是她們勸丈夫去發財的。爭名奪利的結果就是這樣，苦果只能自嘗。一方面，她們是受害者；另一方面，起初鼓動丈夫出外闖世界，不擇手段地撈錢，她們又有幾個是清醒的？人實在是不能被名利迷了心竅。人之為人，總有比錢財或功名更重要、更寶貴，更值得去追求的東西，例如人格、尊嚴、善良、正直。現在，人們似乎比任何時代都看重金錢的價值，一切都以金錢作為衡量的標的。然而，爭得了名，奪得了利，卻又不知道珍惜，任意揮霍。結果，只毀壞了健全的心靈。

第二，專權弄勢，玩火自焚。

一個人的欲望如同烈火，理智如同涼水，涼水可以抑制烈火，理智可以抑制欲望。當火勢與欲望達到一定的程度，物就會枯萎，人會粉身碎骨。生長在豪富權貴之家，豐實的物質享受，會令人養成各種不良的嗜好和喜歡作威作福的個性，其危害有如烈火；專權弄勢，對心性的腐蝕有如兇焰。若不及時給點清涼的觀念，緩和一下心中強烈的欲望，那猛烈的欲火終會讓人自焚自毀。

第三，一念貪私，萬劫不復。

一個人只要心中出現一點私心雜念，本來剛直的性格就會變得懦弱，聰明變得昏庸，慈悲變得殘酷。正因如此，很多貪官都在受賄之後，變成被行賄者擺布的可憐蟲。所以，洪應明告誡世人，做人以「不貪」二字為寶，才能戰勝物欲，安度一生。

同僚同事、鄰里相處，關係處理不好，往往結怨成仇。究其原因，為私事結怨的多，為公事結怨的少。需知，人人心中都潛藏著私欲的念頭，一日有了機會，便會出來作祟。

《菜根譚》云：「欲路上事，毋樂其便而姑為染指，一染指便深入萬仞；理路上事，毋憚其難而稍為退步，一退步便遠隔千山。」意思是說：對於私欲方面的事，決不要因為有某種便利，就認為可以占點便宜，這種便宜只要一沾上，就會陷入難以自拔的深淵；對於研習理學方面的事，萬不可因為畏懼其中的艱難，就覺得可以退一步再說，只要稍一退步，就會與天理遠隔千山萬水。

「一入欲藪，萬劫難復。」一般人很容易受利欲聲色的引誘，而且稍一沾上便很難自拔；一旦見利忘義，就會損人利己。如果利害衝突的雙方都是這種人，就會因私怨而互鬥，結果只能是兩敗俱傷。人的欲望是客觀的存在，刻意去壓抑斷不可行。但是，過分放縱情欲、物欲，容易迷失本性，不加限制，會貪圖非分的享樂，墜入欲念的深淵。

爭千秋，不爭一時。惟其不爭，天下莫能與之爭。凡事，取乎中，是應付時代與任何事物的良法。中是不偏不倚，不左傾不右斜。非中則不能正，非正則不能穩，非穩則不能久。

中國傳統思想中，儒、釋、道並重。儒家主張「中庸」，道家主張「無為」，佛家主張「超脫」。老莊言「無為無作」，使心靈清靜，沒有任何煩惱。孔孟要人凡事不偏不倚，做事有條不紊。佛家教人超然物外，修身養性。道家「以退為進」，儒家「以守為攻」，佛家重視「心靈的安寧」，其實質都是「不爭」。

第一，無為無作，優遊清逸。

《菜根譚》云：「釣水逸事也，尚持生殺之柄；弈棋清戲也，且動戰爭之心。可見喜事不如省事之為適，多能不若無能之全真。」意思是說：水邊垂釣是愉快的事，此中卻能手握生殺大權；對坐下棋是輕鬆自在的娛樂，其中卻蘊藏著爭強好勝的心理。由此可見，多一事不如少一事更合適，才華橫溢不如平庸無能更能保全純真之本性。

人生活在社會中，不可能離群索居，所以，遇事切不可畏縮不前。即使是隱居山野，離群索居，要生存，還得和世人世事打交道。老死不相往來只能作為一種理想，不食人間煙火，沈浸在理念中不自拔切不可行。想達到內心的平衡，就別想著佔有一切，成就一切。古人說：「不想享受一切而享受了一切，不想佔有一切而佔有了一切，不想成就一切而成就了一切，不想知道一切而知道了一切。」其實質就是要保持有為與無為的中間狀態，昇華為「中庸之道」。

第二，珍惜人生，不爭名利。

《菜根譚》云：「石火光中爭長競短，幾何光陰？蝸牛角上較雌論雄，許大世界？」意思是說：人生短促得如同鐵器擊石所發出的短暫火花，在這短促的時光中爭名奪利，又有多少意義？人在宇宙中佔據的空間就像蝸牛角那樣狹小，在這種有限的空間裏爭強鬥勝，會有多大的世界？

孔子東遊時，見到兩個獵人在爭論，便下車問其究竟。原來，這兩人在爭論一道算術題：一個說，三八等於二十四。另一個說，三八等於二十三。他們各自堅持自己的對。最後打賭說，要找個聖明的賢人裁定，賢人斷誰正確，負者就將一天的獵物交給勝者。此時，他們就請孔子裁定。孔子裁定，認為三八二十四的人必須將獵物交給認為三八等於二十三的人。認為三八等於二十三的人高興地拿著對方的獵物走了。認為三八等於二十四的人氣憤地說：「三八等於二十四，這是連小孩都不致爭論的真理，你卻這樣論斷，看來你這個聖人只是徒有虛名罷了！」孔子回道：「你說得沒錯。既然這是個小孩子都不致爭論的真理，你堅持三八等於二十四就是了，為什麼要與一個不值得認真對待的人討論這種答案十分清楚的問題呢？」最後，他做出結論：「他拿走了你的獵物，同時得到了一生的糊塗。你失掉了獵物，卻得到了深刻的教訓呀！」這個近乎笑話的故事正道出了「聖人之道，為而不爭。以其不爭，故天下莫能與之爭」的智慧。

第三，不希榮達，不畏權勢。

《菜根譚》云：「我不希榮，何憂乎利祿之香餌？我不競進，何畏乎仕宦之危機？」意思是說：不貪圖榮華富貴，又何必擔心名利的引誘？不願與人競爭名利，又何必畏懼官場中潛伏的宦海危機？

現實中很多人熱中於追求名利、地位。殊不知，官場是不容易混的。近人的《官場現形記》和《宦海沈浮錄》二書中，對熱心於名利之徒做了淋漓盡致的揭露和諷刺。為人處世，若想避免誤蹈陷阱，誤踏荊棘，最好是把榮華富貴和功名利祿均看成過眼煙雲，不予理睬。否則就可能導致「善泳者死於溺，玩火者必自焚」的可悲下場。

唐代有位宰相盧承慶，按例主持典選，考核百官。有一位官員督漕運，漕船遇風而沈，漕糧散失，盧承慶因此考其治績為「中下」，並特意把這考語舉給此人觀看。不料，這位官員並不惱怒。盧承慶思量再三，把其考語改為「漕船遇風而翻，非人力所能挽救」，評為「中中」，又拿給此人看了。此人也不因此叩謝、歡欣。盧承慶點點頭，嘉服他竟能如此「寵辱不驚」，把他定為「中上」。

世事如庭前花，有花開，也有花落；又如天邊雲，有雲舒，也有雲捲；何必患得患失，終日縈掛於懷。最佳的處世之道是：「淡泊名利，為而不爭。」

第四，得休便休，得了便了。

《菜根譚》云：「人肯當下休，便當下了。若要尋個歇處，則婚嫁雖完，事亦不少。僧道雖好，心亦不了。前人云：『如今休去便休去，若覓了時無了時。』見之卓矣。」意思是說：無論做什麼事，應該罷手時就要及時停止。倘若以為結了婚即萬事大吉，那就錯了，因為婚後的事更多。別以為和尚道士好當，其實他們的七情六欲也未必全無。古人說：「現在能罷休就趕緊罷休。想等一個好機會，這種機會恐怕永遠也等不著。」這真是高明的見解啊！

■達觀忘我，樂天知命

——人不可沈湎於虛幻的夢境，自我的藩籬，更不可沈湎於難填的欲壑。

人生在世，與其汲汲於功名富貴，引來煩惱痛苦，不如學會達人之遠見，樂天知命，藉以求得生活的快樂和愜意。需知以自我為中心的心理越旺，獲取自我價值的可能性越小；反之，不執著於自我、念念不忘自我的人，才能更深入地實現自我。

貪得無厭無寧日，豁達坦然天地寬。許多人終生追求富貴顯達，無法自拔，整日汲汲於功名利祿，煩惱痛苦，根源就在於缺乏達人遠見的生活態度和真知卓識。

人生一世，怎樣才算是「達觀」呢？

第一，推己及人，方便法門。

《菜根譚》云：「人之際遇，有齊有不齊，而能使己獨齊乎？己之情理，有順有不順，而能使人皆順乎？以此相觀對治，亦是一方便法門。」意思是說：人的境遇不可能相同，有好有壞，哪能特別要求自己碰上好的機會呢？自己的情緒與心理狀態有時順暢平穩，有時不順暢而煩躁，怎能要求別人總是心情順暢，處處合你心意？如果能以這樣的想法反躬自問，藉以調整自己的言行，也是一種修身養性的便當門徑。

的確，人的精神狀態各不相同，「人心不同，各如其面。」財富、地位、健康都可能直接影響人的情緒。俗語說：「謀事在人，成事在天。」這裏的「天」不應解為神祕莫測的命運，而解為客觀因素。意即：按客觀規律謀事。客觀因素不能改變，就調整主觀因素。難能可貴的是，古人掌握了「相觀對治」的思維方法，確是達到成功的方便之門。換位思維、多角度思維，常常能夠找到解決問題的鑰匙。「一條道走到黑」的人生態度與「達觀」正好背道而馳。

第二，持身勿輕，用心勿重。

《菜根譚》云：「士君子持身不可輕，輕則物能撓我，而無悠閒鎮定之趣；用意不可重，重則我為物泥，而無瀟灑活潑之機。」意思是說：讀書人處世不可輕縱浮躁，否則內心會被環境所困擾，從而失去悠閒的生活雅趣；思慮不可太多，否則會使人沈溺於紛雜的事物之中，從而失去瀟灑的情境。

大凡輕浮的事物，總是漂浮在生活的上空，最先奪取人的感官。有價值的東西則往往埋在土中，不經過辛苦挖掘，難以獲得。因此，生活態度輕浮的人從不放過表現的機會，自珍自愛的人則重視泥土下的醞釀。人的思想不可如浮光掠影，不求深入，只流於表面，但遇事也不必思慮過重。太多思慮，猶如給負載有限的船額外增加重量，可能使千里之行毀於足下。深邃的思想應來自苦心修持。生活中，我們很欽佩那種臨陣不慌，鎮定自若的大將風度。這種風度決不是與生俱來，而是得力於後天的修持。輕重是相對的，一個人做事固然不可過於魯莽，也不可考慮太多，否則什麼大事也做不了。

第三，明利害情，忘利害慮。

《菜根譚》云：「議事者身在事外，宜悉利害之情；任事者身居事中，當忘利害之慮。」意思是說：置身某事之外以議論此事，就能夠瞭解其利弊得失；置身某事之中而負責此事，就應當忘掉個人的利害得失。

俗話說：當局者迷，旁觀者清。想對某事做個公平的論斷，超然事外，會使自己的思路得以拓展。若已陷入局內，可以先放一放，別讓思路限於一隅。可事情往往並不等你避開就劈天蓋地而來。這時必須以清醒的頭腦、公正的心態，把個人的恩怨、毀譽放到一邊，一心一意把事情辦好。切記：「達觀」源於清醒的頭腦。

第四，春色粉飾，秋氣真吾。

《菜根譚》云：「鶯花茂而山濃谷豔，總是乾坤之幻境；水木落而石瘦崖枯，才見天地之真吾。」意思是說：春天時百花盛開，山谷景色迷人，不過是大自然的一種幻象；等到秋天泉水乾涸，樹葉凋落，山崖中的石頭光禿，這種荒涼的景象正反映出自然界的本來面目。

洪應明從大自然的景象變遷中悟出：功名富貴不過是過眼煙雲。只有維護人的純真本性，才能獲得人生之樂趣。正如金聖歎在點評《三國演義》時所云：「滾滾長江東逝水，浪花淘盡英雄，是非成敗轉頭空，青山依舊在，幾度夕陽紅；白髮漁翁江渚上，慣看秋月春風，一壺濁酒喜相逢，古今多少事，都付笑談中。」身處人世，只有做到「達觀」，才能享受人生的一切樂趣。

第五，天地萬物，皆是真相。

《菜根譚》云：「鳥語蟲聲，總是傳心之訣；花英草色，無非見道之文。學者要天機清澈，胸次玲瓏，觸物皆有會心處。」意思是說：鳥啼蟲鳴，皆是鳥、蟲表達情感的方式；花美草青，其中蘊涵著大自然的奇妙之筆。讀書做學問的人一定要心靈清明透澈，胸懷坦蕩無私，才能觸物會通。

在洪應明看來，一個人若能領會大自然的千變萬化，便可拋卻人間的無窮煩惱，置身天地間而領悟人生之真諦。佛教禪宗說：「青青翠竹悉是真如，鬱鬱黃花莫非般若。」釋迦牟尼看見星月的閃光而悟道，一般人卻為什麼不能大徹大悟呢？這是因為凡人心中充滿各種各樣的欲望，遂生無盡的煩惱，得不到片刻的寧靜。修禪論道，需要心如止水。在現實生活中，讀書做學問的人不也需要觀察天地萬物，以領悟人生之真諦嗎？此理相同。沒有一定的靈性、境界，就無法領略花草之妙、山水之性。因此，只有以「達觀」之心悟透人生，根據客觀實際調整自己的欲望，煩惱才會減少，心靈才能寧靜。

第六，心無物欲乾坤靜，坐有琴書便是仙。

《菜根譚》云：「心無物欲，即是秋空霽海；坐有琴書，便成石室丹丘。」意思是說：一個人的內心未被物欲所蒙蔽，就會像秋日的碧空和瀚海一樣開闊；有琴書陪伴消遣，就會使自己的生活像神仙般逍遙。

世人都是血肉之軀，不可能沒有欲望。但是，如果欲望太重，就會使本性受到蒙蔽。古人云：「一念之欲不能制，而禍流於滔天。」即是說，災禍肇始於欲望。為使自己心靈清靜，最佳方法是減少欲望。人的一生不可能總是功德圓滿，高居廟堂，閒居家中的時候必定多些。不管處在什麼樣的社會地位，都不應把物欲作為自己獨有的追求。無物欲的貪念和情欲的侵擾，內心就能平靜而開闊。孟子說：「養心莫善於寡欲。其為人也寡欲，雖有不存焉者，寡矣；其為人也多欲，雖有存焉者，寡矣。」一個人若能經常陶冶在琴棋書畫之中，自然能被高雅的氛圍所淨化，其情景猶如仙人住在深山石洞。「仙境不在遠處，佛法只在心頭。」此中正是「達觀」的真諦！

第七，樂極哀情，味濃索然。

《菜根譚》云：「賓朋雲集，劇飲淋漓，樂矣。俄而漏盡燭殘，香銷茗冷，不覺反成嘔咽，令人索然無味。天下事率類此，奈何不早回頭也。」意思是說：高朋滿座，一起痛飲，盡情享樂。轉瞬間夜靜更深，爐中的檀香已經燒完，醇美的香茶也已冰冷，此時會有想吐的感覺，回想起剛才痛飲狂歡的情景，也覺得索然無味了。其實，天下事莫不如此，為什麼不早些省悟，以免物極必反呢？

古人說：「盛極必衰，物極必反，樂極生悲。」天下沒有不散的宴席。盛極一時的歡樂，轉瞬間悲聲四起。世事無常，情隨事遷，人何苦把有限的生命投入紙醉金迷、花天酒地之中？縱有千般愁緒，又豈是酒中可消？便有萬貫家財，又哪擋得住奢侈無度？風燭殘年之日何以回首，夜深人靜之時有何歡樂？

第八，萬象皆空，達人達觀。

《菜根譚》云：「山河大地已屬微塵，而況塵中之塵；血肉身軀且歸泡影，而況影外之影。非上上智，無了了心。」意思是說：山河大地不過是茫茫宇宙中的一粒塵埃，而一切生物不過是塵埃中的塵埃罷了；人的軀體遲早會死亡，又何必迷戀身外的功名利祿呢？可是，一個沒有超人之智慧的人，必無法悟透這種道理。

人生有限，而宇宙無垠。同茫茫的宇宙相比，人不過是一粒渺小的塵埃。既然如此，人更要心胸開闊，正視人生。對現實人生來講，有形的東西可感可覺，如功名利祿，世人逐之如蠅。但從茫茫宇宙，從歷史之時程來看，人何其渺小，功名利祿直如幻象般轉眼即空。正如蘇東坡在《前赤壁賦》中所說：「寄蜉蝣於天地，渺滄海之一粟，哀吾生之須臾，羨長江之無窮。天地之間，物各有主，苟非吾之所有，雖一毫而莫取。惟江上之清風，與山間之明月，耳得之而為聲，目遇之而成色，取之無禁，用之不竭。是造物者之無盡藏也，而吾與子之所共適。」東坡先生以「大江東去，浪淘盡千古風流人物」的博大氣派，發人生宇宙之興歎，可稱得上豁達之人。

第九，動靜合宜，出入無礙。

《菜根譚》云：「水流而境無聲，得處喧見寂之趣；山高而雲不礙，悟出有入無之機。」意思是說：河水雖然不停地流淌，兩岸的人卻聽不到它的喧囂，這樣反而能發現鬧中取靜的真趣；山峰雖然很高，卻妨礙不了白雲的飄浮，這可以使人悟出從有我進入無我的玄妙。

「出入無礙」乃是待人接物的極高境界。正如莊子所說：「魚相忘乎江湖，人相忘乎道術。」意即魚適合在水中游，人適合在道上走。適合在水中游的，能在池中游就快活；適合在道上走的，能無事就安閒了。所以，魚在江湖中游就忘掉了一切，得到了享受；而人在旅途中行就忘懷一切而自得其樂。人生若能達到這種境界，就很不容易了。這就如同禪家所說：「邪正俱不用，清淨至無餘。」

第十，失意之思，得意之念。

《菜根譚》云：「自老視少，可以消奔馳角逐之心；自瘁視榮，可以絕紛華靡麗之念。」意思是說：年老時回首少年時代的往事，就會消除爭強好勝的心理；家世敗落後再回顧往日的榮華富貴，就會消除追求奢侈榮華生活的念頭。

俗話說：「天有不測風雲，人有旦夕禍福。」世上的一切都是變幻莫測，捉摸不定的。同樣，一個人的生老病死也是不可違抗的自然規律。當舊的事物適應不了新的變化時，就會被淘汰掉。「物競天擇，適者生存。」這是自然界和社會發展的普遍規律。歷史上的王朝興替，現代社會中各種各樣的競爭，無不包含著這種真理。生活中常見一些人絞盡腦汁、挖空心思地追逐名利地位，處處爭強好勝，盛氣凌人。這其實是不足取的。世事經歷多了，往往更能悟出其中的道理，大興曾經滄海難為水之歎。不管是道家奉勸世人消除欲望，還是儒家提倡貧賤不移的修養功夫，或者佛家清心寡欲的出世思想，都在告訴世人，不要在富貴與奢侈、高官與權勢中爭強鬥勝。

第十一，森羅萬象，夢幻泡影。

《菜根譚》云：「樹木至歸根，而後知華萼枝葉之徒榮；人事至蓋棺，而後知子女玉帛之無益。」意思是說：樹木到了落葉歸根，化為腐土時，才會明白枝繁葉茂不過是一時的榮華；人死後，進入棺材，才會明白子女財富的無用。

春夏秋冬，花開花落，這是大自然不可違抗的規律；生老病死，喜怒哀樂，這是人生不可抗拒的規律。花草樹木到了秋天，枝葉就會凋零，這恰如人到了中老年就逐漸接近人生的盡頭一樣。無論是子女還是財富，都不過是過眼煙雲，身外之物。既感如此，又何必當初？做人不可等蓋棺時再去悔悟，做事也不應總是臨崖前方勒馬。

第十二，欲望有別，貪爭無二。

《菜根譚》云：「烈士讓千乘，貪夫爭一文，人品星淵也，而好名不殊好利；天子營家國，乞人號饔飧，分位霄壞也，而焦思何異焦聲。」意思是說：重視道義的人能把千輛兵車的大國拱手讓人；貪得無厭的人，連一分錢也不讓。人品有天壤之別。可是，重視道義的人若喜歡沽名釣譽，相較於貪得無厭的人喜歡金錢，兩者在本質上就沒什麼不同。皇帝統治的是國家，乞丐為的是討一日三餐，兩者的地位有天壤之別，但其痛苦焦慮的情緒又有什麼不同呢？

世人有貧富之分，富人的生活看上去很幸福，窮人的生活則很痛苦。實際上，富人也有富人的痛苦。富人與窮人的痛苦，其性質完全相同。同理，好名之人與好利之人，表面上看似乎好名之人品格較高，其實兩者的本質完全相同。在這裏，洪應明處世雞湯提醒世人，「達觀」之心是對所有欲望而言，「欲望有別，貪爭無二」，好名者與好利者一樣，都是「看不開」的表現。

第十三，毀譽褒貶，一任世情。

《菜根譚》云：「飽諳世味，一任覆雨翻雲，總慵開眼；會盡人情，隨教呼牛喚馬，只是點頭。」意思是說：嘗盡人間酸甜苦辣的人，不管人情冷暖、世態炎涼，都懶得睜開眼睛去過問；看透了人情世故的人，對於世間的一切毀謗讚譽都無動於衷，就是對他呼牛喚馬一般，他也只會若無其事地點點頭罷了。

在洪應明看來，「毀譽褒貶，一任世情」，才是「達觀」的最高境界。「人情冷暖，世態炎涼。」一個飽經風霜的人，就會看透世態的本質，不管世界如何變化，他都會不為所動。同樣，嘗盡了酸甜苦辣，世上的一切都已經無所謂了，就會把名利視為過眼煙雲，對別人的奉承無動於衷。因此，只要能視功名如糞土、富貴如浮雲，一心只好靜，萬事不關心，一任世情，誰奈我何！

第十四，萬鍾一髮，存乎一心。

《菜根譚》云：「心曠則萬鍾如瓦罐，心隘則一髮似車輪。」意思是說：心胸豁達的人，視俸祿優厚如糞土；心胸狹隘的人，將些許錢財看成車輪般大。

孔子說：「飯疏食，飲水，曲肱而枕之，樂亦在其中矣。不義而富且貴，於我如浮雲。」這就是一種豁達的人生觀。

人必須學會超越自我，在超越自我的過程中，學會逍遙自在。只有不執著於自我、念念不忘自我的人，才能更深入地實現自我。「忘卻自我」是一種人生智慧。

以自我為中心的心理越旺，獲取自我價值的可能性就越小；反之，不執著於自我、念念不忘自我的人，才能更深入地實現自我。因此，哲人說：「文明人必須像他已經擴展了他的大腦一樣，擴展他的心胸。他必須學會超越自我，在超越自我的過程中，學得像宇宙萬物那樣逍遙自在。」

第一，煩惱由我起，嗜好自心生。

《菜根譚》云：「世人只緣認得我字太真，故多種種嗜好、種種煩惱。前人云：『不復知有我，安知物為貴？』又云：『知身不是我，煩惱更何侵？』真破的之言也。」意思是說：世人喜歡把自我看得太重，所以產生了種種嗜好和煩惱。古人說：「如果不再知道有我的存在，又怎能知道物的可貴呢？」又說：「如果能明白連身體都不屬於自己，還有什麼煩惱能侵害我呢？」這真是至理名言啊！

人生為何諸多痛苦、諸多煩惱？答曰：只緣「我」字在心頭。看破太執著於自我的弊端，認清太念念不忘自我的禍害，努力學習超越自我，在超越自我的過程中，尋求一片屬於自己的快樂天空，這才是明智的人生態度。

第二，栽花種竹，心境無我。

《菜根譚》云：「損之又損，栽花種竹，盡交還烏有先生；忘無可忘，焚香煮茗，總不問白衣童子。」意思是說：對於生活中的物質欲望應減少到最低限度，種些鮮花翠竹培養情趣，把世間的一切煩惱都拋到九霄雲外；當腦海中已經沒有煩惱，每天就可焚清香，烹茶細品，使自己進入忘我的境界。

老莊主張無為，提倡超乎塵世的修身養性功夫。可是，無為、修省並不是和世事絕緣。做事不宜提倡形式主義，關鍵是思想上要達到忘我之境。栽花種竹、焚香煮茗、閒雲野鶴的生活可以忘我，隔去人世間許多煩惱；談書論道，潛心研究學問，也可使一個人完全進入忘我的狀態。

老子曾經用幾句非常簡明的話表述這種思想：「有治在人，忘乎物，忘乎天，其名為忘己。忘己之人，是之謂人與天。」意思是說：一個人一旦達到了忘我，也就超越了忘記煩惱、忘記恩怨、忘記權力、忘記地位、忘記錢財等問題，即對所有的利益都忘掉了。忘掉了所有的利益，也就根本不會產生恩怨、權力、地位和錢財之類的思考。由此就達到了人生的至高境界，完完全全實現了天人合一。

太沈溺於自我、念念不忘自我，把個人的利益凌駕於一切之上，追逐金錢，貪圖享樂，以權謀私，腐化墮落，最後只能淪為階下囚，烏紗帽被摘掉，甚至頭顱落地！忘記自我，帶給人的是快樂和成功；過分強調自我，極度地癡迷於實現自己不應達到的欲望，就難免使自己陷入痛苦的深淵。

一個人不論擁有多少財富，假如不知足，就永遠生活在煩惱中，那種奔波忙碌的情景跟為了生活，苦苦掙扎的窮人並無差別。想真正享受人生之樂趣，應具知足常樂之思。

老子說：「知人者智，自知者明；勝人者有力，自勝者強；知足者富，強行者有志；不失其所者久，死而不亡者壽。」此話乃大智慧之言，咀嚼之，必有大益。

第一，知足則仙凡路異，善用則生殺自殊。

《菜根譚》云：「都來眼前事，知足者仙境，不知足者凡境；總出世上因，善用者生機，不善用者殺機。」意思是說：對現實感到滿足的人，會享受到神仙般的快樂，不知足的人則永遠擺脫不了塵世的喧囂；總結一下各種事物的原因，善於生存的人生活中必充滿勃勃生機，不善於生活的人則處處危機四伏。

人的欲望是永遠填不滿的。一個人假如不知足，就會永遠生活在失望之中，享受不到真正的樂趣。想真正享受人生之樂趣，惟一的法則是「知足常樂」。只有善於客觀地判斷自己，對生活的要求不太高，才是真正的富有。

佛教經典《佛遺教經解》中說：「汝等比丘，若欲脫諸苦惱，當觀知足。知足常樂，即是福樂安穩之處。知足之人，雖臥地上，猶為安樂；不知足者，雖居天堂，亦不稱意。不知足者，雖富而貧；知足之人，雖貧而富。不知足者，常為五欲所牽。」這也可以作為吾等在現實生活中處世的座右銘。

一個人若因私欲而貪心，將個人的欲望無限延伸，必然會碰得頭破血流；只有正確地對待自己的需求，處理自己的情感、欲望和現實的矛盾，才能感受到最大的快樂。

第二，貪者雖富亦貧，知足者雖貧亦富。

《菜根譚》云：「貪得者分金恨不得玉，封公怨不受侯，權豪自甘乞丐；知足者藜羹旨於膏粱，布袍暖於狐貉，編民不讓王公。」意思是說：貪得無厭的人，給他金銀，卻埋怨得不到珠寶，封他公爵，卻埋怨未封侯爵，這種人雖然身居富貴，卻無異於乞丐；知足的人，即使喝野菜湯，也比吃山珍海味還要香甜，即使穿布棉袍，也比狐襖貂裘還要溫暖，這種人實際上比王公更高貴。

「得寸進尺，得隴望蜀」乃一般人的通病。只有那些超凡脫俗的人才能悟透人生，從而知足常樂。人若貪得無厭，不擇手段地追逐名利地位，欲壑難填，就會喪失善良的本性，其下場只會是滅亡。

世間萬事萬物都有其「度」。因此，在生活中，無論做什麼事，都要適可而止，不超度，不越軌，不違規。這話說來容易，做起來很難。那些貪權、貪財、貪色的人並不是不知道權力、錢財和美色等等的佔有不能超過一定的限度，卻總是鋌而走險，原因何在？就在於他們只將「度」字掛在嘴上，並不去實踐。特別是自然事物之「度」的把握，與社會人生之「度」的把握相較，後者比前者的難度更大得多。其中，涉及到功名利祿之類的「度」，一般人更是很難做到洞若觀火。只有大智慧的人，才能對權力、錢財、美酒美色這些東西保持高度警惕，不忘用謹慎小心與自我反思的武器羈束它，結果安樂常在，快樂常有。

第三，世間皆樂，苦自心生。

《菜根譚》云：「世人為榮利纏縛，動曰塵世苦海，不知雲白山青、川行石立、花迎鳥笑、谷答樵謳，世亦不塵，海亦不苦，彼自塵苦其心爾。」意思是說：人們被虛榮和利祿之心困擾，總是抱怨人生是一汪苦海。他們如果欣賞一下白雲籠罩下的青山翠谷，河水奔流中的奇岩怪石，迎風招展的美麗花卉和鳥兒的鳴唱，以及樵夫歌唱時的山谷鳴音，就會恍然大悟，稱頌人間既不是塵囂萬丈，也不是一汪大苦海，只是人們使自己的心靈落入塵囂、墮入苦海罷了。

的確，人總是心存虛榮，貪圖名利地位。好名之人必定為虛名所苦惱，重利之人也必為貪欲所困擾。好名重利是人性的弱點之一。其實，人世間本沒有什麼真正的苦樂，一切都在於人心的臆測。所以，如果一個人能視名利如糞土，視塵世為樂園，他就不會感到生活中的痛苦了。

人的心情不同，但山川依舊，景色依然。假如自己不為物欲情欲所困擾，能看開名利，又怎能不見山川，不見美景呢？同理，世間本就沒有什麼苦樂可言，一切苦樂皆由人心不足所生。不要積極於名利，以免作繭自縛。人心不足、貪圖不止，是墮入苦海的主要原因。因此，洪應明處世雞湯提醒世人：一個人來到這個世界，要有一種清心自在、坐臥隨心的追求，保持自然本性，不去憧憬身外之物，追逐名利俸祿，追求超越基本需求的東西。如此，內心才能永遠平靜，坦坦蕩蕩地立身久長，享盡天年。

人有一定的欲望、一定的追求，這是必然的。否則，人的生命就難以存在和延續，整個人類社會也就自行消亡了。但是，人的追求、欲望往往具有兩重性。一方面，它是對現實的超越；另一方面，它要受現實所制約。如果人不能正確地把握可能向現實轉化的條件，不顧一切地去對某些東西產生欲念，千方百計地去追求物質生活的享受和感官的刺激，就會在滾滾紅塵中迷失方向。正是基於此，洪應明處世雞湯才提醒世人，在實現欲望的過程中，應該時刻保持一顆安分之心、平常之心，順應世事，追求適度，不去嚮往那些不該得的東西。這樣，就能夠給自己帶來難得的快樂。

第四，樂貴自然真趣，景物不在多遠。

《菜根譚》云：「得趣不在多，盆池拳石間煙霞俱足；會景不在遠，蓬窗竹屋下風月自賒。」意思是說：生活中的樂趣不在多，只要有個小小的池塘和幾塊拳頭大的瑰麗之石，景色就齊全了；觀賞大自然的景觀不必求遠，只要在竹屋茅窗下靜坐，讓清風拂面、明月照人，身心自然寬廣。

行萬里路，得山水真趣以壯心志，此為一樂事。進如陶淵明那樣：「開荒南野際，守拙歸園田；方宅十餘畝，草屋八九間；榆柳蔭後簷，桃李羅堂前；暖暖遠人村，依依墟裏煙；狗吠深巷中，雞鳴桑樹巔；戶庭無塵雜，虛室有餘閒；久在樊籠裏，復得歸自然。」又復何憂？

樂貴真趣，心悟其中，不在多與遠。這是洪應明洞穿世事後的深沈感悟。這種感悟，即是勸誡世人在人生的長河裏，應放棄一切雜念。果能如此，便沒有煩惱了。

想活得瀟灑、自在，需要一種樂觀向上的情懷。生活的現實比世人的想像複雜得多，有許多事，總是超出人的意料。面對無端的橫禍，你是從容平靜、清心自然、樂觀向上，還是惶恐驚悸、憂鬱煩惱、悲觀失望？這時正可考驗你的人生智慧。

■順應自然，逍遙自在

——憤世、避世、玩世、混世、厭世、欺世，都不足取。順應自然，方可刀槍不入。

莊子曰：「適來，夫子時也；適去，夫子順也。安時而處順，哀樂不能入也。」順應自然的處世哲學，相對於憤世、避世、玩世、混世、厭世、欺世的人生態度，實為處世之良方，養生之神道。對普通人來說，憤世過激，避世過於消極，玩世短視，混世不足取，厭世、欺世更不可行。按照東方人的「中庸」思維，順應自然才是上上之策。古往今來，順應自然、安世處順者大有人在，曲徑通幽，最終實現理想之追求，成大業者也不少；即使成不了大氣候，幹不出轟轟烈烈的壯舉，至少也可輕鬆瀟灑，逍遙自在。

在滾滾紅塵中，勾心鬥角、機關算盡，其目的無非是為了過得更好、更舒服、更愉快。而在追逐這些的過程中放棄了自然心性，結果反倒可能失卻追求的根本。因此，不要刻意追求，要像風一樣無拘無束，保持自然的心境。

洪應明同一切具有大智慧的人一樣，都對「師法自然」之道非常崇拜。在他看來，為人處世不應刻意追求。若能像風一樣無拘無束，保持自然的心境，與自然融合，即可心身輕鬆。

沒有被風吹起波浪的水面自然平靜，沒有被塵土遮蔽的鏡子自然明亮。人類的心靈根本無須刻意清洗，只要除掉心中的邪念，那平靜明亮的心靈自然會出現，日常生活的樂趣，根本不必刻意去追求，只要排除內心的一切煩惱，快樂、幸福的生活自然會呈現在面前。心中停止一切陰謀詭詐之後，就會有明月清風到來一樣輕鬆舒暢之感，因為從此不再為人間的煩惱而痛苦，思想遠遠超脫世俗之外，自然不會聽到外面的車馬喧鬧之聲，不一定非要過隱逸山野泉邊的隱居生活。

在洪應明的處世智慧中，設想了一種最高的人生境界：雪花飄落的月夜，天地間一片銀色世界，人的心情隨之清朗明澈；和風徐徐吹拂，萬物一片生機的春季，人的情緒自然得到適當的調劑。大自然和人的心靈可以渾然一體，互相融和。宇宙萬物蘊含著勃勃生機，若能天人合一，氣息同步，則能天長地久，萬事亨通。

有一次，孔子在呂梁山見到一位男子在游水，便趕上前問道：「呂梁瀑布深幾十丈，流水飛沫遠濺幾十里，魚鱉也不能浮游，剛才我看到你在那裏沈浮，以為你是要尋死，便打發學生來救你。你游出水面，披頭散髮，一面游，一面唱，我以為你是水怪！請問你有什麼訣竅，竟然進入這麼深的水中？」那男子回答：「我沒有什麼訣竅。水迴旋，我跟著迴旋進入水中；水湧出，我跟著湧出水面。順從水的活動，不自作主張，這就是我能游水的緣故。」

因此，洪應明得出結論：隨機應變，像游水一樣，一會兒上，一會兒下，一會兒左，一會兒右，一會兒前，一會兒後，師法自然，就能成為真正的通達之士了。人為乏趣，天機自然，人永遠達不到自然的高妙。比如花栽植在盆中，便顯得缺乏生機，鳥被關進籠中，便減少天然情趣，遠不如山間的野花那樣樸素自然，天空的野鳥那樣自由自在。這一觀念運用到人，「自然」就指人的本性，也就是人的真性情、真思想。所以，「自然」又與「虛偽」相對。自然是一個人性情真誠的極致。

物貴天然，人貴自然。為人處世，要符合自然規律，不應以人為方式去擾亂它。

莊子快死了，弟子們想厚葬他。莊子說：「我把天地看成棺槨，把日月當作兩塊玉璧，星辰當作珠寶，萬物都來陪葬。有這樣多的葬物還不算齊備嗎？」

一個弟子說，他們擔心烏鴉、老鷹會吃了老師的軀體。

莊子回道：「在地上讓烏鴉、老鷹吃，在地下讓螻蛄、螞蟻吃，奪走烏鴉嘴中的東西去餵螞蟻，不是太偏心嗎！」

洪應明處世雞湯中「師法自然」的思想，具體體現在以下幾個方面：

第一，為奇不為異，求清不求激。

《菜根譚》云：「能脫俗便是奇，作意尚奇者，不為奇而求異；不合污便是清，絕俗求清者，不為清而為激。」意思是說：能夠不沾染俗氣，算是奇。可是，故意出奇，就不是奇而是怪異了。不同流合污，算是清。但斷絕世俗之來往而求清，那就不是清而是過激了。

標新立異並非脫俗，最真的脫俗是自自然然，沒有什麼特別的地方。如果故意做出許多怪異的行為以顯示脫俗，其實這更是俗。與人交往，淡淡地不隨波逐流即是清。如果過分追求清高，做出與常人迥然相反的行為，人家就會說你有毛病了。

第二，勿為欲所繫，與本體相合。

《菜根譚》云：「心體便是天體。一念之喜，景星慶雲；一念之怒，震雷暴雨；一念之慈，和風甘露；一念之嚴，烈日秋霜。何者少得。只要隨起隨滅，廓然無礙，便與太虛同體。」意思是說：人心就是天心，人體就是天體。喜悅的念頭就像景星慶雲，會帶來吉祥；憤怒的念頭就像雷電風雨，會帶來兇惡；慈悲的念頭就像和風甘露，會帶來生機；威嚴的念頭就像烈日秋霜，會帶來殺機。相較之下，怎麼樣？大自然的活動隨時興起，隨時消失，對於廣大的宇宙卻毫無阻礙。人的修養如果能達到這種境界，就可與天地同體了。

這段話清楚地體現出「天人合一，師法自然」的思想，人類還遠遠未能達到。

第三，自然得真機，造就減趣味。

《菜根譚》云：「意所偶會，便成佳境；物出天然，才見真機。若加一分調停布置，趣意便減矣。白氏云：『意所無事適，風遂自然清。』有味哉，其言之也！」意思是說：事情偶然，合乎自己的心意，就是最佳境界；東西出於天然，才能看出其巧奪天工。倘若加上一分修飾，就會減少天然之趣。所以白居易說：「意念聽任無為，才能使身心舒暢；風要起於自然，才會感到清爽。」的確，在人的生活態度上，只要樸素大方，不矯揉造作，便顯出真味。反之，刻意地修飾、追求，其效果只能適得其反。

這段話反應了「物貴天然、人貴自然」的思想。但這決不是說，一塊礦石不經開採提煉或琢磨就能成為美玉、金屬。可是，世間萬物最好不要違反自然；一旦違反自然，美就容易變成醜，好可能轉成壞。比如邯鄲學步，失卻自然，終成笑柄。

第四，任其自然，萬事安樂。

《菜根譚》云：「幽人清事，總在自適。故酒以不勸為歡，棋以不爭為勝，笛以無腔為適，琴以無弦為高，會以不期約為真率，客以不迎送為坦夷。若一牽文泥跡，便落塵世苦海矣！」意思是說：隱居的人內心清靜事少，一切只求適應本性。所以，喝酒時不用勸，以到量為快樂；下棋以不爭強好勝為宜；吹笛子不講求什麼旋律、節奏；彈琴以無弦之琴為最高雅；和朋友約會是為了聯絡感情，以不受時間限制為真摯坦率；客人來訪時，以不送往迎來為最自然。哪怕受到一點世俗人情禮節的約束，就會陷入塵世苦海，從而失去生活的真正樂趣。

生存環境五彩繽紛，生存態度色彩斑斕，從中可以清楚地看出處世智慧的高下。「憤世嫉俗」、「避世歸隱」、「玩世不恭」、「悲觀厭世」、「欺世盜名」等都是處世之大忌，抱著這種態度行走社會，沒有不碰壁的。

「大千世界，人生百態。」正因人的生存環境五彩繽紛，人的生存態度也就色彩斑斕。古往今來，人們為了不斷解除自身的困惑，探索真正的人生，從人生實踐中總結了若干種人生態度，從中可以清楚地看出其處世智慧之高下。比如，與「順應自然，逍遙處世」相比，「憤世嫉俗」、「避世歸隱」、「玩世不恭」、「悲觀厭世」、「欺世盜名」就是處世之大忌，抱著這種態度行走社會，沒有不碰壁的。洪應明對抱著這幾種人生態度的人進行了深刻的分析。

第一，憤世嫉俗是「清高」者的人生態度。

《菜根譚》云：「山之高峻處無木，而溪谷迴環則草木叢生；水之湍急處無魚，而淵潭停蓄則魚鼈聚集。此高絕之行，褊急之衷，君子重有戒焉。」意思是說：險峻的地方不長樹木，溪谷環繞的地方則花草林木茂盛；水流湍急的地方沒有魚類浮游，水深且寧靜的湖泊則有大量魚類生存。過分清高的行為、過分偏激的心理和這個道理相同，君子應該引以為戒。

任何偉大都起於平凡，任何偉人都來自凡人。以平凡的事業起始，可以鋪就豐功偉業。而那些自命清高、孤芳自賞的人卻不這樣。他們不願做平凡的事，最終也就不可能成就偉業，只能憤世嫉俗。

自命清高者，說到底，就是以偏激的目光審視世界，看什麼都不順眼，個人與自然環境的關係發生了錯位。這些人雖然能夠直面現世，但現世對他的態度無法容忍，他就以與世俗世界保持距離、甚至對立到底自居。這種人的最終去向，要嘛走上「叛逆」，要嘛走向幻滅。

從養生的角度看，憤世嫉俗者的處世態度是極不明智的。俗語說：「氣大傷身。」即使你先知先覺，有先見之明，能以慧眼銳目洞察惡行惡念，也大可不必氣壯如牛，跟眾人過不去，跟世道過不去，甚至跟自己過不去。

第二，避世歸隱是「無為」者的人生態度。

《菜根譚》云：「談山林之樂者，未必真得山林之趣；厭名利之談者，未必盡忘名利之情。」意思是說：那些總是喜歡談論隱居之樂的人，未必能真正領悟其中的樂趣；經常表白自己厭惡功名利祿的人，心中未必就能完全忘懷名利。

有些人經常發牢騷，對現實生活發泄不滿，羨慕陶淵明筆下的「桃花源」那樣的田園風光。這種人既不實際，不願做腳踏實地的事，卻又標榜清高，貪圖安逸的享受。他們言行不一致，說大話，不務實。真正對名利淡泊的人，必定已完全超脫於名利好惡觀念之上，在談話中也就無所謂好惡了。

避世歸隱的人生態度，對為官清廉者或官場失意者來說，既然當官不能為老百姓做主，那就退避三舍，不與朝廷同流合污，起碼減少一分統治者的力量。從個人人格的完善來說，視高官厚祿如糞土，也不失為一種豁達、淡泊的人生。可是，這種人生態度的消極影響非常大，它同「順應自然」的人生態度畢竟有些扞格。

第三，玩世不恭是調侃者的人生態度。

《菜根譚》云：「伏久者飛必高，開先者謝獨早。知此，可以免蹭蹬之憂，可以消躁急之念。」意思是說：一隻隱伏很長時間的鳥，一旦飛起來，必能凌空翱翔；一朵開得很早的花朵，必定很快凋謝。明白了這個道理，既可以免除懷才不遇的憂慮，也可以消除急於求取功名的想法。

人生在世，應抱著「窮則獨善其身，達則兼善天下」的態度，凡事都應容忍，等待時機，絕不可自暴自棄，因為自己眼下的處境不如意而喪志，因時間的消磨而灰心。

可是，在現實生活中，這種「破罐子破摔」的「玩世不恭」者卻大有人在。玩世不恭者並非一開始就對生存環境採取如是態度，起初他們面對社會現實，同樣認真嚴肅，也努力去實踐理想的人生。只是，當理想與現實發生衝突，某些客觀因素挫傷了他們的積極性和生活熱情，其性格中又缺乏堅持不懈的精神，結果一味強調客觀，甚至認為現實欺騙了他，便開始玩世。

玩世者之良知並未泯滅，只是把世道看得太透、太糟。正如朱自清所說：「看得世態太透的人，往往易流於玩世不恭，用冷眼旁觀一切。」

玩世者都多少有些才氣和能力，別人對此忽略了，他便將才氣轉化成玩世的邪氣。所以，玩世者往往故意與生存環境作對，以圖一時之痛快，達到宣泄之目的。然而，其內心深處實際上潛存著深深的痛苦、煩惱和不被人理解的鬱悶、孤獨。每報復一次，這種痛苦和煩惱就加劇一分。所以，奉告世人，切不可掉進玩世不恭的泥淖。

第四，悲觀厭世是絕望者的人生態度。

《菜根譚》云：「競逐聽人，而不嫌盡醉；恬淡適己，而不誇獨醒。此釋氏所謂『不為法纏，不為空纏，身心兩自在』者。」意思是說：別人爭名奪利，與自己不相干，自己也不必因此而疏遠他們；恬靜淡泊，是為了適應自己的個性，因此不必向人誇耀「世人皆醉，惟我獨醒」。這就是佛家所說：「既不被物欲所蒙蔽，也不被空虛寂寞所困擾。能做到這一切，就能使自己的身心平靜安逸。」

屈原曾感歎：「世人皆醉，惟我獨醒。」最後憤而投汨羅江而死。儘管這不失為知識分子一種做人的規範，但在待人處世上，此舉恐不值得提倡。這種清高者已經不是一般的憤世嫉俗，而是走向極端，自絕於世人，成為悲觀厭世的絕望者。

持這種人生態度的人自覺看破紅塵，由厭世而懼生、厭生，並試圖尋求最後的解脫；也有的是因經不起突然變故的打擊，或失戀、或破產、或患絕症，便以為生不如死，以徹底解脫為最後歸宿。表面上看，很勇敢，不怕死，把生命看得很輕；實則是懦夫，不敢面對失敗，正視現實、矛盾，更沒有勇氣去尋找解決矛盾，重新站起的途徑。

古人說：「哀莫大於心死。」悲觀厭世者之所以尋死覓活，就是喪失了生活熱情，對現實人生失去信心。然而，世人都面對同樣的環境，這世界並沒有什麼厚薄之分。

悲觀厭世者之所以對人生缺乏信心和熱情，另一個原因是見識短，缺乏「風物長宜放眼量」的精神，好鑽牛角尖，凡事總往壞處想，一旦有點事，就覺得大難臨頭。

想臨大事而不驚，受挫折而不氣餒，必須具備應付挫折和失敗的本事。悲觀厭世者卻常因一念之差，一時衝動，自尋短見。

切記：世界是精彩的，而且會越來越精彩；人生雖苦，可苦中有樂，其樂無窮。

第五，欺世盜名是野心家的人生態度。

《菜根譚》云：「好利者逸出於道義之外，其害顯而淺；好名者竄入於道義之中，其害隱而深。」意思是說：好利的人行為超出道義範疇之外，害處很明顯，較易防範；好名的人經常藉口仁義道德，沽名釣譽，其禍害隱藏得深，為害大，容易蒙蔽人。

自古以來，沽名釣譽、欺世盜名者就大有人在。尤其是那些標榜濟世救民的政客，冠冕堂皇地高喊為民請命，代表廣大群眾的利益，其實從無一刻為人民的利益著想，只謀個人的私利。

哪個朝代都少不了欺世盜名，權利欲強的人。為了爭權奪勢，他們耍手腕，施詭計，陽奉陰違，欺上瞞下；為欺世，他們拉大旗作虎皮，喬裝打扮，欺瞞百姓。

普通人中也有欺世盜名者。這類人把社會上的陰暗面看得過重，認為做人難，做真人更難，欺世盜名反而好混，甚至可以投機成功。

好耍欺世盜名之小把戲的人大多虛榮心很強，常常在自己臉上塗油彩以「蒙世」。其實，他們是「銀樣蠟槍頭」，經不起任何挫折。

古人云：「死生有命，富貴在天。」即所謂：「人算不如天算。」

人生在世，自然法則必須遵循。不遵循自然法則，惡人作惡，保不準什麼時候便災禍臨門；君子居貧，又往往有意外之喜。因此，且順應客觀，萬事不強求。

富貴和幸福，不能用祈禱得來。否則，從古到今，就不會有那麼多為追求幸福而犧牲，或為求個人富貴而爭得你死我活的事了。

第一，天福無欲之貞士，而禍避禍之憸人。

《菜根譚》云：「貞士無心徼福，天即就無心處牖其衷；憸人（不正的人）著意避禍，天即就著意中奪其魄。可見天之機權最神，人之智巧何益？」意思是說：堅貞守節的人本沒有追求自己福分的心意，是上天在無意之中誘導他，使其獲得福分；奸邪的小人雖然千方百計地躲避災禍，上天卻在他費盡心機的時候使其喪失精力，遭到災難。

在中國古代，人們相信上天有其意志。人要做什麼事，總是說，他是在順從天意。反之，做了壞事，就會遭到天的報應。因此，上天成了約束人之行為的無形力量。其實，與其說是「萬事貴順天」，不如說「萬事貴自然」。也就是說，人不能為所欲為，必定受到自然法則的支配。

萬事萬物都自有規律，它客觀存在，不以人的意志為轉移。人的思想、動機、目的和處世態度都受客觀規律所限制；人的一切功利目的的實現都取決於是否符合客觀規律的必然要求。對自然萬物、人類社會的內在規律和發展總趨勢，人力是無法改變的。

自然經過逐步演化，由無生物進入有生物時代，直至我們的祖先從地上直立起來，進入了人類社會；人類社會又經歷了原始氏族社會、奴隸社會、封建社會，一步一步不斷前進。人由茹毛吮血、赤身裸體，進入長袍馬褂、食不厭精，再進入西裝革履、美食佳肴，可謂日新月異。這一切的一切都離不開客觀規律。誰也不可能改變生物自然進化的過程，擋住社會歷史前進的車輪，阻止生命的誕生和死神的降臨。因此，待人處世應當順應客觀，不可強求。

第二，人為乏生趣，天機在自然。

《菜根譚》云：「花居盆內，終乏生機；鳥入籠中，便減天趣。不若山間花鳥錯集成文，翱翔自若，自是悠然會心。」意思是說：盆裏的花卉顯得缺乏生機，籠中的鳥少了天然之情趣。這兩者皆不如山間的野花那樣氣象爛漫，山中的野鳥那樣翱翔自在。後者生活在大自然中，比人工養育過的花鳥更賞心悅目。

古人云：「勿背天之道，勿絕地之理，勿逆人之倫。」自然規律無情，順之者昌，逆之者亡。自然規律純屬客觀，只能順，不可逆。

老子說：遵循客觀規律的永恒性，做事就能明智，否則就會遭殃。破壞生態平衡者，最終必然會受到大自然的懲罰。亂砍濫伐，破壞植被，結果是造成大量水土流失，耕地面積越來越少。在社會發展的進程中，倘若有人逆歷史潮流而動，必然會被歷史的車輪碾得粉碎。

人生一世，誰都不可能青春永駐，長生不老。道家的煉丹術，也未能使求長生者哪怕多活一個世紀，更不用說活到今天。人一生的命運由諸多客觀因素限定，自然規律、大環境，個人無法也無力改變，有時就得相信：「死生有命，富貴在天。」這些客觀事實，人人都知道。然而，知和行畢竟不能時常同步，有些人就是會幹出違背規律的事。古人強調：「天不變其常，地不易其則……萬事貴順天。」人在客觀規律面前，最基本也最明智的態度就是順應客觀，凡事不強求，甚至「聽天由命」。

滄桑變幻，人情冷暖，世事無常。「世態有冷暖，人面逐高低。」宇宙永恒，世間萬物卻在變化中。「人面不知何處去，桃花依舊笑春風。」在世事的變化無常面前，只有順應變化，方能安時處順。

《菜根譚》云：「人情世態，倏忽萬端，不宜認得太真。堯夫云：『昔日所云我，而今卻是伊。不知今日我，又屬後來誰？』人常作如是觀，便可解卻胸中罥矣。」意思是說：人情冷暖，世態炎涼，其變化錯綜複雜。所以，對任何事都不要太較真。宋朝理學家邵雍說：「以前所說的我，如今卻變成了他。還不知道今天的我，到頭來又變成什麼人呢？」

佛經中說：「諸行無常，是生滅法；生滅滅已，寂滅為樂。」道出了世上萬物無常的規律。

相傳，八仙之一的呂洞賓在未得道之前，曾在一家藥店看到一位美麗的姑娘。他一時心動，向她說了一些調情的話。後來，修道期間，有一次，他又路過藥店，看到一位彎腰駝背的老太婆。仔細詢問，才知她就是幾十年前那位美若天仙的姑娘。由此，他感悟到人生的變幻無常，遂大徹大悟，毅然入山修道成仙。

自然萬物、人類社會、人之命運，無時無刻不依照自身的內在規律運行，天體有天體的運行軌跡，社會有社會的發展軌跡，生命亦有自己的成長軌跡。因此，洪應明處世雞湯強調：尊重自然，就是尊重變化；順應自然，就是順應變化。只有安時處世的人生態度才能說是穩妥又不失積極。

萬事萬物互相間時時存在著矛盾，有矛盾就有衝突，衝突的結果，使矛盾雙方失去平衡，發生轉化。正負、陰陽、生死、真假、善惡、強弱、大小、憂喜、動靜、剛柔、虛實、智愚、榮辱、興衰、長短、遠近等等都是對立統一的。《老子》說：「有物相生，難易相成。」「禍兮，福之所倚；福兮，禍之所伏。」

「變」是自然進化、社會進步、人生成長的基本動力。歷史反覆證明了「人情世態，倏忽萬端」的道理。即使生活得再平淡、再乏味，仔細想想，在走過的人生旅途中，也曾發生過許多變化，而且，未來還有無數變化在等待著。承認變化，才能應付變化，轉化矛盾，尋找平衡。

承認變化，意識到變化是事物運動的基本特徵，就不會心存懼怕。變化絕不因你懼怕它而不發生，或不存在。怕也要變，不怕也要變。事物運動到一定的程度，終究是要變的。但是，萬變不離其宗，世上任何事物的變化，最終必導向光明。因此，生而為人，應以穩定的心理對待它，接受它，而後利用條件加智慧推進它，乃至於轉化它。人無論處在什麼樣的環境，都應頭腦清醒，認清「有常」和「無常」的辯證關係。在惡劣的環境下，應當相信它是暫時的，絕不會永遠處在這樣的境況。環境優裕，也不應沾沾自喜，忘乎所以，以為這一切都是永恒的，可以坐享其成。

順應變化，安時處世，不是完全被動的。任何事物的變化有其內因，也有其外因。在一定條件下，內因往往起決定性的作用。所以，順應變化，就是要順應事物自身的特質，積極創造條件，壞事儘量延緩，甚至遏制其發生，好事儘量促其發生。揚長避短，實際上就是既尊重客觀，又善於順應變化，適應生存的一種處世智慧。

標榜自己辦事講究效率的人愛強調「立竿見影」，真正追求實效的人則懂得「欲速則不達」。時間是消除偏見、誤解，緩解緊張情緒的最佳催化劑。因此，待人處世要有誠心、有耐心、有方法，順應過程。

一個人不論做什麼事，都不能操之過急，否則就會產生反效果。就像梨子未熟，非要摘下來嘗嘗，味道自然不好。待人處世要有誠心，還要有耐心；要有方法，還要看時機。因此，順應過程，也就成為順應自然的一個重要方面。

為此，洪應明提出：

第一，情急招損，嚴厲生恨。

《菜根譚》云：「事有急之不白者，寬之或自明，毋躁急以速其忿。人有操之不從者，縱之或自化，毋躁切以益其頑。」意思是說：對於一時不明白的事，不要著急，應該把心情放鬆下來，過些時間自然就會明白。如果有人不聽從調遣，應該放任自流，讓他慢慢醒悟，千萬不要急躁，否則只會使他更加頑固不化。

「適者生存」，反映了「自然選擇」的規律。人生一世，面對一個多元因素所構成的社會，有待你「自然選擇」。自然選擇不像幸運抽獎，當場揭曉。它是一個緩慢的過程，從量變到質變。過程是時間和空間的推移。「冰凍三尺，非一日之寒。」「路遙知馬力，日久見人心。」順其自然，就是順應過程。順應了過程，雖然不能一步到位，卻能「水到渠成」，「功到自然成」，「精誠所至，金石為開」。

春華秋實，有耕耘，才有收穫，過程是收穫的希望之所寄。「清明忙種麥，穀雨種大田。」「過了芒種，不可強種。」……這是人類千百年來總結出的經驗，它體現著自然的規律。春天播下種子，必得經過發芽、長葉、開花、結籽的過程。以為可以拔苗助長，省去必要的過程，那就是白癡。沒有生長孕育的過程，就不會有收穫的希望。所以，自然生長的過程就是播種希望，耕耘希望，澆灌希望，最終收穫希望的過程。

感情生活也一樣。「強扭的瓜不甜。」還沒有成熟的果子，摘下來吃，肯定苦澀。

過程是通向理想境界的階梯。世上一切事物總是從一開始，一生二，二生三，三生四，四生五……量的積累，才能達到質的飛躍。沒有這個過程，就不會有最後的結局。人生之路是漫長的，人生的充實，人生的價值、理想，正是在這個過程中逐漸體現。所以，過程本身就是收穫。如果因為急於求成而放棄了過程，就等於放棄了整個人生。

第二，萬事皆緣，隨遇而安。

《菜根譚》云：「釋氏隨緣，吾儒素位，四字是渡海的浮囊。蓋世路茫茫，一念求全則萬緒紛起，隨遇而安則無入不得矣。」意思是說：佛家講求凡事都要順從自然的發展（隨緣），不可勉強；儒家主張凡事都要按照本分去做（素位），不可貪圖身外之物。這「隨緣」和「素位」四個字正是為人處世的祕訣，渡過人生大海的重要工具。因為人生的旅程遙遠無期，倘若任何事都要求盡善盡美，必然會引起諸多憂愁煩惱；反之，倘若凡事都能安於現實環境，到處都會自得其樂。

佛教認為世間一切事物皆遵循「因緣生，因緣滅」，就連人的貴賤、吉凶禍福也是由因緣而定，所以，人必須萬事隨緣，即按照天定的因緣生活。不這樣，憑自己的主觀努力一意孤行，不論怎樣做去，也滿足不了自己的願望。儒家主張「素位」，即：「君子素其本位而行，不原乎其外。」一意為君子堅守本位，不妄貪其它權勢。換言之，就是要滿足自己的現實環境。一個安於現狀的人，可少卻許多煩惱。

從處事的角度看，凡事不可強求。有些事，在現有的條件下行不通，就必須等待時機，千萬不可心慌意亂。凡事強求而不遵循事物的基本規律，必難行得通。從量變到質變，過程就是解決矛盾，尋找心理平衡的酵母。社會充滿矛盾；人生坎坷，正是由遭遇一個個矛盾而構成。持順其自然之處世態度的人，就是堅信過程會慢慢地化解矛盾，甚至抹掉矛盾。如此，以不變應萬變，冷眼看世界，時間終究會對一切都做出應有的結論，興衰際遇，榮辱毀譽，都會豁然開朗。隨遇而安，並不消極。因為，持有這種人生態度的人相信，無論多尖銳、多可怕、多棘手的問題，終會有解決的一天。世上的事是「分久必合，合久必分」，「三十年河東，三十年河西」，一切都在變。問題是，都需要一個過程。面對萬事萬物，都需要耐力、等待。等待不是「冬眠」，而是付出，付出即是創造條件，條件會促進過程的延長或縮短。

社會與個人，彷彿魚水關係、母子關係或父子關係，相親相近，無法分離。待人處世若能首先找準自己的位置，處理好自己與社會、他人之間的關係，順應社會，入鄉隨俗，自然就能一通百通。

沒有一個活著的人能夠離開他所賴以生存的社會環境。有什麼樣的社會，就為個人提供什麼樣的生存環境。同時，社會賦予個人不同的社會角色，個人要為社會盡自己應盡的責任和義務。國家大事，匹夫有責，民族危亡，個人要挺身而出，這是民族氣節；和平時期，建設國家，也需要個人盡職盡責，此謂愛國熱情、敬業精神。

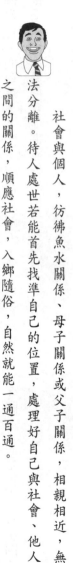

為此，洪應明提出了如下建議：

第一，做事勿太苦，待人勿太枯。

《菜根譚》云：「憂勤是美德，太苦則無以適性怡情；淡泊是高風，太枯則無以濟人利物。」意思是說：兢兢業業是一種美好的品德。然而，過於忙碌苦做，會喪失人生之樂趣。清心寡欲是一種高尚的氣節。然而，過分冷淡避世，會銷蝕抱負，從而無法救助世人，報效天下。

聰明與愚蠢、真誠與虛偽之間常常只有咫尺之遙，有時哪怕只多走了一步，便會事與願違，弄巧成拙。在處理自己與社會的關係時同樣如此。生活中常能看到一些人終日埋頭苦做，然而，別人對他的評價並不高。原因就在於他刻薄呆板，不僅使自己和周圍的人都苦不堪言，還時常犯一些愚蠢的錯誤。另一種人則是自負清高，孤芳自賞，什麼人都看不上眼，什麼事都拒於門外，結果只能使自己陷入孤立。

「富貴於我如浮雲。」如此應世，心境自然平靜清涼，飄逸瀟灑。不過，什麼事都不可走極端。假如以淡泊為名，忘記了對社會的責任，人間冷暖，乃至自我封閉，就不對了。勤於事業是一種美德，一種敬業精神，但如果陷於其中而不能自拔，因無謂的忙碌而心力交瘁，失去自我，是不足取的。總之，任何事物都要維持均衡狀態。

社會是客觀的多元群體，個人無法讓它按照自己的意願改變。但個人完全可以按照自己的處世哲學，在社會中實現自我做人的原則。有的人從對社會現實的不滿，走向憤世嫉俗，試圖脫離社會，尋找解脫。事實上，這麼做根本無法釋放自己。生在社會中，想要萬事不求人，根本不可能。則使遁入空門，也不能徹底瀟灑，完全脫離塵世。

某道觀中有一老道，忌諱遊人問他「高壽」，必答曰：出家人不計壽。可與他談起香火可盛，他則樂於回答。山家人要讓香火繁盛，離不開善男信女朝拜，社會保障。

入世，出世？儒家重社稷，講究「先立德，後立功」，看似重自我，最終還是歸結到安邦、治國、齊家、平天下，仍擺脫不了社會的制約和對社會的責任。所以，每個人對自己自由做出的選擇、行為、價值，一定要負起責任。不僅要對自己負責，也要對其他人負責。

參照上述一些社會與自我關係的處理，洪應明處世雞湯告誡世人，過激、過柔都不足取，只有順應社會、入鄉隨俗最合適。

第二，出世在涉世，了心在盡心。

《菜根譚》云：「出世之道，即在涉世之中，不必絕人以逃世；了心之功，即在盡心之內，不必絕欲以灰心。」意思是說：遠離塵世的方法，其實就是生活在其中，根本不必離群索居；想明瞭智慧的功用，在貢獻智慧的時候即能領悟，根本不必斷絕一切欲望，使心情猶如死灰一般。

佛家主張「出世」修行，以成正果。事實上，與其做一名苦修的隱士，不如積極涉世，投入社會當中，體會人生的意義。現實社會中雖充滿矛盾、競爭，但真正有大智慧的人，應當有勇氣坦然地面對這一切。

在處理自己與社會的關係時，不能離群索居。人生活在世上，必須依靠社會。但是，依靠並不是依賴，應當若即若離，和諧相處。依靠社會，是生存的需要，也是發展的需要。今日社會為每個人都提供了相等的機會和條件，要發展，就需要妥善地利用客觀條件，而不是排斥或拒絕社會的賜予。誰想天馬行空，獨往獨來，只能一事無成。而且，絕不能與社會對抗。哪怕你有三頭六臂，也絕不要夢想一手遮天。那樣做，只能是蒼蠅碰壁。為了創造協調的環境，必須懂得入鄉隨俗，不要太冒尖兒，把自己樹為眾人的靶子。即使有時真理在你手中，也不要盛氣凌人。受了委屈，也不必急於表白。來日方長，人們往後自然會瞭解你，接受你，信任你。到一個新環境工作的人，這種心態更為重要。在你尚不知此處水有多深時，千萬不要參與某人、某派的人事糾紛，留心、觀察，試探著進入環境，方不至於為表象所迷惑，一下子掉進湍急的漩渦。

人與社會的關係，說到底就是人與人的關係，與社會協調，就是與人協調。

世間萬物都與我合為一體，永恒不變。人只有透過紛繁變幻的物象世界看清事物的本質，領悟物我合一，永恒不變的精神境界，才能承擔得起國家社會的責任，擺脫世俗中束縛精神的枷鎖。因此，順應自然，也就是順應己心。

就人生活的變幻莫測而言，榮譽、富貴、官銜、權力都是身外之物，如過眼煙雲，難以把握，甚至連自己的軀體也不歸自己所有，而是上蒼賜予；就超過世俗、彼我同化的崇高境界來說，不論是父母兄弟等親人還是世間萬物，都與我合為一體，永恒不變。

為此，洪應明提出了「明世相之本體，負天下之重任」的思想。

《菜根譚》云：「以幻境言，無論功名富貴，即肢體亦屬委形；以真境言，無論父母兄弟，即萬物皆吾一體。人能看得破，認得真，才可以任天下之負擔，亦可脫世間之韁鎖。」意思是說：五彩繽紛的物象世界，景象變化萬千，充其量不過是「一筒之景」。人除了肉眼之外，還有心靈之眼。從肉眼看世界，猶如管中窺豹，只見一斑。遺憾的是，許多人眼睛只盯著功名權財等得而終不可得的東西，把這「一筒之景」視為人世的本貌。心中全是這些迷幻的景象，哪還有什麼超度生命的靈眼呢？

一個人若不能逐散籠罩於心頭的塵世迷霧，他的精神便永遠不能獲得自由。所以，古賢哲寧可在心靈的自由中清貧生活，也不要在精神的牢籠中富貴享樂。

人生在世，主觀上追求什麼，能從根本上決定一生的命運。追求功名利祿的人，必然活得累。自覺地追求淡然恬然的人，自然是榮辱毀譽不上心；按照自己的原則做人，必然活得輕鬆。物質生活清貧，精神生活應富有。不管外界有多少有形無形的枷鎖，精神意志都必須自由。正如莊子所說：山雞寧願走十步或百步才尋到飲食，也不願被關在籠子裏做一隻家雞。

當然，自由不是隨心所欲。任何自由都必須有其限度、有其規則。絕對自由，在任何制度、任何時候，都不可能存在。自由是創造，是意志的自由。一個人只要思想意志獲得解放，就能夠煥發出極大的創造力，釋放出思想的火花，收穫大量創造的果實。自由是個性。一個人的意志自由，無論他身披幾重枷鎖，他都是自由人。每個人有了應得的那份自由，就會有自己獨特的生活態度、生活方式。若干有個性的人匯成的團體、國家或民族，必會呈現生氣勃勃的景象；千人一面的民族必定死氣沈沈。自由是和諧。社會上每個人都懂得自由的可貴和重要，就會珍視既得的自由，自覺地維護自由，以創造更和諧的環境。

歸根到底，自由就是順心盡興。怎樣才能順心盡興？不可能得之於酒色財氣、吃喝嫖賭，全繫於有追求而不貪心。人要生存、生活，就要有一定的物質條件做保證。即使功名利祿，只要有所付出，也受之無愧。但是，對這些東西的需求若毫無止境，並以此作為人格、價值之追求，只能變成貪心不足蛇吞象。還要奉獻，但不虧心。奉獻作為一種社會道德，它是高尚的，也是每個凡人或多或少可以做到的。

■理順矛盾，泰然處世

——順其自然，絕非聽天由命，而是看得透、認得清、理得順，從而達到重生樂生之境界。

「只要有一個快樂的境界，就會出現一個不快樂的境界相對應；只要有一個美好的光景，就會有一個不美好的光景相抵消。就是說，有樂必有苦，有好必有壞。」任何事物，都有正反兩面，比如天有陰晴，月有圓缺。俗話說：「沒有高山，顯不出窪地；沒有苦，顯不出樂；沒有壞，顯不出好。」可見，事物都是相對的，絕對的事物不可能存在。例如，許多看似幸福和睦的家庭，實際上卻貌合神離，充滿了煙火味。

看事物，如果用辯證的眼光，就不容易走極端。因為，人生的每個階段，每個階段的每一天，都可能遇到這樣那樣的矛盾和問題。你覺得生活太紛繁，總是很忙、很累、很煩、很苦，其原因概出自於這些矛盾和問題的襲擾。你感謝生活，覺得很愜意，緣於你解決了這些矛盾和問題。所謂順其自然，絕非聽天由命，而是看得透，搞得清，理得順，從而達到重生樂生之境界。

世上萬物均有生有滅，人類亦擺脫不掉此種命運。面對從童年、少年、青年、壯年到老年的生理變化，有人歎息：「人到中年萬事休。」有人高唱：「老驥伏櫪，志在千里。」區別就在於對生與死的感悟有所不同。

孔子說：「四十五十而無聞焉，斯亦不足畏也已。」意為：人過中年，身體開始退化，精力下降。話雖有理，可不免失之消極。莊子說：「哀莫大於心死。」心靈或精神的衰老比身體的衰老更可怕。

中年正是人生開始收穫的最佳季節，黃金時代，許多傑出人才的事業都是此時才創立起來。即便是老年人，也照樣可以為生活做出奉獻。正是：「老驥伏櫪，志在千里；烈士暮年，壯心不已。」

《菜根譚》云：「髮落齒疏，任幻形之凋謝；鳥吟花開，識自性之真如。」意思是說：人到老年，頭髮和牙齒會逐漸稀少，這是自然現象，應任其自然而不必悲傷；從小鳥的歌唱和鮮花的綻放，可以領悟到人類永恒的本性。

有生即有死，有死即有生，「方生方死，方死方生。」這就是生命的自然規律。對生和死的態度形成了人的生死觀，也從一個側面決定了人的處世哲學和生活態度。

在《大宗師》中，莊子就把生和死看成一種自然現象。他說：「死生，命也。其有夜旦之常，天也。」意為：人的生和死不可避免，就像日子有白天和黑夜一樣平常。「其生也天行，其死也物化。」一個人的降生依循著自然界的運行，其死亡也只是事物轉化的結果。生若浮游天地之間，死若休息於宇宙懷抱，一切都沒有必要大驚小怪。生也好，死也罷，平平常常，沒什麼可怕的。

莊子的妻子死了，惠子前去吊唁。見莊子不但沒有哭泣，反而兩腿平伸岔開，坐在那裏，邊敲著兩腿中間的瓦盆，邊大聲唱著歌，惠子不解地問道：「你妻子和你生活在一起那麼久，為你生兒育女，現在她老死了，你不哭也就罷了，又敲盆唱歌，是不是太過分了！」莊子回答：「不是這樣。她剛死時，我也難過。後來，仔細一想，從根上說，她最初本沒有生命，也沒有形體；不但沒有形體，連生命的氣息也沒有。起始，她僅僅是夾雜在恍恍惚惚、若有若無的狀態中，而後才有了生命的氣息；這種氣息變成形體，形體再變，就有了生命，現在又變為死。這就像春夏秋冬四季循環運行那樣。她平靜地躺在宇宙這間巨大的居室裏，我若在旁邊大哭，那就是沒有徹悟生命的本質。因此，我不再哭。」

儒家對生死的態度，比道家就顯得格外嚴肅。諸如「死生有命，富貴在天」，「捨生取義，殺身成仁」，「不成功則成仁」，「君讓臣死，臣不敢不死」，「餓死事小，失節事大」等等，其中有唯物的，也有信天命的。如果把天命看作是客觀的自然規律，那麼，信天命也與唯物思想相通。

相較之下，從「善吾生，善吾死」，「善始善終」這個意義而言，道家更為明智、豁達。其中最大之特點就是順其自然，當生則生，不當生則不生，生則好好地生活，死則超然以對。生生死死，死死生生，這是人類的新陳代謝。有新陳代謝，歷史長河才源遠流長，後浪推前浪，一代更比一代強。承認生命的自然屬性，即認可自我生命的時間和空間。一個人的生命是父母創造的，你無法選擇你的家族、身世，更不應抱怨「為什麼要生我」。當然，你也無法選擇你所生存的時代和社會，沒有必要遺憾你為什麼不早生或晚生幾年。

總之，你得承認，正是某個特定的時間和空間決定了你人生的一切自然條件。你屬雞，還是屬猴，由不得你，它是不可改變的現實。

王充在《論衡》中指出：「有死生壽夭之命，亦有貴賤貧富之命。自王公逮庶人，聖賢及下愚，凡有首目之類，含血之屬，莫不有命。」人赤條條來到這世界，什麼也沒有帶來。長大之後，擁有什麼或擁有多少，都不必抱怨。即使面對死亡，也不必恐懼，因為恐懼擋不住死神的魔爪。索性就像莊子那樣去想：你本沒有生命，生命使你享受了那麼多美好，哪怕是淒苦的時光。無論是誰，從生下的那一刻起，就注定必死。生命與整個宇宙的永恒比較起來，只如流星一閃。即便你長壽，也有壽限。所謂「萬壽無疆」，「福如東海，壽比南山」，僅是一種美好的祝願。不論是貴族還是平民，富人還是窮人，男人還是女人，最終都難逃一死。

正是由於人的生死「有定數」，「死生有命，富貴在天」，所以，面對生死，一定要順其自然。大勢已去時，要想得開，別鑽牛角尖。對少年夭折、中年短命、突然之變故、死於非命等等打擊，也要這樣想。切記：一切悲觀消極都無濟於事。

然而，正因為生命是短暫的，就必須重生樂生，在有限的生命歲月，創造更多更高的人生價值，使生命更有意義，不枉來世上走一趟。

對普通人而言，怎樣才算重生？那就是在為社會、時代做出一定之貢獻的同時，努力實現自我價值。為此，美國著名的心理學家馬斯洛提出了以下幾個標準：

(1)深切地認識現實，並妥善地處理好自身與現實的關係。
(2)強化自信心，不假思索地接受自我，承認自己的本性。
(3)行為明朗自然，沒有絲毫做作或過分的表現。
(4)注意力都放在自身以外的問題上，關心人類的基本問題和自然界的永恒問題。
(5)喜歡有自己的天地，傾向於超然獨處。
(6)對於自己置身的社會環境，保持著相對獨立性，依靠自我發展。
(7)閱歷豐富，不斷強化任何來自外界的經驗。
(8)與他人交往，應之以一種親人般的深厚感情。
(9)與一些同樣進行自我實現的人建立深交。
(10)具有深層意義上的民主意識，泯去人與人之間的差別意識。
(11)培養健全的道德。

(12)具有幽默感且富於哲理，毫無敵意；比其他人更少衝動，立身嚴謹，喜歡深思。

(13)具有獨創性，比其他人更為振作和富有朝氣。

(14)尊重傳統，在本文化中能夠生活自如，按照表現自身之特徵的規律而不是按照社會規律生活。

有人把榮譽看得很淡，甘做「榮辱毀譽不上心」的清閒者；也有為爭寵、爭榮，不惜出賣靈魂，喪失人格的勢利小人。榮、辱二字劃開了各種人生世態，畫出了人格的高低貴賤。

「有權勢的達官貴人，像龍飛般氣概威武；有力氣的英雄好漢，像虎奔般打鬥一決勝負。其實，冷眼旁觀，是非成敗猶如群蜂亂舞，如同金屬溶液注入模型，自然冷卻，雪花碰到熱水，立刻融化。成敗榮辱，不過如過眼煙雲，對榮辱和功名不必看得太重。

「布衣可終身，寵祿豈足賴。」

為此，洪應明處世雞湯提醒世人：

第一，勿羨貴顯，勿憂饑餓。

《菜根譚》云：「人知名位為樂，不知無名無位之樂為最真；人知饑寒為憂，不知不饑不寒之憂為更甚。」意思是說：很多人只知道獲得了名譽和地位是人生之樂事，卻不知道沒有功名利祿煩擾的樂趣才是最大的樂趣。很多人只知道饑寒交迫是痛苦的事，卻不知道那些衣食豐足的達官顯貴，整日機關算盡的精神折磨還要痛苦百倍。

中國自古以來，有許多高士不願為官，隱居於山林郊野，在清悠閒逸的生活中獲得樂趣。晉代陶淵明曾任彭澤令，但不願為五斗米折腰，辭官歸田。他在躬耕中忘情於山水田園之間，體驗到人生的哲理。他的詩很多描寫到農村生活，自然深厚，親切有味。躬耕的生活當然比居官清苦，但他從中領略到了樂趣。這反映了他對當時黑暗政治的厭惡，而「桃花源」才是他理想中的美好社會。陶淵明的隱居生活成為中國歷史上的佳話，引起歷代文人名士的稱羨。這種隱居生活，一定程度上正由他的榮辱觀所決定。

在榮辱關係上，為實現順其自然的境界，首先要弄清榮辱的內涵和標準。什麼樣的人生觀，自然會得出什麼樣的榮辱觀。榮辱觀是一個人人生觀、處世態度的重要體現。

有人把出身顯赫視為自己的榮譽，講究某某「世家」、某某「後裔」。就像清末小說《二十年目睹之怪現狀》中所描寫的那五，明明其家世早已敗落，連吃穿用都要依賴他人，他卻仍然「倒驢不倒架」，硬充「鳳凰蛋」，沈醉在滿貴族的出身中而不自覺。

另一種人的榮辱是以錢財的多寡為標準。所謂「財大氣粗」，「有錢能使鬼推磨」，「金錢是陽光，照到哪裡哪裡亮」，以及「死生無命，榮辱在錢」，這些都揭示了以錢財劃分榮辱的標準。現實生活中，人們的榮辱觀在金錢的誘惑下，的確產生了變異。

還有一種是「以貌取人」，把一個人的容貌、長相、風度視為劃分榮辱的標準。愛美之心，人皆有之，乃人之常情。女人因天生麗質而自覺榮耀，待價而沽，以之為謀取名利的資本；男人因天性陽剛，自恃風流，深感幸運。相反，先天缺陷，身患殘疾者似乎就低人一等，遭人羞辱，自己也自輕自賤，深感屈辱，悲觀絕望。這種榮辱觀在現實生活中，特別在青年朋友圈裏，不知釀成了多少悲劇。

以家世、錢財、容貌劃分榮辱毀譽的人，儘管具體標準不同，但其著眼點、思想方法都趨於一致。他們都是從外在的條件出發，把它看成是永恒不變的財富，而忽視了主觀、內在、可變的因素，導致了極端、片面的錯誤，結果吃虧的是自己。

正是針對具有這種榮辱觀的人，洪應明才提出：「勿羨貴顯，勿憂饑餓。」

第二，人生本無常，盛衰何可恃。

《菜根譚》云：「狐眠敗砌，兔走荒台，盡是當年歌舞之地；露冷黃花，煙迷衰草，悉屬舊時爭戰之場。盛衰何常？強弱安在？念此令人心灰！」意思是說：狐狸作窩的破屋殘壁，野兔奔跑的廢亭荒台，都是當年美人歌舞的地方；遍地菊花在寒風中抖動，一片枯草在煙霧中搖曳，都是古時爭霸的戰場。興衰成敗是如此無常，而富貴強弱又在何方呢？想到這些名利地位、是非得失，就會使人產生無限傷感。

世事滄桑，人生無常。那麼又何必計較那些名利得失呢？古人有詩云，「朱雀橋邊野草花，烏衣巷口夕陽斜；舊時王謝堂前燕，飛入尋常百姓家。」其中就包含了「世事滄桑」的思維。為此，洪應明強調「安時處順」的處世態度，對榮辱提出了自己的看法。也就是對客觀的外在出身、家世、錢財、生死、容貌都看得很淡泊，追求精神的超然、灑脫。正所謂：「去留無意，任天空雲卷雲舒；寵辱不驚，看窗外花開花落。」

莊子說：「榮辱立，然後睹所病。」意為：人心中有了榮辱的念頭之後，就會看到種種憂心的事。過分關心個人的榮辱得失，只能憂慮、煩惱。他在《徐無鬼》篇中指出：「追求錢財的人因錢財積累不多而憂愁；追求地位的人因職位不高而暗自悲傷；迷戀權勢的人特別喜歡社會動蕩，以便從中擴大自己的權勢。」由此，他得出結論：「不追求官爵的人，不因高官厚祿而喜不自禁，也不因前途無望，窮困貧乏而隨波逐流，趨勢媚俗。在榮辱面前，他一樣達觀，皆無所謂憂愁。」所謂「至譽無譽」，最大的榮譽就是沒有榮譽。名譽、地位、聲望都算不得什麼。即使行善，也不要留名。

《老子．四十六章》說：「知足不辱，知止不殆。」這是在告誡世人，必須懂得榮辱的分寸。知足就不會受辱；知道適可而止，就不會遭遇不幸。又說；「禍莫大於不知足，咎莫大於欲得。」不知足是最大的禍患，貪得無厭是最大的罪過。把錢財、家世、容貌視為榮辱之標準的人一般都不知足，越有越想有，越有欲望越盛。欲望太盛，就會生出邪念，為擁有更多的財權而不擇手段，由敬財、愛財而貪財、聚財、斂財，甚至於見錢眼開、巧取豪奪、惟利是圖、謀財害命。

第三，寵辱不驚，去留無意。

《菜根譚》云：「寵辱不驚，閒看庭前花開花落；去留無意，漫隨天外雲卷雲舒。」意思是說：對於一切榮辱都無動於衷，用安靜的心情欣賞庭院中的花開花落；對於官場的升遷和得失都漠不關心，冷眼旁觀天上浮雲的隨風聚散。

許多人羨慕名利地位，殊不知當官容易罷官難。身居官位時，驕傲陶醉，一旦下野成為平民百姓，就會失去心理平衡，猶如跌進了深淵。中國人積累了幾千年的人生經驗，就像一本厚厚的書，開卷便覺觸目驚心：名利場宦海浮沈，潮起潮落；富貴鄉人為財死，鳥為食亡。所以，雄心萬丈地在仕途中進取的同時，也很有情趣地在做出世的準備，免得從金字塔一落千丈時萬劫不復。官場少有長青樹，財富總有用盡時。若練得寵辱不驚，去留無意的功夫，又怎會有淒涼與悲哀的心境出現？

「寵辱不驚」、「去留無意」，方能瀟灑自如。當一個人憑自己的努力、實幹和聰明才智獲得了應得的榮譽、獎賞時，應該保持清醒的頭腦，切莫受寵若驚，飄飄然。

有的人在榮譽寵祿面前也許能經得起考驗，但他未必能經受得住屈辱和打擊。所謂「富貴不能淫，威武不能屈」，「寧為玉碎，不為瓦全」，「士可殺不可辱」等，都是對古往今來那些豪傑英雄的讚美詩。在橫遭委屈、侮辱、誤解，甚至身陷冤獄時，必須不驚不乍，看得遠，能爭則爭，該鬥則鬥，不值得爭鬥的就隨它去吧！

坎坷人生，憂喜參半；酸甜苦辣，五味俱全。三教九流，各色人等，各有各的憂喜，憂喜無時無刻不在攪擾著人。最佳的處世態度是：「順逆一視，欣戚兩忘；當喜則喜，當憂則憂。」

讀書人為學校是否理想而憂喜；做工的人為產品積壓而憂愁；種田的人為糧食豐收而欣喜；文藝作家為藝術的低谷而憂慮；教育者為桃李滿天下而欣慰；平民為生計而奔波；政治家為國事而操心。憂喜無時無刻不在攪擾著人。「上帝」最公平，他把憂喜分給了每一個人。只是，憂喜的內容和大小有所不同。憂喜這對矛盾像人的影子一樣，自始至終伴隨人生；而且，憂也好，喜也罷，與人情世態息息相關。

為此，洪應明提出了「順逆一視，欣戚兩忘；當喜則喜，當憂則憂」的憂喜觀。

第一，順逆一視，欣戚兩忘。

《菜根譚》云：「子生而母危，鏹積而盜窺，何喜非憂也；貧可以節用，病可以保身，何憂非喜也。故達人當順逆一視，而欣戚兩忘。」意思是說：母親生孩子非常危險，積蓄錢財容易招引盜匪。可見，任何一種值得高興的事都同時帶有危險性。貧窮的人可以節儉地過日子，得病時可以學會保養身體的方法。可見，任何值得擔憂的事也都伴隨著快樂之可能。所以，心胸開闊的人，對待順境和逆境的態度相同，因而也就沒有什麼高興和悲傷了。

的確，事物是可以轉化的。好的事物可以轉化為壞的事物，壞的事物也可以轉化為好的事物。所謂：「禍福無常，利弊相隨。」任何事物皆不可能兩全，總是有得必有失。再者，「塞翁失馬，焉知非福？」有了失敗並不可怕，只要善於吸取教訓，總結經驗，還怕不能成功嗎？正因如此，真正心胸開朗豁達的人把順境和逆境都看成一樣，身處順境時不驕，身處逆境時不自暴自棄。這是在對待憂喜問題上順其自然。

面對世事，大則憂國憂民，感時憂憤，小則憂家憂己，往往都是憂多於喜。為此，洪應明處世雞湯提出兩種應對之方：

(1)「知足」。老子說：「知足之足，常足矣。」人往高處走，水往低處流。誰不想生活好些，精神安逸些？想歸想，未必都能一一滿足。各種理想、願望若未能成為現實，就要學會承認和接受它，不消極、不失望，自己求取心理的平衡。可以和過去比，和自己比，而不要和高於自己、強於自己的人比。比如，你的收穫不如付出多，那就和付出比你更多，獲得比你還少的人比，這樣你心理就舒服了。

「知足者常樂。」多數情況下，這是指物質條件的獲得，物欲的滿足。不要無限制地追求那些不現實、得不到的東西。人不可物欲太強烈，有了星星，還想要月亮，有了月亮，還想要太陽，乃至於恨不得把整個宇宙都抱在懷裏。不知足就必然貪心，人一貪心，就容易生出許多惡行，最終不但害了他人，也害了自己。「知足」之方在你憂愁煩惱之時，會使你找到心理平衡，克服種種不切實際的欲望，特別是物欲。

(2)尋樂。也就是要懂得自得其樂。在生活和工作中，不是任何付出都能得到回報。有時生活中明顯不公平，這時候，千萬不可激動，幹出無法收拾的傻事。比如評級長薪，你的確有條件，但因為只有一個名額，有關方面出於平衡關係或其它考慮，給了另一個人。在這種情況下，千萬要想得開，不能耿耿於懷，憂心忡忡，更不能失去理智。最好的辦法是自寬自己的心，自己找樂子。

其實，憂和喜是事物給人帶來的兩種心情，必須善於從多個角度思考問題，大可不必鑽牛角尖，憂心忡忡，更不用哭天抹淚兒。

第二，君子之心，雨過天晴。

《菜根譚》云：「霽日青天，倏變為迅雷震電；疾風怒雨，倏轉為朗月晴空。氣機何嘗一毫凝滯？太虛何嘗一毫障塞？人之心體亦當如是。」意思是說：晴朗的天空會突然陰雲密布，雷電交加；狂風暴雨的天氣轉眼變得明月高掛，晴空萬里。

人是大自然有機組成的一部分，肉體和精神的活動都應盡可能符合生命的自然本性。比如人的喜怒哀樂之情是與生俱有的，如果該喜不喜，該怒不怒，時間一長，勢必造成內心的扭曲。天要下雨，這是自然規律。雨過後，天空自然轉為晴朗。人的心中有陰霾，這是人之常情。事情過後，心境亦應恢復明朗。

「當憂則憂，遇喜則喜。」這不是說，應該隨心所欲，跟著感覺走，要怎樣就怎樣，無拘無束無節制。在此，必須掌握一個「度」字。凡事都有個限度和分寸，過了那個限度和分寸，就會走向極端。追求自由和放縱自我之間只是一步之隔。憂忿過度會導致對現實不滿；樂極會生悲；無限制地「享受生活」，難免墮落。因此，凡事把握住那個「度」，就把握了自己。並不是什麼人在什麼場合都能把握自己，只有那些有人格的人才能抵住各種誘惑，確立自己的形象。「度」重要到可以區別人性和獸性，所以更要特別把握住。雖說「飲食男女，人之大倫也」，但只有這個「度」字才是真人還是「類人」的試金石。切不可因抵不住誘惑而亂了方寸，失去了這個「度」。

此外，「當憂則憂，遇喜則喜」，從某種意義上說，就是要當機立斷，拿得起，放得下。當斷不斷，必生後患。如果某個問題緊迫地提出來，不了斷不行時，就得率然為之，並做好不後悔的心理準備。

有時客觀環境不變，或變化比較小，就得靠主觀調節，努力減少憂慮，多尋找一點快樂。把目光放遠些，不要為眼前的境遇所困擾，被蠅頭小利所誘惑。要相信未來總會有希望和欣喜在等著你。自覺到了無計可施、無路可走、山窮水盡之時，就應該想想是否太急功近利，急於求成了。預先能有個長遠的思慮，把長遠的打算與近期目標結合，比較合乎做事的規律。如果因為當初缺乏「遠慮」，而出現了眼前的憂愁，那就得面對現實，再做策劃，不必因此而愁上加愁。

處世待人寬厚與淡泊之間必須拿準尺度，因為寬厚過度就流於奢侈，淡泊過度就流於吝嗇。只有親疏適中，若即若離，不趨不亦，做人才能合群受敬，左右逢源。

《菜根譚》云：「念頭濃者，自待厚、待人亦厚，處處皆濃；念頭淡者，自待薄、待人亦薄，事事皆淡。故君子居常嗜好，不可太濃豔，亦不宜太枯寂。」意思是說：一個人若欲望強烈、情趣豐富，他對待自己會很優厚，對待別人也會很優厚，事事處處都帶著一股濃郁的人情味；若律己嚴謹、情趣寡淡，他對待自己會很刻薄，對待別人也會很刻薄，事事處處都給人一種冷淡之感。一個君子，日常的生活趣味，既不可過分濃烈，也不宜過於枯燥。

親疏遠近是人際關係中無時不有的矛盾。且不說在物欲橫流的經濟社會，人際關係直接與經濟效益掛鉤，就是在個人和家庭生活中，這種矛盾也時有發生。從某種意義上說，人的一生就糾纏在各種各樣親疏關係的矛盾之中，若能藝術地協調好各種關係，就可以生活愉快，工作順利。

在親疏關係上，要做到順其自然，首先要確定親疏標準，而後視其情況，當親則親，當疏則疏，若即若離，不趨不亦。當親不親，為仇者快；當疏不疏，為親者忌；若即若離，為「距離美」；不趨不亦，為人格美。達到這一境界，表面看來十分瀟灑、超脫，實行起來絕非易事，其中有許多微妙之處，難以察覺，也不易把握。

第一，不以權勢論親疏。

生而為人，幾乎每時每處都要同大大小小握有權力、擁有勢力的人打交道。真正意義上的自然和諧，就是不以權勢大小決定與他人親、疏、遠、近。親權勢者，疏無權無勢者，那是勢力眼。親權勢大的，疏權勢小的，必導致權勢相爭。兩者取其中，就是敬而遠之，「公事公辦」，不搞拉拉扯扯那一套，也不要把精力和心思花費在研究某某「背景」之上。以權勢視關係之親疏，實則是親一時，疏一世。凡是這樣「套」來的親，沒有長久的。因為權勢本身就不是永恒，而屬無常，以此為籌碼的親疏當然不會長遠。但「權勢」確實有用。所以，真正做到不趨不亦，不以權勢為標準決定親疏遠近，十分不容易，是真正「禪」透了人生之玄機。

第二，不以錢財論親疏。

人不可一日無錢財，但切不可為錢財所累。以錢財論親疏，是認錢不認人的卑賤小人。家庭倫理關係中，如果以錢財論親疏，必然六親不認，認賊作父，恩將仇報的醜劇、鬧劇就會上演。這種親疏觀，不僅喪失人性，也敗壞公德，只能讓世人鄙夷，本人的靈魂也永不會得到安寧。

第三，不以有用沒用論親疏。

有些人在與人交往時，看重的是對方有沒有用：有用，好使，則親；沒用，不好使，疏遠。這裏的「有用」、「沒用」和權勢固然密切相繫，但還是有所不同。趨炎附勢者不一定都想直接從權勢者手上獲取什麼，他們主要是為了拉大旗做虎皮。以有用沒用論親疏的人則完全是功利主義的。善於廣交朋友，這未必不是好事，說明自己有社交能力。但如果專揀有用的交往，這就勢必在親情、友情、人情中夾雜了功利。親疏只要帶上功利色彩，肯定就會釀出悲劇。多少人生實踐已證實了這一點。

任何社會，任何時代，都有強者和弱者、能者和無能者。假如人際關係中專以「有用沒用」論親疏，最終必然導致弱肉強食，恃強凌弱。何況，任何人都難逃生老病死、榮辱毀譽的自然規律，以有用沒用論親疏，實與自然規律相扞格。

第四，「遠來的親戚最吃香」。

居家過日子，親戚們久居一處，或常常往一塊聚堆，必然生出許多家庭矛盾，或為財產，或為家事，或為子女，越搞越亂乎，直到眾叛親離，鬧得雞飛狗跳才罷休。最佳的「度」是無事時疏淡些，需要時聚一聚。若即若離，反而可以戀戀不捨。

最應改善的是中國人的親子之情。為人父母者，總是不肯讓兒女盡早獨立；即便到了「放飛」之時，仍戀戀不捨，憂心忡忡。這種親情反倒害了兒女，使兒女不能盡快適應社會。如果盡早在形式上與之「疏遠」，兒女就能逐步學會獨立。這是成全了他們，是真正意義上的親。鄰里相處也一樣，「雞犬之聲相聞，老死不相往來」不足取，但也不宜過分親密。凡過分親密，必生摩擦，於是出口不遜，你長我短，揭老底，戳痛點，攪得雞犬不寧。就算是「遠親不如近鄰」，也需要掌握好分寸，若即若離。

第五，「霧裏看花花更美」。

戀人、夫妻之間，有時卿卿我我，有時惡語相加，都是人之常情。婚姻正是因為這些風風雨雨而倍添浪漫情調。但是，若要天長地久，則應順其自然，不可強行親、疏，甚至不妨在出現問題時保持一段距離。情人、夫妻之間本就感情大於理智，所謂「情人眼裏出西施」；反目以後，西施也成了醜八怪。保持一定的距離，就能理智些，互相把對方的好處、長處多打點分，差處、短處少打點分。表面的疏是為了更親更近。有時相敬如賓的一對，有一天突然客客氣氣地說再見，而整天吵吵嚷嚷的一對，反而天長地久。其中的親、疏關係確實很微妙，關鍵仍然在於順其自然，不可勉強。

第六，「君子之交淡如水」。

朋友相處，遠近親疏，自然應以真摯的友情為重，或聚或散，也當順其自然。生活中，沒有人不需要友情。當然，朋友、友情的價值和尺度有所不同。有人以情會友，重神交；有人以文會友，重文采；有人以酒會友，酒肉相交；有人以權會友，官官相護；有人以商會友，互惠互利。朋友又有大朋友、小朋友，男友、女友，莫逆之交、忘年之交。有人高朋滿座，一杯清茶，兩袖清風；有人狐朋狗友，幫派相邀。

洪應明處世雞湯告誡世人：無論朋友多麼重要，友情多深，都應當聚則聚，聚則有益，當散則散，不必傷感。千里搭涼棚，沒有不散的筵席。真正的朋友，總是心照不宣，千里共嬋娟。因此，清靜之人、雅儒之士，既看重友情，又不因朋友相聚復分離而傷感。同時，順其自然的人，主張「君子之交淡如水」，淡物，不淡情。為講義氣而大把大把地揮撒錢財，實為一種俗氣而累人的交遊。

把握處世行事的尺度很難。到世上走一遭，固然不能與他人同流合污，但還要儘量避免因故作清高而帶來孤立和排擠。「真」、「假」之間，順其自然為最佳。

處世行事，既需要良好的道德水準，還要以豐富的人生歷練為基礎。不同流合污、阿諛奉承是對的，但還要避免小人的打擊、排擠。切不可標新立異，故作清高，令常人覺得你是怪物。君子不懼小人惡，但也應當保持自己的人格而不嘩眾取寵。如果君子處世持美德，行事卻令人厭，豈不有失本意？什麼事趨於極端，就是走到反面。

那麼，到底是做個「真人」，體現出真正的自我？還是做個「假人」，埋沒自己的本性？答案當然是前者。但是，一定要巧妙地把握分寸，以順其自然為最佳。

《菜根譚》云：「處世不宜與俗同，亦不宜與俗異；做事不宜令人厭，亦不宜令人喜。」意思是說：為人處事，既不應該隨波逐流，喪失個性，也不要自命清高，或標新立異；做事時，既不可以處處惹人討厭，也不要凡事人云亦云。

荷花出污泥而不染的品格確實難能可貴。世俗人則是：「近朱者赤，近墨者黑。」成為「真人」是最高原則。不能以為有個人的模樣、形體，懂得飲食男女、七情六欲，就是真人。人海茫茫，假人大有人在。所謂假人，即只懂得飲食男女，活了一輩子也渾渾然，不知道何謂真人生。

那麼，怎樣做才能成為「真人」？

第一，「天然雕飾」。

《莊子．刻意》中說：「能體純素，謂之真人。」純即純粹、完滿；素為自然淡然。愛美之心，人皆有之，且扼殺不了。美有多種形式和風格，人之美也同樣有多種色彩、樣式和風格。返璞歸真，自然純素正是人對美的獨特追求。

現代人擁有比原始人不知優越多少倍的物質條件；化妝術、美容業極度發達，更為現代人改善外在美提供了充足的條件。有人甚至認為，不化妝的女人好比商品沒有包裝。強烈的物欲和功名欲已使許多人從外表到內裏都顯得假裏假氣，矯揉造作。

相比之下，自然純素顯得清新高雅，不落俗套。幼稚無知，並毫不掩飾地流露出來，雖然不是美，但很可愛。追求天然純素，不是不要任何修飾，而是要順其自然，因勢而雕。即「以主體自然去表現客體自然」，實現「天人合一」，渾然一體。一些著名的風景，本來自然天成的石頭有的像駱駝，有的像大象，稍加雕飾，就會更加逼真，所呈現的審美價值既非自然，也非人工所能達到。人也一樣，任何純自然的東西都不可能那麼完美無缺，先天之缺憾在每個人身上都可能找到。所以，後天的修飾是必要的，缺什麼補什麼，以達到內外統一。

第二，表裏如一。

《莊子．漁父》中說：「真者，精誠之至也。不精不誠，不能動人。故強哭者，雖悲不哀；強怒者，雖嚴不威；強親者，雖笑不和。真悲無聲而哀，真怒未發而威，真親未笑而和。真在內者，神動於外，是所以貴真也。」意為：「真」是精誠的最高表現。不精誠，不能感動人。所以說，哭得凶，雖悲而不哀傷；勉強發怒的人，雖嚴而不威；勉強親近的人，雖臉上有笑，卻不和藹。真正的悲傷是無聲的哀痛，真正的憤怒是沒發火就顯出威嚴，真正的親近是不笑也和藹。

現實生活中，這些現象的確存在，哭聲最大的未必是孝子，滿臉堆笑的常常肚裏藏刀。人際關係中，這種表裏不　，缺少精誠的人只能混一時，而無法混一世。

第三，深沈充實。

人們常說：「真人不露相。」大凡真人，都美於內在，深沈充實，不事賣弄，不夸夸其談，更不故意引人注目。但熟悉他的人都懂得他的價值和分量。他靠那種內在的真誠之美，吸引著周圍的人。他的學識、地位、品格、檔次不必說出，高者自能領會。相反，那種肚裏本沒什麼貨色，卻張牙舞爪，耐不住寂寞，總要引人注目者，肯定是自討沒趣，自取其辱。

「假作真時真亦假。」要做「真人」，就難免與「假人」遭遇。在某些人看來，「不說假話，辦不成大事。」但是，假的終究真不了，多半也只能維持一時。

切記：真人要順其自然地做，不可「硬」裝，硬裝肯定會做出假來。順其自然，就是確定做「真人」的目標之後，便從眼下腳下起步，逐漸去接近目標；一點一滴，人前人後，實實在在地做；時時處處以人格為準則，與世無爭，與人為善，於心無愧。做真人，客觀上為社會、為他人，主觀上是為自身人格的滿足。

大凡做人若要圖點什麼，煞有介事，肯定是既勞身又勞心，必定累得精疲力竭。「硬」做人，久而久之，便成為「雙面人」，人前一樣，獨處時另一樣。到頭來，連自己都不知道自己是誰。

在一般人看來，靜是淡泊，是高雅；動是忙碌，易俗氣。其實，任何人都有動的時候，也都有靜的時候，動靜得宜，才是順其自然的最佳境界。動中有靜，靜中有動，動靜合宜，才不失人生的節度。

《菜根譚》云：「好動者雲電風燈，嗜寂者死灰槁木；須定雲止水，中有鳶飛魚躍氣象，才是有道的心體。」意思是說：過於好動的人就像雲中的閃電，來去匆匆，又像風中的油燈般搖擺不定；過於愛靜的人則像燃滅的灰燼，死氣沈沈，又像枯槁的樹木般萎靡不振。一個人的內心世界應該如同天上不動的雲、河中沈靜的水，看上去雖然沈穩平靜，其中卻有鳶鳥高飛，魚兒歡躍，這才是真正有德有智的心胸。

這段話中道出了靜和動這對矛盾關係的處理。朱熹說：「安靜中，自有一個運動之理；運動中，自有一個安靜之理。」王夫之說：「動靜不可偏廢……靜者靜動，非不動也……動之極而後靜……靜之極而後動。」這些觀點都可以作為對洪應明「動靜合適，道之真體」的注解。

對於「靜」和「動」的解釋，儒、道、禪各有不同，但有一點相通，即三者都表現出一種內向性和神祕感。道家所謂的「靜」，顯然是指心之靜，靜寂的心靈不可受外界襲擾。而且，清靜要順乎自然，在不知不覺中實現。如果著意追求，那就有悖於自然，不合道家所謂「靜」之本意。儒家更注重內心的修煉，皈依佛門者多是在滾滾紅塵中因功名利祿，乃至情緣所累，看破紅塵，試圖尋找一種「六根清淨」的境界。至於禪宗所謂「靜」，則更直接，要求「靜坐」，在靜坐中達到「頓悟」或「漸悟」的目的。

由此看來，在靜和動這對矛盾中，古人非常看重「靜」，不但把它視為一種很高的境界，而且以之為「治國馭臣」之道。《管子．心術上》中說：「是故有道之君，其處也若無知，其應物也若偶之，靜因之道也。」也就是說：懂得治國馭臣的君主，平常看起來好像什麼事也不知道，漫不經心，不動聲色，處於一種「虛靜」狀態，實際上他擁有很強的應對能力。

「靜」還是一種產生智慧之源。因此，古人有「靜則生慧，動則成昏」之說。

洪應明「動靜合適，道之真體」的思想很貼近靜動的辯證法。動和靜永遠相隨相伴，不可能斷然分開。動是運動，靜也是一種運動。世上的事事物物，沒有一件不是永恒而無休止地在運動。或許因為靜是相對的、有條件的、特殊的，所以人們才格外難以企及它；而人類對於越是難以企及的東西，越想得到。所以，要順其自然，「主靜」而不囿於靜，必須也只能把「靜」視為一種處世料事的策略，而實質上仍尊重「動」，讓「動」順國利、隨民心、合己意，以達到改造客觀，實現自我的目的。需靜則靜，需動則動，有靜有動，動靜結合，才是真正的待人處世之道。

第一，面對生存的環境，要懂得靜觀其變、以靜制動。

人所面臨的生存環境永遠處在變化不定之中。即使社會大環境非常穩定，具體的小環境也在變。總之，不是大變，就是小變，變是永恒的。現實生活中的這種變通常不以人的意志為轉移。在這種情況下，要做到順其自然，就是要從客觀上確立一條原則：靜觀其變，以靜制動。這又包含兩層含義：

(1)要冷眼看世界。把一切變化都視為正常的，不驕不躁，以自己既定的方針面對種種變化，搞清變的動因、契機，把握動的脈搏和趨向。有了善於靜觀其變，以靜制動的素質和能力，即便日理萬機，千頭萬緒，也會理得條條是道，事事在理。

(2)臨大事不驚。生活中常常有突發性事變，令人驚慌失措。這時應不驚不乍，面不改色，神情自若，顯示出一種驚人的冷靜和應變力。「臨大事而不驚」，不是那種急時抱佛腳，平日不燒香的人所能達到的境界。它是要平時日積月累，大事小情都泰然處之，不慌不忙，才能夠逐漸養成的風度和應變能力。當然，腹中空空，不學無術，從未獨立面對現實生活，任你怎麼煉，也還是要臨陣脫逃。只有勤奮學習，努力實踐，積極投入生活之中，才能逐漸養成靜對現實，瀟灑自如的能力。

第二，鬧中取靜，寧靜致遠。

塵世越嘈雜，越無道，人們似乎越發渴望處於一片寧靜的樂土。這種「鬧中取靜」的境界，對於現代人來說，更是難以企及。因為生活在競爭激烈的時代，身不由己，根本不可能徹底放棄追求。有追求，就避免不了嘈雜。所以，追求寧靜，只成為現代人的一種理想的人生狀態。生活節奏太快，負擔太重、太累，要休養生息，就希望有張有弛，有動有靜。事實上，現代都市中根本無法找到一片寧靜的樂園。但有追求，就得自己去尋找，「鬧中取靜」就成為一種「硬」功夫。古今知識分子追求寧靜，首先是設法擺脫嘈雜的外在事物的干擾，安安靜靜讀點書，做點學問，並非逃避現實。

「鬧中取靜」的另一層含義則是指個人擺脫物質欲望的誘惑，追求一種純粹意義上的精神文明。為官，清正廉潔，有權卻無錢無勢力；為文，則是兩袖清風，學富五車。直至今日，有些專家學者仍是穿著寒酸，買書大方，囊中羞澀，著作等身，常被人諷為「不識時務」。可他們安於這種清苦的生活，矢志不渝地追求精神自由。

第三，靜如處子，動如脫兔。

動靜合適，就是順乎客觀，順其自然。看重「靜」，不是不要動，而是「主靜」者追求淡泊的生活，工於自我內心的修行。反之，「主動」者大多鋒芒外露，工於外部攻勢的培養。要順其自然，就要辯證處理，順勢，順意，不可強求。能靜則靜，「此時無聲勝有聲」，「靜如處子」，恬靜可愛；能動則動，挾風雷，遂日月，驚天地，泣鬼神，這才叫瀟灑自然。

今天，動和靜似乎也成為人們對兩種人才類型的概括。重傳統的人往往屬於性格文靜的人，有現代傾向的人則性格外向。前者善於謀劃，後者善於開拓。只是，真正的人才應當能文能武，動靜結合，既善於謀劃，又能開拓新局面。主「動」者，輕視「靜」，只能踢頭三腳，燒三把火，缺乏後勁，前途未必光明；主「靜」者，只工心計，述而不作，缺乏盡快適應環境的能力，有後勁而無近功。因此，應當將動、靜結合起來，根據需要和可能，順其自然地發揮動、靜的優勢。

爭強好勝之心，人皆有之，關鍵在於對「剛與柔」的把握。在大是大非、天下興亡的大義面前，不爭何待？在名利場、富貴鄉或人際是非中，退一步、讓一步，有何不好？

《菜根譚》云：「爭先的徑路窄，退後一步自寬平一步；濃豔的滋味短，清淡一分自悠長一分。」意思是說：一個人若爭強好勝，就會覺得道路狹窄，後退一步，凡事忍讓，就會覺得道路豁然開朗；過於濃豔的味道，容易讓人生膩，清淡一些則會覺得滋味歷久彌香。

生而為人，應當善於在艱難中奮鬥。但凡事亦不可強求。因為強求的結果，只會堵住前進的道路，使生活之路變得狹窄。尤其是人與人之間相處，過於計較，就會傷害雙方的感情，導致不和睦。這正合老子「守柔不爭，非不剛也」的思想。

生活中有剛強者，也有柔弱者。但是，剛強和柔弱，在一定的條件下可以轉化。一個素性剛烈的人，有時可能會表現得柔弱綽約；相反，一個素來柔弱的人也可能表現出從未有過的剛烈性子。再者，有些表面剛烈的人，關鍵時刻常常缺乏承受力，經不起打擊和挫折；某些表面柔弱的人，其內心承受力卻異常驚人。總之，該柔則柔，能剛則剛，剛柔相濟，才能達到陰陽和諧，順其自然的境界。其具體含義如下：

第一，為人不可氣太盛。

沒有競爭的意識和本領，就不要亂撞亂闖，免得頭破血流。剛烈者，有競爭意識，也有能力參與競爭，也不必非爭個頭破血流。人生在世，要有口氣，活得像個人樣，而別像「意怠」鳥，畏首畏尾，揀人家的殘湯剩飯，甚至在人家的胯下生存。但是，也別心氣太盛，總是當仁不讓，什麼事都要拔尖兒。在家庭關係中，要守柔不爭，長幼有序。在單位中，別見到什麼名利好處，就削尖了腦袋去爭，讓人看不起。如果大家都能做到「守柔不爭」，在條件、名額、好處有限的情況下，事情就好辦得多。即使那好處、名利真的理該屬於你，因某種情況，你沒有得到，也要超脫點，心胸開闊些，甚至甘願承認自己是弱者。這樣不但不會死，反而有益於安定、團結，有利於養生。

人生在世，無非是爭兩樣東西：爭氣、爭利。爭氣，值得，但不可太盛；爭利，不值得，也為人瞧不起。要守得住「柔」，那就得像古人所說：「處利讓利，處名讓名。」即便是主張平等競爭，也不可氣太盛，超越現實，脫離實際，不看條件，一味盲目地與人爭，結果連老本都搭進去，到頭來連自己也搞不清究竟要爭個什麼。量力而行，審時度勢，才可能有理、有利、有節地實現奮鬥的目標。

第二，不以勝負論英雄。

世上沒有常勝將軍，不應以一時的勝負論人的短長。生活中，為了一點雞毛蒜皮的小事，斤斤計較，患得患失，誰也不肯少說一句，結果是愈演愈烈，鬧得不可收拾，事後必悔恨不迭。因意氣用事，觸犯刑法，或死或殘或入獄的例子時有發生。甚至在家庭和親人之間也會發生這樣的悲劇。就事業而言，無論條件多好、能力多強，事業都不可能一帆風順，永遠處在高潮期。有高潮，就有低谷。命運之神有時很仁慈，對你很關照，使你心想事成，美夢成真；可有時候他很忙，忘記關照你，結果你凡事不順，著著落空。每當處在低谷時。就應當瀟灑地想一想：自己也曾輝煌過，失敗一次，倒楣一次，算不了什麼。或者你老是不走運，那就更沒什麼負擔和壓力。萬萬不可因一時受挫、一遭失敗就自暴自棄。

第三，得饒人處且饒人。

有些人，無理爭三分，得理不讓人；也有些人雖真理在握，也讓人三分。前者是社會中的不安定因素，後者則具有一種天然的吸引力；一個活得唧唧喳喳，一個活得自然瀟灑。假如是重大的是非問題，自然應當不失原則地論個青紅皂白，甚至為追求真理而獻身。但是，日常的待人處事中，往往為一些非原則問題爭得不亦樂乎，誰也不肯甘拜下風，非得決一雌雄才快活，結果嚴重的大打出手，鬧個不歡而散。爭強好勝者未必掌握真理，而謙下的人原本就把出人頭地看得很淡，更不可能為一點小是小非而爭論。

第四，以柔克剛，當仁不讓。

洪應明處世雞湯並不一味地勸人明哲保身，全身遠禍，而是強調既謙下，又當仁不讓，順其自然，當柔則柔，該爭則爭。一味地謙下，不是虛偽，就是窩囊。人要是窩窩囊囊地活著，既活得沒有人格，也不利於養生。所以，一方面要做個「守柔不爭」的謙下君子，另一方面也要當仁不讓，以柔克剛，不爭則已，爭則勝之。總之。待人處世不能一味地講「柔」，更不能一味地求「剛」，剛柔相濟，才能成為真正的智者和贏家。

第4章

厚德積福，寧靜致遠

視欲望為洪水猛獸，把人世間一切煩惱都歸咎於不懂得節制，這是不公平的。的確，欲望的膨脹可以使人「魔性」十足。但是，人們一旦有了高尚的道德和純潔的心靈，欲望同樣可以產生支撐生命的精神能量。可見，靈魂上的追求才是戒除心中「魔障」的關鍵所在。如果一個人沒有靈魂上的追求，他不是想占有一切的貪欲者，就是一個無能者。有了靈魂上之追求的人，才能將肉欲、物欲轉化為創造欲和生命力。因此，在洪應明看來，單純的節制和壓抑必無法長久；只有厚德積福，才可以寧靜致遠。

■厚德載物，雅量容人

——有量無德，缺乏完善的人格這個基礎，終將一事無成；有德無量，陷入孤立無援的狀態，同樣難成大業。

高尚的道德是成就事業與完善人格的基礎。歷史上的匆匆過客，在歷史舞臺上演出了一幕幕悲喜劇，其中，有才無德的人俯拾皆是。因此，哲人才說：「英雄並非以思想或強力稱雄的人，而只是靠心靈而偉大的人……沒有偉大的品格，就沒有偉大的人，甚至也沒有偉大的藝術家、偉大的行動者。」可是，一個心地純真、修養很高的人往往缺乏容人的雅量，因為自己道德自律嚴，便由己及人，或者太孤芳自賞、自命清高而使自身陷入孤立無援的狀態，就談不上事業有所成就了。只有具備「厚德載物，雅量容人」的胸襟，才可以面對複雜的人生。

假如一個人不懂得「立德」，連「不昧己心，不盡人情，不竭物力」的起碼道德修養功夫都不具備，就談不上「為天地立心，為生民立命，為往聖繼絕學，為萬世開太平」的人生大業。

一個要在事業上有所作為的人，必須從自我修養做起。就是在日常生活中，他也應具備基本的品德修養，繼承傳統的美德。

為此，洪應明處世雞湯提出：

第一，厚德積福，修道解厄。

《菜根譚》云：「天薄我以福，吾厚吾德以迓之。天勞我以形，吾逸吾心以補之。天厄我以遇，吾亨吾道以通之。天且奈我何哉？」意思是說：老天不賜給我福分，我就用加強德行的辦法對待。老天勞累我的身體，我就用逸養心境的辦法補償。老天給我設置了很多困苦，我就開拓出自己的道路，闖過難關。這樣一來，天又能對我怎麼樣呢？

古人相信存在一個上天，可以主宰人的命運。實際上，人的命運應該由人自己主宰。可是，人們又常常希望做的事卻做不成，不希望發生的事情反倒發生。為什麼？這是因為客觀環境與你的主觀願望常常不能吻合。那麼，人在這樣一個客觀環境中，應該怎麼做？應該加強主觀的努力。這種主觀努力，除了奮鬥不息、保持樂觀情緒和良好的心理狀態外，最重要的是加強道德的修養。「天道無私，常與善人。」只要能堅持自身道德的修養，終將得到好報。

第二，人死留名，豹死留皮。

《菜根譚》云：「春至時和，花尚鋪一段好色，鳥且囀幾句好音。士君子幸列頭角，復遇溫飽，不思立好言、行好事，雖是在世百年，恰似未生一日。」意思是說：在風和日麗的春天到來之時，花草樹木就會為人間鋪就出一派美好的景色，百鳥也婉轉動聽地啼鳴。有幸已經顯露出才華和氣概的君子，又過上衣食豐盈的生活，如果不肯為社會創立一些有益的學說，為世人做一些有益的事，那他即使長命百歲，也如同一天也沒有活在世上一樣。

人生活在世上，當然需要溫飽。但溫飽之後，只懂得及時行樂、花天酒地，這種人不過是行屍走肉罷了。從古到今，「身前重名，身後重譽」是一個傳統。而所謂「名譽」，就是古人所說的「立德」、「立言」、「立行」。比如，為官者，他的聲譽取決於他的政績如何，所謂「得時當為天下語」，一定要為天下蒼生和後世子孫多做一些好事。退而求其次，也應完成幾部不朽名著。

第三，心地光明，念頭勿昧。

《菜根譚》云：「心體光明，暗室中有青天；念頭暗昧，白日下有厲鬼。」意思是說：心地光明磊落的人，即使被黑暗包圍，也會像萬里晴空一樣坦蕩；心理陰暗的人，即使在光天化日之下，也會膽戰心驚，如同惡鬼纏身一般。

俗話說，「身正不怕影子斜。」「腳正不怕鞋歪。」「生平不做虧心事，半夜不怕鬼叫門。」或曰：「做賊者心虛。」「疑心生暗鬼。」「若要人不知，除非己莫為。」這些都是在說明：只要自己立身處事正派，就不怕邪門歪道找上門來。

白天與黑夜都是人類的財富。白天給人以活動、熱鬧、歡樂，黑夜給人以休息、寧靜、思考。一個心地光明的人既喜歡白天，也不會懼怕黑夜。而一個心地陰暗的人，白天難免坐臥不寧，黑夜更會輾轉反側。

大千世界，可以引起人的萬端思緒。一個人平時若不能加強自己的道德修養，很可能抵不住邪惡的誘惑。因為外界的善惡、正邪、美醜現象實際上是人內心的反映，每個人做事，都從自己的認識出發。心地邪惡的人難以正確地認識人生，往往把人的善行看成惡意。這就如同一個心中快樂的人看見花就覺得美，一個心中憂愁的人看見花並不覺得美。所以說，不管是明裏暗裏，如果不注意自身的道德修養，就會私欲橫生，遇事就不可能有正確的認識，做事也不可能公平合理。

第四，多種功德，勿貪權位。

《菜根譚》云：「平民肯種德施惠，便是無位的公相；士夫徒貪權市寵，竟成有爵的乞人。」意思是說：普通百姓如果能播種善德、施捨恩惠，就等於是沒有職位的公卿將相；士大夫如果只知道貪圖權勢、謀求寵信，那就成了有爵位的乞丐。

人的高尚與卑下，不能以地位、財富劃分。一個人品德高尚，精神富有，即使他沒有什麼地位，也會受到人的尊敬。相反，地位很高，但以權謀私，則知名度越大，越會受到世人的指責。一個人若熱中於功名利祿，貪戀權位，又缺乏道德修養，那他為了獲得權位，就會阿諛獻媚、胡作非為、拉幫結派、爭權納賄，這種精神上、人格上的乞丐必然會受到世人的唾棄。

第五，卻私扶公，修身重德。

《菜根譚》云：「市私恩，不如扶公議；結新知，不如敦舊好；立榮名，不如種隱德；尚奇節，不如謹庸行。」意思是說：個人之間的小恩小惠，不如光明正大地維護正義；與其泛交新友，不如使過去的友誼更上一層樓；沽取顯赫的名聲，不如鞏固自己內在的美德；標新立異地製造名節，不如謹慎踏實地做平凡的事。

古時的士大夫，最高理想是：「退則獨善其身，進則兼善天下。」「扶公議」是最大的立德。所以說：「市私恩，不如扶公議。」可是，獨善其身者需要苦修深煉，需要漫長的過程。眼見得別人抓住機會，發財致富，名利雙收，哪還能凝神斂氣，自修獨善呢?所以有的人就採取了「公善天下，私善其身」的策略。此種人下至民風民情，上至國情國策，無不透悟。善天下，可立榮名，立榮名可獲人心。人的心都被俘獲了，其它身外之物嘛，自然就好說了。當然，也有人乾脆「惡其身，兼惡天下」，以逞一己之私。但這兩種人都只能得意於一時，很難得意於一世。只有「卻私扶公，修身重德」才是長遠之計。

第六，應以德御才，勿恃才敗德。

《菜根譚》云：「德者才之主，才者德之奴。有才無德，如家無主而奴用事矣，幾何不魍魎猖狂。」意思是說：品德主導才幹，才幹附屬於品德。一個人有才無德，就像家中沒有主人而由奴隸當家一樣，鬼怪精靈怎麼可能不橫行呢？

在這裏，洪應明點出了「德」與「才」的關係。在他看來，才能是指人的才智和做事能力，品德則是人性的內在規範。人做事時的態度和目的受品德所規範，才能則是為目的服務。正因如此，人應該努力培養自身的品德。才能不低，品德卻很卑劣的人，在施展才能之時，正是別人逢災遭難之日。品德需要長久磨煉，需要靜心思考、體味，需要在生活中慢慢養成。一個人若恃才傲物，就是缺乏品德修養的明證。有的人喜歡猜忌，有的人喜歡窺探別人的隱私，有的人喜歡兩面三刀等等，這樣的人再有才能，誰又敢放心地使用呢？

第七，功名一時，氣節千載。

《菜根譚》云：「事業文章隨身銷毀，而精神萬古如新；功名富貴逐世轉移，而氣節千載一日。君子信不當以彼易此也。」意思是說：事業和文章都會隨著人的死亡而消失，高尚的精神卻永存；功名和富貴都會隨著時代的變遷而變化，崇高的志氣卻永駐人間。一個人確實不應當過分追求身外之物，放棄精神的修持。

南宋文天祥抵禦蒙古人的入侵，兵敗被俘，面對高官厚祿的誘惑，不為所動，留下「人生自古誰無死，留取丹心照汗青」的詩句，他的崇高氣節受到後人的敬仰。

人活在天地之間，活的就是一口浩然正氣，必須「立德」，否則就像沒脊梁的人。可是，精神、志節不是空的，不能脫離一定的事業而存在，青史留名的人，其精神氣節往往是在一定的事業中表現出來。事業有大有小、有好有壞，壞人、小人也可以稱自己的鑽營為一種事業。造福萬民的偉大事業是一種善政、德政，可永垂不朽。同樣，得以留傳至今的經典、文史之作，幾乎全靠文章薪火相傳之功。總之，一個人不論處於何時何地，都應該保持一種高尚的品德，使自己的事業充溢著偉大的精神，在實現理想中保持著如一的氣節。

第八，不能養德，終歸末節。

《菜根譚》云：「節義傲青雲，文章高白雪。若不以德性陶熔之，終為血氣之私，技能之末。」意思是說：節操和道義藐視達官顯貴，華麗的文章勝過高雅的樂曲。但是，如果不用品德陶冶，節操和道義只是感情的衝動，華麗的文章也只是微不足道的雕蟲小技罷了。

陶土經過燒煉，才能成為器皿，鐵砂經過熔煉，才能成為純鋼。一個人不論如何清高或學問滿腹，如若沒有高尚的品德相配合，沒有一種為大眾利益獻身的理想，卻只限於一己之私、一隅之見，那麼，這種清高和學問就只能成為「血氣之私，技能之末」，簡直微不足道。

第九，慎德小事，施恩無緣。

《菜根譚》云：「謹德須謹於至微之事，施恩務施於不報之人。」意思是說：品德必須在細微處培養，助人應助無力回報的人。

品德的修養不可能一蹴而就。就像在銀行裏存錢一樣，必須依靠平常的點滴積累。你只有不斷地投入，才可能得到豐厚的收穫。古人曰：「不積小流，無以成江海；不積跬步，無以至千里。」

惻隱之心，人皆有之，幫助別人時，不要抱著求得回報的心理。你若有這種心理，就宛如放債一樣，帶有利的意味。這與其說是為了愛人而行善，不如說是為己謀私。

生活中常見一些人在行事上愛以老粗自居，放言行大事者不拘細節，以此掩飾自己的粗魯無知，或者自己做的事往往是見利忘義之舉，卻以粗豪蓋之。反之，一個有德的人，就是在細微的小事情上，同樣謹言慎行，不因其小就有違道義。

第十，修身重德，事業之基。

《菜根譚》云：「德者事業之基。未有基不固而棟宇堅久者。」意思是說：道德是建立事業的基礎。沒有堅固的地基，房子絕不可能堅固耐久。

創立事業，必須先打下基礎。沒有穩固的基礎，事業就不會持久。道德就是事業的基礎。中國古代向來推崇道德，儒家把修身列為人生的首要目標。邪惡雖能成就事業，終究是過眼雲煙。應該熱心致力於照道德行事，而不要空談道德，忽視道德的培養。因為，一個人的品德修養，會決定他一生行事是善是惡、是美是醜。沒有好的品德，再好的學識非僅不能有益於人，還可能害人。一個品行不端的人，很難在事業上有所成就。即便可能榮推於一時，終究會因貪贓枉法、誤國誤民，爬得越高，摔得越重。

第十一，應勤儉立德，勿以勤儉圖利。

《菜根譚》云：「勤者敏於德義，而世人借勤以濟其貧；儉者淡於貨利，而世人假儉以飾其吝。君子持身之符，反為小人營私之具矣，惜哉！」意思是說：勤奮的人在品德道義上奮勉，一般人卻憑藉勤奮解決窮困。儉樸的人對於財貨和利益看得很淡泊，一般人卻假借儉樸，掩蓋吝嗇。勤奮和儉樸是君子立身的信條，卻成為小人營取私利的工具，真是令人可惜。

美好的東西在不同的人手中，會呈現不同的用途，達到不同的目的。比如，凡是有中國人的地方就有麻將牌。玩麻將牌並無不可，正直的人可以把它當成一種休閒娛樂。但在賭徒手裏，它成了賭博的工具。世界上有許多事都是叫小人給玷污了。修身立德也一樣，千萬不要進入誤區。應該看到，凡是拉大旗做虎皮的人，往往是為了欺瞞嚇唬善良的人。為此，君子守身的法則，也可能成為小人圖利的工具。

不管什麼東西，其產生的客觀效果，首先要由運用者決定。運用者不注重道德修養，內在素質低，思想境界差，再好的東西都會成為他營私逐利的工具。

與人方便即是與己方便，寬仁待人就是寬仁待己。正如荀子所說：「君子賢而能容罷，知而能容愚，博而能容淺，粹而能容雜。」在處世中，惟我獨尊是行不通的。

寬容是一種博大的胸懷、至上的美德。為人處世，不可搞惟我獨尊，對不同於自己觀點的說法、見解、言論等，應予以理解和尊重；即使處於強者的地位，也不可把自己的觀點和行為強加於人，應尊重別人自由選擇、自由思想和生存的權利。

為此，洪應明處世雞湯提出：

第一，忠恕待人，養德遠害。

《菜根譚》云：「不責人小過，不發人陰私，不念人舊惡。三者可以養德，亦可以遠害。」意思是說：不應揪住別人的小過失不放，也不要揭發別人的隱私，更不要對別人過去的錯誤耿耿於懷。做到這三點，不僅可培養品德，也可避災躲禍。

生而為人，待人一定要寬容，尊重別人的習慣。人不可能無過，不是原則問題，不如大而化之。人都有不願為人所知的私祕，總愛探求別人的隱私，不僅庸俗，而且讓人討厭。「說人是非者，便是是非人。」這種行為本身是對別人人格的不尊重，還可能給別人、甚至給自己惹來意外的災禍。至於不念人舊惡，要有些胸襟，只有修養高的人能夠做到。細思對人際間的矛盾往往因時因事而轉移，即可領會：總把思路放到過去的恩怨上，實屬不智之舉。

加拿大有位政治家，有一天突然將自己關在動物園中的一個鐵籠子裏，聲稱寧願與純樸的動物為伴，也不願再與人打交道。

人雖還沒有到達連動物都不如的地步，但如何評價一個人，是一個大難題。同樣一個人，在你眼裏是白的，在另一個人眼裏卻可能漆黑一團。人在工作上的過錯可以說清道明，人品上的過錯，尤其是小過小失，卻很難有評定的標準。比如有的人性情率直，說話時刀鋒劍刃；有的人生性靦腆，講不出個子丑寅卯。有些人往往抓住別人一些小過不失不放，任憑自己強烈的主觀色彩詆毀別人；還有些人對別人的隱私懷有濃烈的興趣，一旦在平靜的空氣中嗅出點什麼味道，便興奮不已。凡此種種，都說明人類還遠遠沒有學會如何評價和尊重自己的同類。這些現象，我們都有必要善加關注。

第二，眼前放寬大，死後恩澤久。

《菜根譚》云：「面前的田地要放得寬，使人無不平之歎；身後的惠澤要流得久，使人有不匱之思。」意思是說：生前待人處事要胸懷寬厚，大度海量，不要弄得別人心懷不平；死後留下的恩德善事要能長久，使別人懷有不盡的思念。

在洪應明看來，使人無不平之歎，有不匱之思，這是做人的高尚追求。但是，一個人生前不可能讓任何人都對自己滿意，除非他是非不分，毫無原則；死後也不能期待別人對自己永久思念，那是不切實際的空想。其實，問題的關鍵在於你是否有一份寬容的胸懷。人生在世，究竟該怎樣做人？是「爭一世而不爭一時」，還是「爭一時也要爭千秋」？生活中，一個心胸狹窄的人，凡事都跟人斤斤計較，必然招致他人的不滿。人在世時寬以待人，善以待人，多做好事，遺愛人間，必為後人所懷念。而且，只有為別人多著想，心底無私，眼界才會廣闊，胸懷才能寬厚。

第三，春風育物，朔雪殺生。

《菜根譚》云：「念頭寬厚的，如春風煦育，萬物遭之而生；念頭忌刻的，如朔雪陰凝，萬物遭之而死。」意思是說：胸懷寬厚的人，其行為像春風撫育大地，萬物因此而茁壯成長；心胸狹隘的人，其行為就像冬天陰冷的飛雪，能夠摧殘萬物。

世人都各有自己的秉性。但不管秉性如何，都應當待人寬厚慈祥，不要刻薄殘酷。寬厚的念頭就像春風沐雨。常言說：「良言一句三冬暖，惡語傷人六月寒。」溫暖的春風人人歡迎，寒冷的冰雪人人討厭。一個心胸狹隘，尖酸刻薄的人，任何人都討厭他；一個氣度恢宏，待人寬厚的人，任何人都樂於接近他。待人寬厚，首先要自己胸懷寬厚。人與人之間，不如意的事時時都有，一個寬厚的人就應當容得了事。

第四，量寬福厚，器小祿薄。

《菜根譚》云：「仁人心地寬舒，便福厚而慶長，事事成個寬舒氣象；鄙夫念頭迫促，便祿薄而澤短，事事得個迫促規模。」意思是說：心地仁慈寬厚的人，心情舒暢，可享受長久的幸福。這是由於他凡事都採取寬宏大量的態度。心胸狹窄的人，眼光短淺，得到的利益只是短暫的。這是由於他凡事都只顧眼前。

只圖眼前利益的人講利害，不顧道義，圖成功，不計後果。這種人心地狹窄，狡詐奸偽，早晚會露出馬腳，最終落得身敗名裂的下場。誠懇大度的人心胸闊達，性情純真，待人如己。這種人才是可交之人，也會受到眾人的信任和賞識。仁人待人之所以寬厚，在於誠善，在於忘我，所以私欲少而煩惱少。總之，生活中，待人確應有些肚量，少為私心雜念打主意。不強求硬取不屬於自己的東西，煩惱何來？

第五，攻人毋嚴，教人毋高。

《菜根譚》云：「攻人之惡毋太嚴，要思其堪受；教人之善毋過高，當使其可從。」意思是說：批評人的過錯時，不要過於嚴苛，要考慮到他能否承受；教導人行善時，不可要求太高，要讓他確實可以做得到。

對於別人的缺點、錯誤，甚至罪過，只要你抱持著挽救或矯正的態度，就不能不掌握分寸，考慮方法，讓對方接受得了。對於自己所教誨的對象，你提出的每項要求都必須切合他的實際情況，要使他經過努力後確實可以做得到。如果你的要求過高，他努力再三也無法取得進步，勢必灰心喪氣，也就談不上效果了。

在這裏，實際上仍是強調，處理人際關係時應當講求「恕」道，考慮對手的才智能力，能否接受教誨或批評。對手接受的能力有限，批評或教誨的效果可能等於零。當然，「恕」不是毫無原則地放任不管，而是要充分考慮對象的智力和承受力。現實中，有的人責備別人的過失常常惟恐不全，抓住別人的缺點，處理起來不講方法，只圖一時之憤。這是很不足取的。

第六，毋以短攻短，毋以頑濟頑。

《菜根譚》云：「人之短處，要曲為彌縫；如暴而揚之，是以短攻短。人有頑固，要善為化誨；如憤而疾之，是以頑濟頑。」意思是說：看到某人的不足之處，應該悄悄地為其掩飾或補過。如果大肆宣揚，想藉此勸誡其改過，只能是錯上加錯。若有人固執己見，頑固不化，則須善意耐心地諄諄教導。因其一時不化便痛恨厭惡他，是以硬碰硬的愚蠢之舉。

看到朋友有短，想幫他改掉，但不注意方法，在大庭廣眾下將其張揚出來，結果使朋友的自尊心遭到極大的傷害，兩個人之間的友情恐怕只能從此終結。這種揚人之短的做法本身就是一種短。須知，人活著就必有自尊，沒有自尊的人無異於行屍走肉。以短攻短，只能使短變得更短。因此，在人際交往中，宜少一些以毒攻毒、針鋒相對，多一點以暖逐涼、和氣消冰。

第七，原諒失敗者之初心，注意成功者之末路。

《菜根譚》云：「事窮勢蹙之人，當原其初心；功成行滿之士，要觀其末路。」意思是說：對一個事業遭到挫折，身處困境的人，應當考慮到他當初的進取之心；對一個功成名就，事業圓滿的人，應該看到他將要面臨的窮途末路。

從待人之道觀之，最難正確對待的兩種人是「事窮勢蹙之人」和「功成行滿之士」。事窮勢蹙之人如過街之鼠，人人都可以向他吐唾沫，踩他一腳。這時，修養高的人會冷靜地分析這個失敗者，一方面從他身上吸取失敗的教訓，另一方面也要看他是否還有可以原諒、可以挽救的因素，而不致落井下石。功成行滿之士則如招風的大樹，最易受人嫉妒、怨恨。這時，旁觀者需要冷靜分析，看到其志得意滿背後所潛伏的危機。必要時，可以勸他居安思危，戒除驕心。這才是正確的待人之道。

第八，事上敬謹，待下寬仁。

《菜根譚》云：「人人不可不畏，畏大人則無放逸之心；小民亦不可不畏，畏小民則無豪橫之名。」意思是說：對道德修養深厚的人應該敬畏，這樣，就不會產生放縱安逸的想法；對平民百姓，要抱著惶恐的態度，這樣，就不會招來蠻橫不講理的惡名。

《論語》說：「大人，聖人也。」《左傳》指出：「大人，公卿大夫也。」大人，即指有德行威望或做官之人。對於這兩種人，一定要恭謹、敬重。孔子說：「君子有三畏，畏天命，畏大人，畏小人之言。」孟子說：「民為貴，社稷次之，君為輕。是故得乎丘民而為天子，得乎天子為諸侯，得乎諸侯為大夫。」因此，不僅對於「大人」，對於小民，同樣須持寬仁的態度，而不能蠻橫豪霸。

第九，清濁並包，善惡相容。

《菜根譚》云：「持身不可太皎潔，一切污辱垢穢要茹納得；與人不可太分明，一切善惡賢愚要包容得。」意思是說：一個人立身處世，不可太自命清高，對一切羞辱委屈都要容忍；與人相處，不要善惡分得太清，不管是好人、壞人，都要能包容。

「人至察則無友，水至清則無魚。」一個人太自命清高，別人常會對其敬而遠之。人不是生活在真空裏，必然要和各種各樣的人打交道。這就必須學會適應社會和人生。李斯說：「泰山不讓土壤，故能成其大；河海不擇細流，故能就其深；王者不卻眾庶，故能明其德。」每個人都有缺點，也有優點，看問題都有片面性。有的東西以為是對的，卻偏偏是錯；有的事以為別人錯了，實際上是自己錯了。因此，一個人切不可太自視清高，把人間的善惡美醜分得太清楚，總要泰然處之，看在眼中，但不表露在行動上，即要有包容力和忍耐力。孔子說：「三人行必有我師焉，擇其善者而從之，其不善者而改之。」這才是一種明智的處世態度。

團結一切可以團結的人，多方聽取不同的意見，這是成就事業的必要保證。「兼聽則明，偏聽則暗。」要團結別人，就要心胸廣闊，寬宏大量。自命清高，苛求他人，只能使自己變為孤家寡人。

魏徵曾說：「兼聽則明，偏聽則暗。」要團結眾人，就要心胸廣闊，寬宏大量。過於苛求，必定無法團結眾人。

人們到寺廟裏去，常看到大肚彌勒佛。有道是：「彌勒大肚，容天下難容之事。」這彌勒笑口常開，洞察一切，正好與自命清高，苛求他人者相對照。

《菜根譚》云：「地之穢者多生物，水之清者常無魚。故君子當存含垢納污之量，不可持好潔獨行之操。」意思是說：那些飽含腐草和糞土的地方能夠生長多種植物，清澈見底的水流中常常看不到魚蝦。所以，一個真正有修養的人應該胸懷寬廣，接納各方人士，聽取不同的見解，絕不可一味地潔身自好，閉門修養，使自己與世隔絕。

第一，要有海納百川的氣度。

如果一個人胸懷無比寬廣，心靈所容甚大，讓人感到一種仁者之風，則不僅能得到友誼，得到真誠，得到支持，而且，在任何逆境中，也往往能安然無恙。一個人胸懷的廣闊和心靈的包容，就體現在對不同於自己之見解的容忍上。在紛繁複雜的現實中，人與人之間，思想、觀點、言論、信仰不同在所難免。別人的觀點和意見若與自己相悖，不要把自己的意見強加於人，而應以寬容的氣度去聽取、理解。實質上，這是尊重別人的選擇，給別人以思想和言論自由。

戰國時期的孟嘗君，禮賢下士，寬以待人，門客最多時達好幾千人。凡前來投奔的人，他都給予思想和言論的自由，尊重他們的選擇和判斷，對不同於自己或傳統觀點的人，均以寬容和容忍待之。

人人都有自尊心，位高權重者更甚。自尊心強而敏感的人，情感特別脆弱。怎樣對待自己的這種自尊心呢？關鍵就在於容人的氣度上。當聽到他人不同的意見，或是指責自己的批評時，應該認真考慮對方說得是否有理，不要稍一觸及便有反應，更不要為爭面子而即刻反擊；即使別人對你的努力視而不見，只知道吹毛求疵，仍須以海納百川的胸襟去對待，以相容並蓄的雅量去處理。

第二，要有兼聽則明的胸襟。

任何人都會聽到各方面差異百端的各種意見。不善於聽取不同的意見，必會影響到本人的進步。尤其是一個領導者，聽到不同的意見，甚至是反面或批評的意見，若不予重視、理會，甚至痛加反擊，其影響很可能是災難性的。

唐太宗曾問魏徵：「君主怎樣做算是明，怎樣做又算是暗？」

魏徵回答：「廣泛聽取各方面的意見就叫作明，只相信個別人的意見就叫作暗。從前堯帝詢問百姓的意見，因而三苗的罪惡能夠向上傳到他的耳中；舜帝眼觀四面八方的情況，耳聽四面八方的聲音，因此，共工、鯀、驩兜就不能蒙蔽他的視聽。秦二世偏信趙高，終於在望夷宮中被害；梁武帝偏信朱異，自取被困於台城的羞辱；隋煬帝偏信虞世基，釀成了在彭城閣中被殺的變故。因此，君主如能全面聽取各種意見，廣泛採納各種建議，身邊的權臣就不能蒙蔽他的耳目，下情就能夠上達了。」

唐太宗對「兼聽則明，偏信則暗」的道理深有認識。他曾把君主比喻成「舟」，把人民比喻成「水」。他說：「君，舟也；人，水也。水能載舟，亦能覆舟。」又說：「君依於國，國依於民。」因此：「為政莫若至公。」不破除「私」，不聽取民眾的意見，皇帝就不可能當得好。

可惜，在中國古代歷史上，像唐太宗這樣的明君真是鳳毛麟角。大多數統治者不唯不重視民眾的意見，甚至堵塞民眾的言路，只知道居高臨下，獨斷專行，為所欲為，結果沒有不失敗的。

「利人實利己的根基。」待人多一分謙讓，多一分寬宏，別人終究也會回報同樣的謙讓和寬宏。相反，待人刻薄，甚至存心害人的人，終有一天會自食其果。因此，為人處世以謙和為上。

《菜根譚》云：「處世讓一步為高，退步即進步的張本；待人寬一分是福，利人實利己的根基。」意思是說：為人處世，以讓人一步為高明，因為眼前退一步，就是將來進一步的準備；待人接物，只有寬仁厚道一些，才能招來運氣，因為有利於他人，就是有利於自己的基礎。

為人處世宜寬厚。即使有時退讓和寬容是建立在自己苦憂的基礎上，也應當把快樂給予別人。「讓一步」、「寬一分」的犧牲精神可以求得自我的精神慰藉，贏得世人的敬重，反過來，這種敬重也會促成自己的事業。這一思想，主要有兩層含義：

第一，寬恕諒解。

清朝乾隆年間，有個叫鄭墨的人，長年累月在老家務農，土地對他來說，無疑是命根子。鄭家與鄰家的房屋共用一堵牆。鄭墨覺得自家的老屋住的時間長了，年久失修，想翻修一下，並想乘機改動那共用的牆。改動這堵牆之前，他特地向鄰家打招呼，也指出契約上的白紙黑字寫得很清楚，那堵牆是鄭家的，牆基也是鄭家的。誰知，這家鄰人不但不領情，反而不顧事實，硬說那堵牆和牆基不是鄭家的，而是他家祖傳，不許拆掉。於是，鄭墨一紙狀告到縣衙。無奈，折騰了一個春秋，仍無結果。這時，對方已請人到縣衙說情，妄圖打贏這場官司。

萬般無奈下，鄭墨不由想起了在朝為官的哥哥鄭板橋。心想：有契約在，理在自己一邊，只要哥哥出面給縣衙說說，官司準贏。這麼想著，他便提起筆來，給兄長寫了一封信。在將信件寄出的那些日日夜夜，可以想像出鄭墨是用怎樣切盼的心情期待著回信。不出一月，鄭墨就收到兄長的回信。但鄭板橋字裏行間充滿了謙和相讓，勿使矛盾激化的意思，卻無絲毫出面說情爭勝訴的含義。隨信還寄來一個「吃虧是福」的條幅，並附了一首頗耐人尋味的打油詩：「千里告狀為一牆，讓他一牆又何妨。萬里長城今猶在，何處去找秦始皇。」

看罷信，鄭墨羞愧得只顧擦汗，再也不想那麼許多，一口氣跑到縣衙，主動撤了訴狀。回來後，他又主動向鄰居鄭重表示：以和為貴，不再相爭。那鄰居見鄭墨不僅主動撤了訴，還做了謙和禮讓的表示，十分感激，當即表示決不再鬧下去。此舉，給緊張的鄰里關係帶來祥和的氣氛。

這個故事有很多版本，其真實性已無從考證，但足以說明後人對於其中包含的道理非常重視。現在日常生活中，家人、同事、鄰里之間，難免會因一些小事，發生這樣那樣的矛盾，出現這樣那樣的摩擦。對此，倘若能夠做到謙和為上，各自相讓，自然就可化解矛盾，給不和的人際關係帶來祥和的添加劑。反之，如果爭強好勝，意氣用事，就會使矛盾激化。

孔子說：「禮之用，和為貴。先王之道，斯為美，小大由之。」孟子說：「天時不如地利，地利不如人和。」莊子說：「天地之間，和而樂之。」「人和」、「和為貴」、「和而樂之」，表現在人與人的關係上，就是中國傳統文化所講的「忠恕之道」。其核心就是強調待人處事謙和為上，相讓得安。

第二，謙虛謹慎。

待人處事以謙和為上，不僅要懂得寬恕諒解他人，還得謙虛謹慎，不驕不躁。

北魏年間，賈恩伯不僅琴、棋、書、畫樣樣精通，對《詩經》、《書經》、《易》、《禮》和《春秋》等經典文獻也有深刻的研究，見解精闢，因而很受孝文帝青睞。

賈恩伯在朝中擔任中書侍講，為皇帝講授《春秋》，很受滿朝文武尊崇。他雖然地位、威望極高，待人卻格外謙和，對比自己身分低的官員均以禮相待，在宮廷相見，總是熱情地打招呼，親切隨和，在宮外遇見，都會停車下馬，或點頭示意，或親切問候，沒有一點兒自傲自負的樣子。

他的朋友中有人難以理解，曾當面問道：「您的身分這麼高貴，怎能做到一點也不驕橫呢？」

賈恩伯毫不遲疑地回答：「一般來說，人本就不應該驕傲。只有衰頹到來時，才會產生驕傲之心。」

這番回答的弦外音可謂不言而喻。一個有著勃勃之朝氣的人，一個能思想，能跟隨時代永不停止向前進的人，一個在知識和事業的山峰上不斷攀登，讓整個一生都在追求中度過的人，不會也不可能自滿自負、自吹自擂。而一旦他驕傲起來，甚至目中無人，那他就離衰頹不遠了。

總之，待人處事，謙和為上，可消除人與人之間的火藥味，與人和諧相處，從而贏得別人真誠的合作。人往往在別人的幫助中得到裨益，在別人的支持中獲得快樂。所以說，待人謙和是人生一大境界。

人活在世上，免不了會磕磕碰碰。既然磕磕碰碰難以避免，那麼，當家人、同事、鄰里之間，甚或在公共場所與人發生摩擦，因摩擦而產生某些恩怨時，最好的辦法是以謙和的態度對待之，化干戈為玉帛，化爭鬥為和諧，化煩惱為快樂。

寬容忍讓，以立大志，高起點處世為前提。只有立志高、心地寬，才能不混同於一般的凡夫俗子。寬容忍讓，容悠悠萬事，如此則能立天下之業，享平生之樂。

《菜根譚》云：「立身不高一步立，如塵裏振衣，泥中濯足，如何超達？處世不退一步處，如飛蛾投燭，羝羊觸藩，如何安樂？」意思是說：一個人身處社會，如果不能站得高一些，看得遠一些，那就像是在塵土中抖衣服，在泥水裏洗雙腳一樣，又怎麼能夠做一個超凡脫俗的人呢？在人生道路上，如果不能做到謙恭退讓，那就像是小小的飛蛾撲向燭火，愚蠢的公羊狠撞籬笆一樣，又怎能安全愉快地度過一生？

在中國傳統的文史經典著作中，從《尚書》到《春秋》，從《左傳》到《史記》，從《四書五經》到《二十五史》，從《資治通鑑》到《今古奇觀》，都對寬容、忍讓做過精闢的論述。比如，孔子說：「人生世間，寬容為先，忍讓為上，自古有聞。」莊子說：「天地間事，要有容，又要有忍。不容，便無友；不忍，則成不了大氣。」成王告君陳曰：「必有忍，其乃有濟；有容，德乃大。」諸葛亮說：「孔子厄於陳、蔡之間，而忍人冷眼，忍挫折打擊，其大功成焉！」蘇東坡也說：「君子之所取者遠，則必有所待；

所就者大，則必有所忍。」這些先哲的經驗之談提示了寬容和忍讓對於如何對待人生之成敗、禍福的深刻哲理：容則成功立業，忍則禍不及身。

第一，寬容忍讓，才能攬人心。

劉備三顧茅廬，正是以自己的寬容忍讓打動了諸葛亮。

琅琊人諸葛亮寄居襄陽隆中，經常把自己比作管仲和樂毅。但當時的人並不認可，只有潁川人徐庶、博陵人崔州平認為確是如此。劉備向襄陽人司馬徽詢訪人才。司馬徽說：「一般儒生與俗士怎麼能認清當今的形勢，能認清當今形勢的只有俊傑之士。在襄陽，伏龍與鳳雛（諸葛亮和龐統）即此中人。」徐庶在新野縣見到劉備，劉備對他很器重。徐庶對劉備說：「諸葛亮乃臥龍，將軍願不願見他？」劉備說：「請你與他一起來。」徐庶說：「這個人，只能你去拜訪他，不能召喚他來。將軍最好屈駕親自拜訪。」

於是，劉備親自拜訪諸葛亮。不巧，頭一次去了沒碰到，劉備只好回到新野。過了幾天，他又帶著關羽、張飛二人冒著鵝毛大雪，前往隆中，卻依然沒見到。

回到新野之後，過了八、九天，劉備又要去拜訪諸葛亮。張飛說：「上次碰到諸葛亮的兄弟諸葛均，他答應，待其兄回來，會轉告他回拜，可他竟沒有來，這太無禮了！既然如此，大哥憑什麼要一而再、再而三地去拜訪他！」關羽同意張飛的意見。劉備卻說：「諸葛亮沒有來，自然有他的道理。退一步說，即使他無禮，咱們也應該寬以待之，何必計較那麼多。我看，還是同去吧！如果你們不同意再去，這一次我就獨自去好了。」張、關二人這才同意一起去。

三個人再一次到了隆中，終於見到諸葛亮。

劉備叫關羽和張飛等在外面，自己很坦率地說：「漢朝王室已經衰敗，奸臣竊據朝政大權，我不度德量力，打算伸張正義於天下，但智謀短淺，以至於連遭挫折。但我的雄心壯志仍然未息。先生認為應當如何做？」

諸葛亮回答：「如今，曹操擁有百萬大軍，挾天子以號令天下，實在不可能與他爭鋒。孫權佔據江東，已經歷三代，地勢險要，民心歸附，很多賢能的人才為他盡力，此人，只可與他聯盟。荊州地區，北方以漢水、沔水為屏障，南方直通南海，東邊連接吳郡、會稽，西邊可通巴蜀，是用武之地，但劉表竟不知道利用，實是上天賜給將軍。益州四邊地勢險阻，中有沃野千里，是大府之地，而劉璋為人懦弱、平庸無能，北邊還有張魯與他為敵，雖然百姓富庶，官府財力充足，卻不知道珍惜和利用，智士賢才都希望有一個聖明的君主前去統治。將軍是王室的後裔，信義的名聲傳揚天下，如果能佔領荊州與益州，據守險要，安撫戎、越等族，與孫權結盟，對內修明政治，對外觀察時局之變化，這樣就能建成霸業，復興漢室。」

劉備一聽，茅塞頓開。於是，恭請諸葛亮出山。

劉備得到諸葛亮的輔助，誠如他自己所說：「孤之有孔明，猶魚之有水也。」他憑著「隆中對」指明的方向，很快擺脫了被動之局，其後赤壁一戰，奠定了鼎足三分的基礎。這個事實證明：寬容他人、禮賢下士當真是無比重要。

第二，寬容忍讓，才能激己志。

西漢時的張良出身名門，父親張平做過韓國的宰相。年幼時，他常在汜水的一座橋邊散步。一天，他正在河邊踱來踱去，看見一位老人坐在橋上，用銳利的目光盯住他。突然，老人脫下腳上的鞋子，使勁扔到橋下，然後轉臉對他叫道：「小娃兒，快去給我把鞋撿上來！」張良從來沒有受過這種欺辱，很生氣，打算狠狠地用言語刺那老者一頓，以解心頭之憤。可是，又覺不妥。看那老人年邁，他只好硬著頭皮，跳下橋去拾起了鞋。不料，那老者又把腳一伸，說：「給我穿上！」張良再次忍住火氣，彎下腰給老者穿上鞋。老者感到滿足了，口角邊有了笑影，又說：「你這孩子是可造之材！」

老者又接連用別的法兒考驗了張良幾次，這才高高興興地遞給他一部書，說：「這是一部奇書，你讀透了，就能做帝王師。」言畢，倏然間消失得無影無蹤。

張良呆立良久，才低頭看那本書。原來是世間失傳已久的《太公兵法》。他認真地學習此書，彷彿燃亮了心燈，在自己照亮自己的過程中變得滿腹韜略，胸中蘊藏著「運籌於帷幄之中，決勝於千里之外」的智慧。

後來，他果真做了漢高祖劉邦的軍師，輔佐劉邦平定四方，統一了天下。

古往今來，能成就大事業者，幾乎沒有一個不是經歷過許多艱難困苦的折磨。只有真正的智者才能用一個「忍」字，使自己不受一時衝動的情緒所擺布。可以毫不誇張地說，沒有一種勝利比戰勝自己的衝動情緒更偉大。張良受撿鞋穿鞋之辱，後來功成名就之時，回憶起當年所經歷的這樁事，曾說：「那是一件令人難堪，甚至是難以忍受的事！當那位老人侮辱我的時候，我真想狠狠地揍他一頓。可我又覺得因小忿而起怒不值，也沒道理。因為他年老，所以我忍讓於他，終能獲得今天的成就。」

「己所不欲，勿施於人。」這種推己及人的恕道，其核心就是待人要寬，律己要嚴。假如能以責人之心責己，就會減少自己很多過失；以恕己之心恕人，就可以維護住人際之間的良好關係。

恕以待人，即待人寬，律己嚴。其核心是強調自悟。待人寬，目的是給人自新的機會；待己嚴，因為不嚴會使自己一錯再錯。一般人都是「以聖人望人，以常人自待」，這種人在任何事情上都無法跟別人合作。假如能以責人之心責己，就會減少自己很多過失；以恕己之心恕人，就可以維護住人際之間的良好關係。「己所不欲，勿施於人。」這種推己及人的恕道，是一個人修養品德的根本要訣。

第一，律己宜嚴，待人宜寬。

《菜根譚》云：「人之過誤宜恕，而在己則不可恕；己之困辱宜忍，而在人則不可忍。」意思是說：對別人的過錯，應該寬恕，對自己的過錯則不可寬恕；自己遭受困難屈辱時，應該忍耐，對別人的困難屈辱則不能忍心不管。

一般人都有「寬以待己，嚴以律人」的心態。說白了，就是缺乏自我批評的精神。只不過，人人都希望別人、社會如何如何，很少捫心自問，自己做得怎麼樣，又怎麼能與人和諧相處呢？

王安石和蘇軾是北宋時期的文學大家，都出自歐陽修門下。蘇軾原來是翰林學士，後被貶為潮州刺史。他頗懷疑是因為他揭了王安石的短而遭此報復。

三年刺史任滿，回到京城，一日，蘇軾去拜訪王安石，在其書房等待。偶然看見硯臺底下壓著一首沒有寫完的詩稿，題名「詠菊」，只寫了「西風昨夜過園林，吹落黃花滿地金」兩句。

蘇軾心想：按常理，秋天才刮西風，菊花開在秋天，老了也只是枯萎，不會落花。於是他揮筆依韻續了兩句：「秋花不比春花落，說與詩人仔細聽。」

事後，王安石發現了蘇軾續的詩，便建議皇上讓蘇軾到黃州當團練副使。蘇軾對此很不滿意，到任後不勤於政事，經常遊山玩水，飲酒賦詩。

一天，好友陳季常來訪，蘇軾忽然想起他後園的幾株黃菊，於是邀友一同去玩賞。正好前天刮了大風，兩人到菊園一看，只見滿地鋪金，菊枝上一朵花也沒有。這下驚得蘇軾目瞪口呆。到此他才知道王安石讓他到黃州任職的真意——讓他來看菊花。後來他主動向王安石認了錯。

越是有才的人，越可能容不得別人半點錯誤，這樣只會為自己招來禍端。只有反躬自省，嚴以律己，才能少犯錯誤，保全自身。

第二，責人宜寬，責己宜苛。

《菜根譚》云：「責人者，原無過於有過之中，則情平；責己者，求有過於無過之內，則德進。」意思是說：對待別人要寬厚。當別人偶然犯了過錯，要像他沒犯錯一樣原諒他，這樣才能使他心平氣和地改正。要求自己要嚴格。應該在自己沒有過失的時候，設法找出自己的不足，這樣才能使自己的品德不斷進步。

人天生具有兩雙眼睛，一雙用來觀察別人，一雙用來觀察自己。觀察別人容易，觀察自己則很難。許多人往往過高地要求別人，對自己的要求卻很鬆懈。有鑒於此，賢明的人悟出：為人處世要抱著「寬以待人，嚴以律己」的態度。因為，要求自己嚴格，才有條件去要求別人。一個人知道了嚴以律己，反省自己的行為，矯正自己的過錯，彌補自己的不足，就能防患於未然。

唐代，李景讓的母親鄭氏年輕守寡，家境貧困，孩子幼小。有一次，房子後牆塌陷，她從破牆處發現了許多錢。她趕緊向天神祈禱：「我聽說，不勞而獲，會招來災禍。如果天神憐我貧窮，那就讓我的兒子在學問上有所成就吧！這些錢，我不敢拿！」言畢，她趕快把那些錢掩到土裡。看來，鄭氏真是一位見識遠大的人。

功夫不負苦心人，李景讓後來果然官位顯達。儘管如此，他有過錯，母親也決不放過。李景讓當浙西觀察使時，手下有個低級軍官不順他的心意，他讓人用木棒責打，結果把這人打死了。這件事引起軍隊的憤怒，醞釀兵變。鄭氏聽說了這件事，就責備他：「天子託付你重任，你卻把國家的刑法當成自己喜怒哀樂的工具，胡亂殺死無辜的人！萬一造成地方動亂，你有何面目去見皇上？」說完，讓他左右的人脫下他的衣服，鞭打他的脊背。這時李景讓的屬下都站出來替他求情。打了很久，母親才同意把他放了。李景讓從中受到了教育。

「寬以待人，嚴以律己」，關鍵在於要有寬廣的胸懷，常常「閉門思過，防患未然」。這就像曾子所說：「吾日三省吾身。」

為善如登山，一步一步地走去，終必達到極高的境地；為惡如掘井，一鏟一鏟地挖去，終必達到極深所在。登山者容易下來，掘井者不易爬出。因此，為人處世，一定要懂得與人為善，廣結善緣的道理。

第一，義俠交友，純心做人。

《菜根譚》云：「交友須帶三分俠氣，做人要存一點素心。」意思是說：交朋友必須帶著三分俠義氣概；人生在世，應該堅守一顆純樸厚道的赤誠之心。

在古人看來，為人處世，應該重然諾，輕身命；重諍諫，不阿諛；共患難，齊死生。友誼絕不是相互利用，相互吹捧，更不是建立在酒肉、貪欲或虛偽之言辭的基礎上；真正的友誼應該是純潔之感情和高尚之人格的相互交流。既然人生在世，誰也不能缺少友誼，那麼，我們在交友時就應該推崇和堅持這種真誠互助、同甘共苦的俠義氣概。假如交友本著互相利用的態度，那就違背了交友之道。再者，為人還應該保持一顆純潔的赤子之心，行善濟世，關心社會，而不是一味地獨善其身。

第二，真偽之道，只在一念。

《菜根譚》云：「人人有個大慈悲，維摩屠劊無二心也；處處有種真趣味，金屋茅簷非兩地也。只是欲閉情封，當面錯過，便咫尺千里矣。」意思是說：每個人其實都有一顆大慈大悲之心，即使是菩薩和屠夫、劊子手相比，在本性上也沒有什麼兩樣。世間處處其實都存在一種純真的趣味，即便是富貴人家的華麗宮室和貧寒人家的茅棚草屋相比，也並沒有什麼區別。只不過，這些慈悲之心、純真情趣卻被貪婪的欲望和荒唐的情感所壓抑，一次次被錯過。於是，它們雖然近在咫尺，卻又好像與我們遠隔千里之遙。

佛家主張人人的本心都是善良的。即便是殺人者，只要放下屠刀，也能立地成佛。道家認為修德不必擇地，只要心誠，隨處可以得道。陶淵明詩曰：「結廬在人境，而無車馬喧。問君何能爾？心遠地自偏。」確實，提高自身的情操修養，有其積極可取之處。它可以促使我們樹立信心，完善自我，隨時隨地發掘我們內心中美好的性格，同時剷除那些醜陋污穢的質地。

第三，精誠所感，金石為開。

《菜根譚》云：「人心一真，便霜可飛，城可隕，金石可鏤；若偽妄之人，形骸徒具，真宰已亡，對人則面目可憎，獨居則形影自愧。」意思是說：如果內心達到至誠至信的地步，就會產生一種極大的感染力，使上蒼感動，五月降霜，使堅固的城牆崩塌毀壞，還可把最堅硬的金石雕空貫穿。反之，那種虛偽無信、內心空虛的人，只不過具有一副空空的軀殼而已，他們的靈魂早已消亡。在生活中，這種人使人感到厭惡；當他們獨自一人的時候，心中也難免會有種失落感。

有一位母親生下孩子後，慢慢發現她的孩子兩眼發直、動作失控，對周圍的刺激置若罔聞。原來，這孩子患了先天性癡呆症。一連幾個月，她陷入深深的悲痛，整天乞求上帝的幫助。

有一天，她偶然看到孩子正目不轉睛地盯著電視中一位著名舞蹈家的表演，嘴角掛著一絲甜甜的微笑。一股巨大的力量充滿這位母親全身。爾後，她給孩子買來了所有那位舞蹈家的舞蹈表演錄影帶，一點一滴地用各種辦法啟迪孩子的智慧。漸漸地，孩子能跟著錄影帶跳舞了，嘴裏還不時發出爽朗的笑聲。

看著這一奇蹟的出現，一個念頭在這位母親的腦中一閃而過：「如果讓孩子跟舞蹈家本人見一次面，會不會有更大的奇蹟出現？」

經過了種種努力，新聞媒體安排了一次會面。當那位舞蹈家微笑著走過來時，那個幼小的生命沒有半刻猶豫地迎了上去，撲入偶像的懷抱，並用小嘴親他的臉。

人們常說：精誠所至，金石為開。其實，世間最堅固的不是鋼鐵，不是金石，而是人的頭腦。這個平凡的母親，憑著她的堅定信念、至誠的心靈，點化了一顆癡迷的頭腦，這也算是善有善報了。

事實上，現實生活中有許多這種情深意切的事蹟。在人的世界，每個人都盼望真情。所以，對情動天地的故事總是互相傳頌，代代傳頌。沒有真情的人生太累，沒有真情的偽君子體會不了人間的溫暖。因此，追求真誠的路雖很艱難，但人們總在追求。

第四，從容處家族之變，剴切規朋友之失。

《菜根譚》云：「處父兄骨肉之變，宜從容不宜激烈；遇朋友交遊之失，宜剴切不宜優遊。」意思是說：遇到父母兄弟骨肉至親之間發生矛盾時，應鎮定理智，絕不可採取激烈的言行；在與朋友交往的過程中，如發現朋友有什麼過失，應當懇切地規勸他，不應視而不見。

在這裏，洪應明對「與人為善，廣結善緣」提出一個具體的要求。親人之間，由於付出太多，在矛盾激化時就會顯得更為痛心疾首，甚至生出一種毀滅感。很多人經得起敵人的刀劍，卻受不住來自親人的惡言。所以，即使是叱吒風雲的英雄，對待家人骨肉也不至於劍弩以待。但是，朋友之間的交往有所不同。真正的朋友，在看到對方的缺點、錯誤時，絕不應為了求同，掩飾自己的觀點，放棄自己所遵循的原則。必須正大光明地指出對方的缺點、錯誤，不要怕對方一時不快。因為這種毫無私心，以使對方更全面、更完善地發展為目的的行為，總會被他所感知、理解的。如果朋友之間彼此護短，那麼雙方的長處會越來越短，短處會越來越「長」，建立在這一基礎上的友誼，必定難逃瓦解的結局。

第五，心善子孫盛，根固枝葉榮。

《菜根譚》云：「心者後裔之根，未有根不植而枝葉榮茂者。」意思是說：善良的本性是子孫昌盛的根苗。如果不栽種根苗，哪能枝葉繁榮茂盛哪！

積德行善，可造福子孫。在社會中，人與人應該和諧相處，應該以良好的德行，做青年和子孫的楷模。

中國有個傳統，相信報應之說。其實，說「善有善報」，不可純以唯心的「因果報應」之論見之。多行善事，或許受你恩惠的人不會報答你的善舉和幫助，至少不會給你帶來禍端。再者，行善在心理上容易心安理得，幫助別人，自己也常處在快樂中，這本身就是對你的好報。

第六，善根暗長，惡損潛消。

《菜根譚》云：「為善不見其益，如草裏冬瓜，自應暗長。為惡不見其損，如庭前春雪，當必潛消。」意思是說：行善時可能見不到什麼好處，但是，它就像草叢裏的冬瓜一樣，在暗中一天天成長。作惡時表面上看不出什麼壞處，但惡行就像春天庭院前的積雪，陽光一照，就會融化、消失。

古人說：「勿以善小而不為，勿以惡小而為之。」事物都是由小處發展而來。偉大的事業源自渺小的開始。千里之堤，毀於蟻穴。即便是最小的惡，也是最大的惡。就如俗話所說：小時偷針，長大偷金。這種醜惡的行為是見不得陽光的。善與惡有時不是馬上可以見到結果。不過，多行不義必自斃。做一件善事，算不得善人，行一件壞事，也不是壞人，但量的積累到了一定程度，就會發生質的變化。也就是說，一個人絕對不能心存僥倖，認錯做個把小壞事無妨，早晚有一天要東窗事發。

第七，慈悲之心，生生之機。

《菜根譚》云：「為鼠常留飯，憐蛾不點燈，古人此等念頭，是吾人一點生生之機。無此，便所謂土木形骸而已。」意思是說：為了怕老鼠餓死，經常留點食物；為了怕飛蛾撲火，夜晚不點蠟燭。古人的這種慈悲的念頭，是世間萬物生生不息的關鍵。如果沒有一點慈悲的心懷，便同土木一樣，空有一副形體罷了。

「惻隱之心」乃行善的基礎。生而為人，應該愛護自然，愛護生命，人與人之間更要互相幫助。既然人可以「掃地恐傷螻蟻命，愛惜飛蛾紗罩燈」，為什麼人與人之間就不能互相愛護、互相同情呢？生命的意義應該在於設身處地替人著想，憂他人之憂，樂他人之樂。如果人沒有同情心，那就與動物沒什麼兩樣。實際上，「為鼠常留飯」，重點不在給老鼠留飯，而在勸人為人處世要有同情弱者的胸懷。佛教的中心思想之一就是不殺生。待人應以慈悲為懷，不能以算計人、利用人為出發點。慈悲心腸的人若多了，人世間便會展現一片溫情。

第八，誠心和氣陶冶暴惡，名義氣節激勵邪曲。

《菜根譚》云：「遇欺詐之人，以誠心感動之；遇暴戾之人，以和氣薰蒸之；遇傾邪私曲之人，以名義氣節激勵之；天下無不入我陶冶中矣。」意思是說：遇見狡猾欺詐的人，應該用真誠的心感動他；遇到粗暴殘酷的人，應該用溫和的態度感化他。遇到奸邪自私的人，應該用高尚的道義氣節激勵他。如此，天下的人都會受到有益的影響。

在洪應明看來，世間不論如何鐵石心腸、頑固不化的人，只要以誠相待，都能使之感化。德化的力量是無窮的。

有一次，丹霞禪師行至洛陽惠林寺。當時天氣很冷，進入寺內，他看到一個快凍死的乞丐，就把木佛拿來燒火取暖，救了那乞丐一命。院主見後，大發雷霆：「你怎麼敢燒佛像？」丹霞禪師若無其事地回答：「我想看看佛像怎麼能燒出舍利子。」院主驚愕道：「木佛像不能燒出舍利來！」丹霞禪師說：「既然不能燒出舍利，把木像拿來燒，有何不可！」燒佛的丹霞事後平安，斥怪他的院主卻遭到了懲罰，兩道眉毛全部掉落。

此中教訓為：只要本性率真地行善，便可結善緣。

■薄憶厚忘，和氣致祥

——君子坦蕩蕩，小人常戚戚。君子之所以坦蕩，是因為他善忘好喜；小人之所以悲戚，是因為他善記好怨。

「君子坦蕩蕩，小人常戚戚。」君子之所以坦蕩，是因為他善忘。存亡、得失、哀樂、好惡、紛擾，全都忘得乾乾淨淨，和顏悅色地面對世界，哪還有什麼煩惱呢？小人之所以悲戚，是因為他記憶力太強。功過、名利、恩怨，全都記得清清楚楚，怒目橫眉地看待人生，還有什麼快樂可言？

健忘對於處世謀生以及成就事業而言，是一種人生的態度和方法，也是一種修養。薄憶厚忘，才能在世事紛雜中去粗留精，不為心中過多的小事而糾纏住思想和手腳。

健忘本是一種不好的習慣，對於處世謀生及成就事業而言，卻是一種可容許的態度和方法，而且是一種修養。為此，洪應明提出了一系列充滿智慧的見解。

第一，忘功不忘過，忘怨不忘恩。

《菜根譚》云：「我有功於人不可念，而過則不可不念；人有恩於我不可忘，而怨則不可不忘。」意思是說：對於給予別人的恩惠，切不可念念不忘。但是，如果做了對不住別人的事，應該時時反省。別人對我的恩德，不可隨便忘掉。但是，別人若做了對不住自己的事，卻不可老記著不忘。

對自己忘功不忘過，對別人忘怨不忘恩，是一條明智的行為準則。世人最厭惡的是忘恩負義、恩將仇報，褒揚的是感恩圖報、滴水之恩當以湧泉相報。從個人修養的角度說，多看到自己的缺點、別人的好處，才能更廣泛地團結他人，成就事業。

第二，德怨兩忘，恩仇俱泯。

《菜根譚》云：「怨因德彰，故使人德我，不若德怨之兩忘；仇因恩立，故使人知恩，不若恩仇之俱泯。」意思是說：行善施德，會使怨恨更明顯地流露出來，所以行善施德後讓受施者感恩戴德，還不如讓他所受的恩德與對你的不滿都忘掉；仇恨是因為有了恩惠才產生，讓受恩的人知恩圖報，還不如把恩惠和仇恨都消除。

老子說：「上德不德，是以有德。下德不德，是以無德。上德無為，而無以為。下德無為，而有以為。」意為：品德高尚的人，不在乎形式上的「德」，因此有德。品德低下的人，死守著形式上的「德」，反倒沒有了德。品德高尚的人沒有什麼作為，而且不去想為什麼而作為。品德低下的人沒有什麼作為，卻想為著什麼而作為。

德高望重的人施德，不會求什麼回報。如果為別人做了什麼善事，心中總惦記著，甚至在對方面前表現出優越感，受恩惠者內心不見得能真的領情。越不領情，施恩者越感傷心，於是惡從膽中生，致使兩造之間反目為仇。因此，明智者總是恩怨兩忘。

世上的恩恩怨怨比比皆是。在人與人的交往過程中，不平之事經常發生。這就是恩怨的由來。可是，一個人若老是把恩怨記在心裏，伺機報復，整個心靈就會滿裝著怨恨，整個人生就等於為怨恨而存在，他的生活必滿是灰色，從而把社會看成一個充滿險惡的地獄，不能自我排解，享受不到人生的快樂。

解怨釋仇，不僅需要寬容大度的胸懷，而且需要處世的智謀。恩與仇、德與怨是相對的存在，在一定的條件下可以相互轉化。要之，做事須從大處著眼，恩仇德怨也要從全局觀之，不能局限於某人某事而論長短。

第三，功過不可少混，恩仇不可過明。

《菜根譚》云：「功過不容少混，混則人懷惰墮之心；恩仇不可太明，明則人起攜貳之志。」意思是說：功勞與過錯不能有絲毫混淆；功過不分，會挫傷人的積極性，使人喪失進取心。恩德與仇恨不能分得太清；分得太清，就會使矛盾激化，導致叛亂。

一個人的功與過是別人對其行為價值的某種評定。賞功罰過，不僅是對做出貢獻者的肯定，也是對有過失者的一種鞭策。賞罰分明，會調動人的積極性，使人不斷進取；反之，則會挫傷人的進取心。國與國之間、單位與單位之間的競爭，說到底，是人的素質與積極性的競爭。因此，貫徹賞罰分明的原則，關係到國家與社會的發展與進步。可是，對於處世智慧來講，「恩仇不可太明」更具醒世作用。

建立一個和諧的同事關係，乃人之所願。許多人常常為處理不好同事關係而大傷腦筋。如何與同事相處呢？經驗法則指出：「恩仇不可過明。」

一個人，尤其是領導者，在待人接物上一定要懂得：對人要功過清楚；對己則須恩仇勿顯，以免去猜疑。恩怨分明本是做人的原則，但大前提是要忍耐，其目的是分清功過而勿顯己之恩仇，以便使大家能為共同的事業團結一致。

第四，喜憂安危，勿介於心。

《菜根譚》云：「毋憂拂意，毋喜快心，毋恃久安，毋憚初難。」意思是說：不要為不如意的小事擔憂，也不要為暫時的快樂而得意；不要因為長久的安定生活而心生依賴，也不要因為事情開始時的困難而畏縮不前。

佛教認為，人生本無得意與失意之分，那都只是人的念頭所起罷了。世間一切事物都不過是一場夢幻泡影，惟有生活中的艱辛是真實的。所以，一個人既要看透人生，又要正確地對待生活。得也好，失也罷，都是身外之物，生不帶來，死不帶去。人生在世，只要有了這種認識，就不會患得患失，斤斤計較，就不會因為功名利祿、毀譽進退而費神勞心，就能任憑升貶沈浮，都「既無戚容，也無喜色」。

世事無常，不斷變化、發展是一個普遍現象。稱心如意、生活安定容或可喜可羨，但它們都是一時的。不要無謂地憂愁、煩惱，因為失意可能是得意的基礎。

樂觀開朗，做事必然條理分明；思想偏激，做事必然不合義理；悲觀失意，做事必然橫逆曲折。世事的通與不通，完全存於一念之間。立身首先要在涵養上多下功夫。

悲觀會使人喪失心志，暴戾容易招來意外之禍，時時怨天尤人會變得孤獨。只有樂觀奮鬥的人才能享受幸福的人生。

第一，和氣致祥，喜神多瑞。

《菜根譚》云：「疾風怒雨，禽鳥戚戚；霽日和風，草木欣欣。可見天地不可一日無和氣，人心不可一日無喜神。」意思是說：狂風暴雨之中，連飛鳥也會感到憂傷恐懼；和風暖日之下，連草木也會欣欣向榮。可見，天地之間決不可缺少祥和的氣象，人心中也決不可失去歡悅、振奮的精神。

洪應明所說的「喜神」，有點像今天所說的「幽默感」。一個人若是對生活缺乏幽默感，不僅會時時顯得枯燥呆板，而且難免憂心忡忡，一點壓力就寢食不安。

李白有詩云：「白髮三千丈，緣愁似個長。」憂愁竟使人生出三千丈長的白髮，其旨在說明缺乏幽默感的消極影響有多大。

人的主觀情感會移至周圍的人事。一個人怒髮衝冠，看一切事物就覺得可恨可憎；悲傷感歎，看一切事物就覺得可悲可泣；喜笑顏開，看萬事萬物就覺得可喜可樂。

所以說，經常保持開朗的心情、樂觀的態度，是事業成功、人生幸福的前提。

第二，誠心和氣，勝於調息。

《菜根譚》云：「家庭有個真佛，日用有種真道。人能誠心和氣、愉色婉言，使父母兄弟間形骸兩釋，意氣交流，勝於調息觀心萬倍矣！」意思是說：假如每一個家庭中都能有個至真至誠的信念，日常生活裏都能堅守一種毫不虛妄的準則，人人都能誠懇平和、和言悅色，使父母兄弟之間毫無猜疑，情趣與性格相互交流，這一切對於人的身心來說，比任何坐禪養氣、潛心靜修的方法都要好上萬倍！

人與人之間若能真誠地相互友愛，不僅是齊家之道，也是治國之道。反之，如果人人各懷己志，同床異夢，相互之間妒恨猜疑，爭鬥不休，那就是亂世敗家的先兆。所以說：「家和萬事興。」「和為貴。」「和氣生財。」

怎樣和氣呢？孔子曾說：為政之道應遵循「君君臣臣、父父子子」。也就是說，應建立起一個良好的秩序。秩序有度，才可能各盡責任。秩序的建立需要每個成員「誠心」、「愉色」，保持一致。心意上互相溝通了，才有「和氣」可言。反之，如果沒有一定的秩序，不能心意相通，就會陷入一片混亂。

第三，善人和氣，惡人殺氣。

《菜根譚》云：「吉人無論作用安祥，即夢寐神魂無非和氣；凶人無論行事狠戾，即聲音笑語渾是殺機。」意思是說：一個善良仁厚的人，言談舉止都顯得和藹可親，即便是在睡夢中，神情和內心都充滿一股祥和之氣。一個兇惡之人，一舉一動都會顯出兇狠殘忍，就是在談笑風生的時候，也充滿一股險惡恐怖的殺氣。

古人說：「心是神之主，色是神之形。」意即：思想是稟性的根源，神態則是思想氣質的外在表現。雖然古人又有「喜怒不形於色」之說，但歸根結柢，一個人無論怎樣費盡心機，也不可能徹底掩飾內心的真情。俗話說：「江山易改，秉性難移。」人的個性可以表現在生活的各個方面，想偽裝太難了。

大凡一個遵守禮法的人，由於他的內心毫無邪念，所以言行顯得善良，每個人都覺得他和藹可親，不論什麼時候，他都會散發出一股安祥之氣。反之，一個生性殘暴的人，不論處於何時，總會令人感到一縷恐怖之氣。總之，一個人是善是惡，從他的言談舉止中總能有所察覺。甚且，在夢中也會顯出各自的心性。因此，切切不要偽裝和善，因為「和氣」與「真心」是緊密相聯的。

第四，殺氣寒薄，和氣福厚。

《菜根譚》云：「天地之氣，暖則生，寒則殺。故性氣清冷者，受享亦涼薄；惟和氣熱心之人，其福亦厚，其澤也長。」意思是說：自然界有冷熱陰陽之變化。春暖陽和的時候，萬物生機勃勃；秋寒陰長的時候，萬物就沒有了生機。所以說，一個氣質清高冷漠的人，所能得到的東西也只能是冷漠和淡薄。只有性格平和，充滿熱情的人，才能得到很深的福分，使祿位、恩澤長久。

人的性情起伏和自然界的變化，其理有共通處。大自然造就的萬物，當然能夠適應周而復始的變化。植物春生、夏長、秋實、冬枯；動物在春季繁育後代，冬季休憩，某些動物甚至有冬眠的習性。這些現象說明，溫暖給萬物帶來生機，寒冷使生機受到壓抑。也許人類是惟一能夠部分擺脫自然界影響的生命了。在寒冷到來時，不用像候鳥那樣遠距離遷徙，也不用像大多數動物那樣忍受饑寒。穿上棉衣，居住在溫暖的房子裏，就可以為自己創造一個小小的春天。可是，人的心裏常有這樣的感受：在寒冷的季節或陰雨天氣中，心情感到壓抑；在春暖花開或晴朗的天氣，心情豁然開朗。

那麼，怎樣才能使溫暖與光明在你的心頭永駐呢？必須讓心中時時噴發熱情。熱情的人是快樂幸福的人。熱情不僅能夠溫暖自己的心，還能感染別人的心。古道熱腸，容易讓人接受，和和氣氣更是持家立業之根本。一個性情過於冷酷的人就如寒冬一般，會使周遭喪失生機，這種人很難得到別人的協助。「敬人者人恆敬之，助人者人恆助之。」人與人必須互助合作、互相尊重，社會才能進步。個人的力量有限，「合則兩利，分則兩害。」假如一個人整天板著冰冷的面孔自認清高，那誰願意和他精誠合作，創造事業呢?其結果只能是離群索居，孤立無援，寂寞地度過一生。

第五，春風解凍，和氣消冰。

《菜根譚》云：「家人有過，不宜暴怒，不宜輕棄。此事難言，借他事隱諷之；今日不悟，候來日再警之。如春風解凍，如和風消冰，才是家庭的典範。」意思是說：家中某人犯了錯，其他人不應該發怒，更不要蔑視他，否則他會產生被親人遺棄的感覺。如果不好直言相勸，可借助其它事物暗示他，使他醒悟；一時之間，他仍未意識到自己的錯誤，也不要著急，等機會適當時，再循序漸進地開導他。人非草木，只要不傷害他的自尊，不引起他內心的反感，善意的規勸必能使他心和氣順，痛改前非，就如同和煦的春風一般，使處在嚴寒冰冷中的萬物解凍復蘇，又如溫暖的氣流，使久凍的冰塊消融。這樣的家庭才算得上是模範家庭。

家庭是每個人感受愛意，享受天倫之樂的伊甸園。但在日常生活中，常常見到夫妻一言不合，劍拔弩張，兄弟為蠅頭小利，爭得面紅耳赤……足見保持家庭關係的和諧順暢絕非易事。家中成員有長幼尊卑之分，按這種自然形成的關係各履天責，固然可保持家庭的穩定，但是，要使之長保溫暖和睦，僅靠自然法則還遠遠不夠，在解決各種矛盾衝突的過程中，一定要做到「和氣致祥」。

孩子犯錯時，為人父母者絕不可惡語相加，更不能施以暴行，而應弄清原因，諄諄教誨。這樣才能使孩子內心深處產生悔恨之情，自覺自願地改正錯誤的行徑。夫妻之間更應相互珍重，在對方有不當之處時，最好用隱喻的方式表達自己的態度。切記：和睦的家庭，融洽的氣氛，是事業成功的基礎。

「春風解凍，和氣消冰。」齊家時如是，治國時又何嘗不是這樣。人心有「凍」，宜用「春風」解之；人心有「冰」，宜用「和氣」消之。

第六，和氣慈祥，潔白清芬。

《菜根譚》云：「一念慈祥，可以醞釀兩間和氣；寸心潔白，可以昭垂百代清芬。」意思是說：一念之間，顯出慈愛溫和，可以醞釀出天地之間的祥和之氣；保持純潔清白的心靈，可以使美名流傳千古。

唐朝趙郡人李吉甫，27歲擔任太常博士，知識淵博，見多識廣，負責修訂規章制度，為時人所稱道。後來，遷官屯田員外郎，又改任駕部員外，仍被授予博士頭銜。他曾被宰相李泌、竇參所器重，彼此關係十分親密。其後，陸贄擔任宰相，認為李吉甫是前任宰相的好友，對他有些反感，怕李吉甫會對自己不利，就奏明皇上，把他放出京城，到明州做了員外長史。

後來朝廷大赦，李吉甫被任為忠州刺史。這時候，陸贄遭貶，成了李吉甫的手下，親朋故舊和門人都為他捏著一把汗，認為李吉甫一定會藉機報復。可是，李吉甫對陸贄以誠相待，絲毫不計較前嫌宿怨，而且按照對待宰相的禮節對待他。李吉甫還擔心陸贄心存疑慮，就在公務之暇，天天來與他交遊、談笑，就像多年的老朋友一樣。一開始，陸贄還有些慚愧和顧慮，日子久了，也就疑慮全消，兩人竟成為至交好友。皇上知道這一情況後，更加看重李吉甫。為此，李吉甫曾兩度進京擔任宰相。

天下最難的事莫過於以德報怨，只有那些具有遠大的志向、博大的胸襟和高尚的修養之人才能夠做到。

北齊時，邢邵在左丞崔暹的極力舉薦下得到重用。可是，邢邵卻經常在文襄王面前讒毀崔暹。文襄王把這事告訴了崔暹。崔暹不但不計較，還為邢邵辯解說：「邢邵說我的短處，我說邢邵的長處，雙方說的都是事實，沒什麼可計較的。」明朝大臣楊榮經常詆毀賽義，明仁宗為此對楊榮很不滿。賽義卻替楊榮辯解說：「楊榮這個人心中沒有什麼。如果有人告楊榮的狀，望陛下明察。」宋朝的羅拯，官至天章閣待制。諫官錢公輔常常議論他的短處，而羅拯對於在他手下做事的錢公輔親友，照常提拔重用。有些人對此不理解。羅拯說：「同事間關係不好，是因為意見不同造成。至於諫官發表看法，是他的本職，這又有什麼可怨恨的呢？」

以上諸例，都彰顯了大肚能容者心無點塵，真是可敬可佩。

第七，滿腔和氣，隨地春風。

《菜根譚》云：「天運之寒暑易避，人世之炎涼難除；人世之炎涼易除，吾心之冰炭難去。去得此中之冰炭，則滿腔皆和氣，自隨地有春風矣。」意思是說：自然界的寒冬和炎夏都容易躲避，人世間的炎涼冷暖卻難以消除；人世間的炎涼冷暖即使容易消除，積存在人心中的仇怨卻不易排除。如果能排除心中的恩恩怨怨，心胸就會開朗祥和，大自然也會顯得更加生機勃勃。

世人常說：世態炎涼，人心難測。其實，每個人都有急公好義的一面，也有自我保護的一面。有的人採取人怎樣待我，我亦怎樣待人的辦法，即你敬我一尺，我還你一丈。這當然遠非究竟之道。要之，應該使自己的胸懷再開闊些，儘量把人情的冷暖和是非曲直看得輕一些，用自己的熱情去對待世人。是恩怨於心，還是「人我兩忘，恩怨皆空」，決定著一個人的修養。古代聖哲講究寬以待人，強調「恕」、「忍」，就是要求待人時「以德報德，以直報怨」，這樣才能人際和諧、自我怡然。

■眞修內省，制心達靜

——寧靜致遠，是人類生存的最佳狀態。那些難斷俗根的人，注定進不了這一狀態。只有大智慧者才具有如此悟性。

寧靜致遠是人類生存的最佳狀態。在這種狀態中，人才能真正確立自己的存在，實現自己的價值。但是，那些難斷俗根的人注定進入不了這一狀態。只有大智慧的人才具有這樣的悟性，因為他們懂得「真修內省，制心達靜」的真諦。

儒、釋、道三家都講求寧靜致遠，以擺脫現實的紛擾，實現人生的超越。儘管其境界不同，但都把靜心視為實現人生超越的第一步。只有多些心靜，少些欲念，多些禪意，少些喧囂爭鬥，才能自我反省，修身養性。

第一，靜中觀心，真妄畢見。

《菜根譚》云：「夜深人靜，獨坐觀心，始覺妄窮而真獨露，每於此中得大機趣；

既覺真現而妄難逃，又於此中得大慚忸。」意思是說：夜深人靜，萬籟俱寂之時，獨自靜坐，反省內心，會發現平日裏狂妄的胡思亂想已一掃而光，純淨誠樸的真情自然而然萌生出來，往往從中悟出最為佳妙的人生情趣。然而，已經感受到心中自然真情的流露，卻發現自己難以徹底擺脫那些狂妄的胡思亂想，這時又會感覺到萬分羞愧。

古人講求寧靜致遠，淡泊明志，強調要明辨「真心」與「妄心」。所謂真心，就如同空中明月，光輝皎潔，沒一點烏雲遮掩。所謂妄心，就如同遮掩明月的烏雲。然而，真妄一體，互不分離。譬如深淵之水澄清如鏡，包羅萬象，無不印映，這就是真心出現之時。反之，大海中掀起的驚濤駭浪，可翻覆巨大的船舶，這就是妄心出現之時。以此可比喻聖人之心經常靜如止水，凡夫之心對外界事物易起妄念，以致喪失純潔之心。

佛、道兩家都講究靜坐觀心，從中體味各自的正道至理。

佛教的宗派很多，每一個宗派都有自己的修行方法。所謂的「修行」，說白了，就是「靜心」。比如，禪宗以「禪那」為宗。「禪那」意為「靜慮」或「思維修」。六祖慧能指出，學佛，最緊要者莫過於明心見性。所謂「明心」，即指明了一切皆由心生，「心生種種法生，心滅種種法滅。」所謂「見性」，即指明了自心本具佛性。世間的芸芸眾生雖然都具有佛性，但他們要真正見性成佛，大為不易。其原因在於他們沈淪於凡世，橫生妄念。因此，眾生要脫離生死苦海，見性成佛，最重要的是滅除妄念。在慧能之前，傳統的修行方法是住心靜坐。禪宗創立之後，主張「禪非坐臥」。也就是說，一個人能不能離相無念，關鍵不在於坐不坐禪，而在於悟與不悟。悟則佛，不悟則凡。慧能主張的「悟」、「覺」是一種無形的方法，禪宗的門徒則另有許多有形的修行方法，主要包括行香、跑香、坐禪、參話頭等。這些方法都是用來制止妄想。沒有妄想，便能心悟；心悟才能「見諸境而不亂」。

雖然我們不必期待這些具體的修行方法有多麼大的效力，但時常獨自反省一下自己的內心，確實大有益處。現代社會如此緊張忙碌，幾乎每個人肩上都有一份沈重的壓力，這時，反省內心就更加需要。當夜深人靜，萬籟俱寂，獨坐月下，遠離喧囂，拋開雜事的煩擾，心境自然會坦蕩開闊、寧靜清純，頓然悟出什麼是人生真正的追求，由此昇華到一個更高的境界。

第二，徹見心性，天下平穩。

《菜根譚》云：「此心常看得圓滿，天下自無缺陷之世界；此心常放得寬平，天下自無險側之人情。」意思是說：一個人若能常常內視自省，心靈就會達到清純高尚，無所缺憾的境界，以此心度世間萬物，自然充滿和諧與美好；若能時時襟懷坦蕩，勿使凡塵俗埃污染心靈，則必能心寬氣和，使爭者無以與之爭，惡者無以施其惡。如此，世間哪還有險惡之情。

自然界本無善惡之分，人間萬惡，皆出自一心。人若只沈溺於追功逐利之中，忽視了自我修煉，則心靈偏執，品行難端。邪惡由此而起，爭端由此而生。坦蕩君子，必定常常自拭其心，宛若皓月當空，一絲影塵，難以迷其心志。掙脫心靈的桎梏，讓思想不隨波逐流，不偏執固行，自然會豁達開朗，去惡為善，化干戈為玉帛；懷一顆純真的心去待人接物，眼中所見多是對方的優點，心中所感就盡是雙方的和諧。

有人說：「人生一世，如履薄冰。江湖險惡，真情難尋。」人的靈魂是超越物質與肉體的，它需要在無限的時空中自由升騰、擴張。若言必曰利，行必逐祿，以佔有物質、享樂感官為生命之目的，這無疑是將靈魂囚於狹隘的功利場中。比如，對一個孩子來講，世界總是那麼美好，他的心裏純潔天真，不知道什麼叫恨。直到進入社會，有了利益、地位、權勢之念，純真的赤子之心才開始不平、不滿，競爭之心才時時充溢，徹見心性才會變得非常困難。

第三，人心惟危，道心惟危。

《菜根譚》云：「一燈螢然，萬籟無聲，此吾人初入宴寂時也。曉夢初醒，群起未動，此吾人初出混沌處也。乘此而一念回光，炯然返照，始知耳目口鼻皆桎梏，而情欲嗜好悉機械矣。」意思是說：在微弱的燈光下，大地萬物都已悄然無聲，這是人的身心剛剛進入安息的時候。清晨從睡夢中醒來，萬物都還沒有開始活動，這是人的身心剛剛從迷茫中走出的時候。趁這個時候反身內省，在理性光輝的照耀下，就知道耳目口鼻都是束縛自己心智的枷鎖，情欲嗜好都是使自己心智墮落的機器。

現代人整日陷於忙碌的生活中，從早到晚都在為生計奔波，很少有機會靜下來思索自己。在這裏，洪應明提出一種真修內省的功夫，就是利用早晨和傍晚這個人的頭腦最清明的時刻，或內心較少受到外界干擾的時候，做自我反省，將獲益良多。

第四，諸惡莫作，眾善奉行。

《菜根譚》云：「反己者，觸事皆成藥石；尤人者，動念即為戈矛。一以辟眾善之路，一以浚諸惡之源，相去霄壤矣。」意思是說：經常自省的人，任何事都會成為有益的經驗。怨天尤人的人，一舉一動都是危害。自省可以開闢通往美好的道路，而怨恨則是挖掘各種罪惡的根源。兩者的差別真是太大了。

這裏，洪應明再次強調，多思達佳境，惡念致深淵。不同的思想會導致不同的結果。每個人看問題的方法不一樣，站的角度不一樣，得的結論自不相同；刺激相同，反應各不一樣。所以，一個人肯多做自我檢討，萬事都可變成自己的借鑒。孔子說：「見賢思齊焉，見不賢而內自省。」「內省」就是一種「反己」的功夫。但是，生活中很多現象往往相反，遇到種種矛盾，往往埋怨對方，碰見了衝突，總是指責對方，什麼事總是自己對，總是從自己的角度出發。這種人因為不能自省，所以總覺得不平衡，總難進步。又如報紙經常報導犯罪事件，有的人反對繪聲繪影，報導得太詳細，認為如此等於在教有犯罪傾向的人去模仿作案。奉公守法的君子看到，會引為一大借鑑；不知自省的人，就只知埋怨、指責或看熱鬧。

因此，洪應明處世雞湯告誡世人，一定要注重品德修養，在生活中學習。「三人行，必有我師焉。」要「吾日三省吾身，與人謀而不忠乎，與朋友交而不信乎？」不要怨天尤人，因為一個人的命運掌握在自己手裏。

第五，真不離幻，雅不離俗。

《菜根譚》云：「金自礦出，玉從石生，非幻無以求真；道得酒中，仙遇花裏，雖雅不能離俗。」意思是說：黃金是從礦山裏挖出，美玉是從石頭中生成，真實是來自虛無；道可得於酒杯中，在聲色場中可遇到神仙，高雅之士也擺脫不了世俗生活。

大家都知道，黃金是從沙子中淘出，美玉是由礦石琢成。它們來之不易，十分寶貴。同理，人與禽獸的差別在於人生來就是會思維和言語的動物，仍須經過生活的磨煉才能成為強者。

因此，洪應明強調，雅的東西不能脫離它產生的環境，就像一個人並非天生就是一個高雅之士，有可能是在俗的環境裏成長，關鍵是以後的磨煉。

第六，形影皆去，心境皆空。

《菜根譚》云：「理寂則事寂，遣事執理者，似去影留形；心空則境空，去境存心者，如聚羶卻蚋。」意思是說：本質與現象密不可分，本質沈寂時，現象也隨著沈寂，排斥現象而執著於本質的人，就像排斥影子，只留下軀殼一樣；心靈與環境的關係也一樣，心靈空虛，環境也顯得空虛，排除環境的干擾而想保持內心平靜的人，就像聚集著羶味的東西，卻想排斥蠅蚋一樣。

古人說：「執著事物原是迷，執理不舍亦非悟。」現象與本質、事物與真理皆密不可分，就像影子和身體相隨一樣。在良好的環境中，容易保持心靈的平靜；環境惡劣時，想保持平靜則很難。因此，要保持心靈安寧，就應該儘量在工作和生活中製造一種合適的環境和氣氛。靜不能絕對化，空也是相對空。這裏涉及一個哲學命題，即「存在與意識」的關係。按辯證觀點，存在決定意識，意識反作用於存在。所以說，沒有「境」，何談「心」？對於執著於事理的人來講，達到心境絕對的空是不可能的。

第七，風月木石之真趣，惟靜與閑者得之。

《菜根譚》云：「風花之瀟灑，雪月之空清，惟靜者為之主；水木之榮枯，竹石之消長，獨閑者操其權。」意思是說：花朵隨風搖曳，姿態灑脫飄逸，月光在雪中輝映，顯得空澈明朗，只有內心平靜的人才能享受；樹木的茂盛與枯萎，竹子的生長與消亡，只有具閒情逸致的人才能領略。

大自然的山川草木、奇花異石，可供人欣賞，調劑情緒、陶冶身心。但是，把全部的時光、精力都消磨於風花雪月之中，此生只好靜，萬事不關心，是不是太自私了？物欲強者迷戀富貴功名，高雅之士迷戀風花雪月，人生境界不同，各有所求，情趣不一，其感受也迥異。唐詩云：「鐵甲將軍夜渡關，朝臣待漏五更寒。山寺日高僧未起，算來名利不如閑。」這顯然是否定功名利祿，主張清靜無為。置身大自然中是為了陶冶性情，體察世上萬物的變化是為了尋求其規律，只有心靜，才耐得住寂寞，能體會自然的情趣，只有沈浸於對萬物變遷的細察，才能忘卻人世之喧囂，拋卻人際之煩惱。因此，在陶冶性格、情操時，也不必完全擺脫世俗的事務，最好是將兩者結合起來。

高風亮節的君子勝過爭名奪利的小人，一個重要因素在於君子保持自我的人格，超然物外，不為任何權勢所左右。一個追求高尚的人理應鑄造自己的人格，不為名利所動，不為外物所累，才能活得灑脫。

孟子說：「居天下之廣居，立天下之正位，行天下之大道，得志與民由之，不得志獨善其身；富貴不能淫，貧賤不能移，威武不能屈。」不受富貴名利的誘惑，具有高風亮節的君子，勝過爭名奪利的小人，因為君子能夠保持自我的人格和遠大的理想，超然物外，不為任何權勢所左右。佛家曰：「一切唯心造，自力創造非他力。」一個追求高尚的人理應鍛鍊自己的意志，開闊自己的心胸，鑄造自己的人格，不為眼前的名利所左右，把眼光放得長遠。

為此，洪應明提出：

第一，超越天地，不入名利。

《菜根譚》云：「彼富我仁，彼爵我義，君子固不為君相所牢籠；人定勝天，志一動氣，君子亦不受造化之陶鑄。」意思是說：他有財富，我有仁德；他享受爵位，我堅信正義。身為一個君子，決不會被帝王將相所左右。人一定能戰勝天地鬼神，只要志向專一，就能撼動自然萬物的精氣。所以說，一個君子也不會受天命運氣的撥弄。

富貴不能淫，貧賤不能移，威武不能屈。天地鬼神全不怕，帝王將相不為用，這顯示了一個真正的君子確能超脫凡俗，頂天立地。他們所依靠的是一種精神力量。一個人如果有了這樣的精神力量，自然會無所畏懼，不可戰勝。而這種精神力量的源泉就是不為外物所累，進而達到「超越天地之外，不入名利之中」的境界。

第二，冷靜觀世，忙中偷閒。

《菜根譚》云：「從冷視熱，然後知熱處之奔馳無益；從冗入閑，然後覺閑中之滋味最長。」意思是說：從名利場中退出，冷眼旁觀那些熱中於名利的人，會發現，在名利場中奔波，實在荒唐無益；從忙碌煩躁的生活環境中回復清靜，才覺得安逸的生活果真充滿樂趣。

世上有很多人熱中於追求得不到的東西，結果白費了許多精力。這種人可說是「不識廬山真面目，只緣身在此山中。」若他能冷靜地站在旁觀者的角度觀察世事，就會覺得自己所做的許多事實在得不償失。正所謂：「當局者迷，旁觀者清。」真正能「從冷視熱，從冗入閑」的人才足有識之士。

一個人在寧靜清閒中往往耐不住寂寞，只有到了名利場中撞了一鼻子灰後才會冷靜下來，珍惜自然之樂。一個正直清高的人必定很難適應仕途那種相互傾軋的狀態，他會冷眼以觀，超然物外。

第三，不親富貴，不溺酒食。

《菜根譚》云：「有浮雲富貴之風，而不必岩棲穴處；無膏肓泉石之癖，而常自醉酒耽詩。」意思是說：如果能把榮華富貴視如浮雲流水，那就根本不需要到深山幽谷去修身養性；如果對遊山玩水絲毫不感興趣，那就可以經常飲酒賦詩，自得其樂。

一個人若視「黃金若糞土，富貴如浮雲」，就會超凡脫俗，昇華到一種高尚的境界。孔子說：「飯疏食飲水，曲肱而枕之，樂亦在其中矣，不義而富且貴，於我如浮雲。」朱子也說：「聖人之心渾然天理，雖處困極而樂亦無不在焉。其視不義之富貴如浮雲之無有，漠然無所動於其中也。」正是表達這種「視名利如浮雲，視困難如流水」，不為外物所累的思想。可是，所謂「黃金若糞土，富貴如浮雲」，一般人很難有這種胸襟。因此，不要一說隱世便膏肓泉石，一說清雅便丟棄錢財。關鍵是看心性如何。醉酒耽詩可為一樂，富貴浮雲也為一德。

第四，隱無榮辱，道無炎涼。

《菜根譚》云：「隱逸林中無榮辱，道義路上無炎涼。」意思是說：過著隱居安逸生活的人，對於紅塵的一切是非寵辱皆絲毫不在意；追求人間正義的人，對於世俗的貧賤富貴、人情冷暖看得很淡。

那些隱居山林之中的人稱為隱士。之所以如此稱呼他們，就是因為他們已經完全擺脫了世俗的是非觀念，把寵辱名利視如糞土。這正是一種不為外物所累的人生態度。道家提倡出世，世俗之人認為榮耀與恥辱的事，在他們看來，不過如鏡花水月。儒家提倡入世，在道義路上恩怨分明。孔子說：「以直報怨，以德報德。」因為儒家講的是世間作為，所以凡事都權衡輕重，處處以中庸之道為準。兩種世界觀決定了對榮辱、恩怨的不同看法。可是，在洪應明看來，兩種觀念可融為一體，即既提倡出世不計恩怨，又提倡在入世中行道義不計榮辱，故無所謂炎涼。這才是真正「超然」的人生態度。

第五，濃處味短，淡中趣長。

《菜根譚》云：「悠長之趣，不得於醲釅，而得於啜菽飲水；惆悵之懷，不生於枯寂，而生於品竹調絲。故知濃處味常短，淡中趣獨真也。」意思是說：能維持久遠的趣味，並不能從美酒佳肴中獲得，而是從粗茶淡飯中得到；悲傷失望的情懷，並非產生於窮困潦倒之中，而是來自聲色的歡娛中。可見，美食和聲色的趣味常常很短，只有粗茶淡飯的趣味才顯得純真。

隨著物質文明程度的不斷提高，人的精神世界會越來越充實。但是，物質文明絕對代替不了精神世界。當然，物質生活過得好些總比貧窮好。但為財富豐厚而不擇手段，貪得無厭，以致淪為財富的奴隸，就失去了人生的意義。有這樣一種說法：有人窮，窮得只剩下錢；有人富，富得除了書本，一無所有。

第六，身放閑處，心在靜中。

《菜根譚》云：「此身常放在閑處，榮辱得失誰能差遣我；此心常安在靜中，是非利害誰能瞞昧我。」意思是說：只要自己的身心處於安閒的環境，對榮華富貴與成敗得失就不會在意；只要自己的心靈保持安寧和平靜，人世的是非與曲直都不能瞞過你。

老子主張「無知無欲」，「為無為，則無不治」。世人也常把「無為」掛在嘴邊。這實際上是做不到的。但一個人時時處處忙碌，置身於功名富貴之中，的確需要靜下心來修省一番。這有利於幫助自我調節，防止陷入功名富貴的迷潭。佛家所謂「六根清靜、四大皆空」，是指人生要豁達淡泊，降低欲望，把生活中的是非利害與榮辱得失看得輕一些，生活的快樂體驗得多一些。一個人若能靜觀世事，做到身在局中，心在局外，就可客觀地對待生活，不為外物所累。

第七，雲中世界，靜裏乾坤。

《菜根譚》云：「竹籬下，忽聞犬吠雞鳴，恍似雲中世界；芸窗中，雅聽蟬吟鴉噪，方知靜裏乾坤。」意思是說：在竹籬笆外面欣賞美景，忽然傳來一陣雞鳴狗叫之聲，這時會感到彷彿置身於一個虛無縹緲的神仙境地；靜坐在書房裏面，忽然聽到一陣蟬鳴鴉啼之聲，這時才體會到寧靜之中別有一番雅趣。

幾聲「犬吠雞鳴」，驚醒了靜坐中的讀書人，這是從「無我」境界進入「有我」境界的禪機；幾聲「蟬吟鴉噪」，沒有影響靜坐中的道人，這是從「有我」境界回復到「無我」境界的禪機。恬靜的田園生活可以使人暫時忘卻塵世生活的喧鬧，心靈得到應得的安寧。洪應明的這段話表明了文人雅士一種超凡脫俗的生活境界。

第八，來去自如，融通自在。

《菜根譚》云：「身如不繫之舟，一任流行坎止；心似既灰之木，何妨刀割香塗。」意思是說：身體像一艘沒有纜繩的船，自由自在地漂泊；內心像一棵已經燒成灰的木頭，人間的成敗譽貶均不在意。

心頭功名利祿的欲望太強，個人的榮辱得失計較太多，必然總處在一種憂鬱與不滿之中。《莊子》云：「巧者勞而智者憂，無能者無所求，飽食而遨遊，泛若不繫之舟。」人人都嚮往自由自在的生活。可是，即使給你提供了這樣的環境，你的內心世界卻為世俗的雜念所困擾，也還是無濟於事。這時，必須從修養上下功夫。禪宗始祖達摩曾經面壁九年，可謂修行之精深博大也。孔子說：「六十而耳順，七十而從心所欲不逾矩。」這是修養的崇高境界。從做人的角度看，重要的是擺正自己的位置，即人貴自知；不屬於自己的東西不強求，即人貴自然。這樣才可能持守超凡脫俗，不計是非恩怨之心，才可能多一分灑脫的氣度，增一分人生的真趣，進而達到不動心、無所求的自如境界。

第九，讀易松間，談經竹下。

《菜根譚》云：「讀易曉窗，丹砂研松間之露；談經午案，寶磬宣竹下之風。」意思是說：清晨坐在窗前研讀《易經》，用松樹淌下來的露水研磨朱砂，圈點書中的精義；中午坐在書桌旁誦讀《佛經》，輕輕敲打木魚，讓清脆的聲音隨風飄散到竹林中。

明朝時期，王冕自幼家貧，在為人放牧時騎在牛背讀《漢書》。這與在清晨讀《易經》一樣，是一種超脫的精神，貧寒之士的情趣。中午時念佛頌經，則令人有出塵脫俗的清高之感，顯現出一種近於桃源生活般的情趣。賜金還鄉，政治失意的李白寫下「自古隱者留其名」、「一生好入名山遊」、「天生我才必有用」的名句；無緣於名利場的柳永寫下為時人不看重的長短句；關漢卿把滿腔情懷寄托於雜劇散曲。他們與那些終年積極於名利，整天奔走於塵俗之間，百憂煩其心，萬事勞其形，精神頹廢，身體漸衰的人相比，顯得那麼充實，生命力那麼旺盛。對於不為外物所累的人來說，有美的脫俗氛圍和幽雅情趣更好，無此環境，也一樣瀟灑。

第十，流水落花，身心自在。

《菜根譚》云：「古德云：『竹影掃階塵不動，月輪穿沼水無痕。』吾儒云：『水流任急境常靜，花落雖頻意自閑。』人常持此意，以應事接物，身心何等自在。」意思是說：高僧曾說：「竹子被風吹動，影子在臺階上掠過，地上的塵土並不因此而飛起；月亮的圓輪穿過池水，倒影映射在池裏，並沒有留下一絲痕跡。」名儒也說：「不論水流如何湍急，只要能保持寧靜，就根本聽不到水流的聲音；花瓣雖然紛紛謝落，只要經常保持悠閒，就不會受到干擾。」一個人若能用此種態度處世，不論是身體或精神，都必然能夠無比自由自在！

物與物相互接觸，可以互不侵犯，和平共處。一個人只要隨時保持誠實的態度，必能抵禦一切虛偽的東西。正所謂：「誠可以破天下之偽，實可以破天下之虛。」夢中花不足為依，虛幻的東西，不應為其所動。情欲、物欲到頭來都是一場空，故心境宜靜，意念宜悠。心地常空，不為欲動，讓身外之物自然來去，才能保持身心的愉悅。

第十一，思及生死，萬念灰冷。

《菜根譚》云：「試思未生之前有何象貌，又思既死之後作何景色？則萬念灰冷，一性寂然，自可超物外，遊象先。」意思是說：試想，人在未出生之前是什麼樣子？又想，人在死了之後又是什麼樣子？生命如此短促，既無法測知生前，也無法預知未來。想到這一切，不由得萬念俱灰。因此，如何享受短暫的生活呢？只要能保持純真的本性，超脫於世俗瑣事之外，就可活得逍遙自在。

對於生與死，古今無數哲人曾經一代又一代地爭論不休。孔子說：「未能事人，焉能事鬼？未知生，焉知死？」佛教則認為人有來世，勸人在現世不斷修行，以換得來世的幸福。事實上，人生只能有一次，生死均屬必然。為此，有人因生的短暫而花天酒地，有人因死的恐懼而憂心忡忡。在洪應明處世雞湯看來，正確的態度應是生不足喜，死不足憂，看破生死，雜念頓消，擺脫世俗的糾纏，做到超然物外，以淡泊的情懷享受短暫的人生。

第十二，不可徒勞身心，當樂風月之趣。

《菜根譚》云：「人生太閑則別念竊生，太忙則真性不現。故士君子不可不抱身心之憂，亦不可不耽風月之趣。」意思是說：終日遊手好閒，會在不知不覺中滋生私心雜念；整日奔波忙碌，會使自己逐漸喪失純真的本性。所以，凡是有才德的君子，既不會使身心過於疲勞不堪，也不會耽溺於聲色犬馬的安逸之中。

人不可能什麼也不做，長久無所事事是很痛苦的。但是，也不可過於勞碌，成為奴隸牛馬。「飽暖思淫欲」，是比喻人的生活富裕了，就會產生淫欲的念頭。一個人長久清閒、無所事事時，會覺得煩悶苦惱，甚至滋生一些邪念，因此有時寧願忙碌一些。而過於忙碌的人，就像一架機器一樣，必然喪失人生應有的樂趣。真正懂得「不為外物所累」的人，自己可以控制自己，自己是自己的主人，他們既不太閑，又不太忙，既能勤奮地工作，又能善用閒暇的時間娛樂。

第十三，利害乃世之常，不若無事為福。

《菜根譚》云：「一事起則一害生，故天下常以無事為福。讀前人詩云：『勸君莫話封侯事，一將功成萬骨枯。』又云：『天下常令萬事平，匣中不惜千年死。』雖有雄心猛氣，不覺化為冰霰矣。」意思是說：世上的事，有一利就有一弊，有一福就有一災。因此，達觀的人常以無事為福。前人所作的詩中說：「我奉勸大家還是不要談封侯拜相的事，因為名將的赫赫戰功都是成千上萬的屍骨堆成。」古人又說：「若想天下永遠太平，只有把所有兵器都收藏起來。」讀完這兩段話，即使你本來有一股奮發向上的壯志，也不由得會變成冰雪般冷寂。

人生是種種利害關係的結合，要達到不為外物所累，一定要對各種利害關係有個清醒的認識。必須看到，一旦發生利害關係的衝突，就會帶來無窮的煩惱。秦始皇以殺伐始，後盡收天下兵刃於咸陽，鑄成金人，以為可以統治長久，卻被揭竿而起的楚人推翻。盡收兵刃，並未致太平。歷朝又有哪一代不是在血腥中立國滅國的？更有多少英雄豪傑，為了開拓疆土、炫耀武功，不惜生靈塗炭？人間事物總是在利害得失中循環，有昔日盛，才有今日衰，要戰場的功名，就要犧牲太平的享受。事情總是利弊相隨。明乎此理，知此利弊，壯志何在？爭雄何為？日常生活中也一樣，家庭有家庭關係，單位有同事關係、上下級關係，就像是一台機器上的許多零部件，哪一個部件出了毛病，整架機器就會受到損害。如家庭關係不和睦，同事關係緊張等等，都會對一個人產生很大的影響。人每天就生活在這些關係中，想要擺脫或逃避是不可能的。惟一的辦法是超脫些，把世俗的利害關係看得淡一點，透一些。

人的情緒必須隨時做適當的安排與調劑，既不可飽食終日，無所事事，也不可日夜勞作不休。只有懂得動靜結合，自我調節的人，才能磨煉出「智欲圓而行欲方，膽欲大而心欲細」的成功處世之道。

古話說：「淡泊以明志，寧靜以致遠。」又說：「定而後能靜，靜而後能安，安而後能慮，慮而後能得。」一個人必須懂得動靜結合，學會自我調節。努力工作，創造事業，這固然很重要，但不可過分勞累、過度緊張，否則把弦繃得太緊，就會有突然斷裂的危險。人的情緒，必須隨時做適當的安排與調劑，既不可飽食終日，無所事事，過分疏懶，也不可日夜不停，機械般做個不停。整日處於昏昏然狀態的人，辛苦固然可歎，成效卻不見得明顯。自己的腦子都不清醒，何談處世？只有智圓行方、膽大心細的人才可能成為佼佼者。

第一，善於調節，心靜氣和。

《菜根譚》云：「念頭昏散處要知提醒，念頭吃緊時要知放下。不然，恐去昏昏之病，又來憧憧之擾矣。」意思是：頭腦昏沈紛雜時，要自我調節，使之清醒；思慮太多，精神緊張時，要學會放鬆，使內心平靜，精神鬆弛；否則又會被太多思慮所困擾。人的大腦運轉在很大程度上受制於心理狀態。心情焦躁時，思想就很難集中；心靜氣和時，思想則敏銳通達。這就像河道與河水的關係：河道窄狹彎曲時，水波洶湧，迴流漩渦交織；河道寬時，流水暢通，一瀉千里。因此，生而為人，一定要學習心理的自我調節，使其保持一種平和狀態。

第二，不著色相，不留聲影。

《菜根譚》云：「風來疏竹，風過而竹不留聲；雁度寒潭，雁去而潭不留影。故君子事來而心始現，事去而心隨空。」意思是說：當風吹過竹林，竹林會發出陣陣聲響，風過之後，卻任何聲音都沒有留下。大雁飛過秋寒中的水面，雁過之後，水面上並未留下任何身影。一個修養很高的人，當事情來臨時，他的本性和心跡才展現出來，事過之後又歸於平靜空靈。

一個人讚美悠揚動聽的樂曲，曾說：「餘音繞梁，三日不絕。」那是一種感受，一種願望。對於古人來說，留下影像和聲音是非常難的。但人的思想在創造出語言之後就可以互相交流，發明了文字之後就開始有了記載。因此，古人留給後人的思想寶庫是極其豐富的。「事來而心始現，事去而心隨空。」這反映了洪應明對人的思想與客觀世界相互關係的認識。在他看來，善於自我調節的人，事物過去之後，應該很快歸於平靜。因為，人不能總為煩惱擾心，老讓瑣事纏身。當人間萬象紛至沓來，一個有修養的人必善於調節內心的平衡。

第三，人乃天地之縮圖，天地乃人之父母。

《菜根譚》云：「吾身一小天地也，使喜怒不愆，好惡有則，便是燮理的功夫；天地一大父母也，使民無怨咨，物無氛疹，亦是敦睦的氣象。」意思是說：人的身體就像一個小世界，不論高興還是憤怒，都不要犯下過失，喜歡和厭惡，要有個標準，這體現了人自我調理，保持和諧的功夫；天地是人類的父母，它哺育著每個人，使人無怨無憾，萬物茁壯生長，體現出一種吉祥和諧。

中國古人強調「天人合一」。朱熹即說：「天人一物，內外一理；流通貫徹，初無間隔。」自然的法則和生命的規則以某種關係相互映照，宇宙間的日月星辰、山川風雲是按照「天道」的規則，有秩序地運行著。既然人是天地的縮圖，那諸如喜、怒、哀、樂之類的生命現象就應當按一定的「人道」規則或顯或隱，靈魂的作用就是把生命的各種活動調節到與「人道」相符的規範之內。換句話說，天地有春夏秋冬四季的運行，以及風雨陰陽的調和，才使萬物生育。人有喜怒哀樂的情緒，由於好壞善惡的運用，遂構成人格氣質。假如天地經常狂風暴雨或暴日久旱，就不可能孕育出茁壯的生命。同樣，一個人假如整天狂喜暴怒，就不能培養出完美的人格。所以，善於自我調節的人應當懂得「保持和諧」的意義。

第四，無事寂寂以照惺惺，有事惺惺以主寂寂。

《菜根譚》云：「無事時心易昏冥，宜寂寂而照以惺惺；有事時心易奔逸，宜惺惺而主以寂寂。」意思是說：沒事的時候，心情最容易陷入迷茫混亂，這時可以利用平靜的心情關照心中的問題。眾事纏身的時候，心情最容易陷入激動煩躁，這時可以利用冷靜的心情控制躁動的情緒。

在窮極無聊時，人最容易到處招惹是非；事多的時候也會生事。要之，不論有事、無事，心情都要沈穩。世界大得很，有許多事可以做，比如看看書、散散步，享受一下垂釣之樂等，這都可以陶冶情操。一個人太清閒，就容易懶散，一懶散，就會消磨鬥志和心性，心生失落感而怨氣多，喪失朝氣。可太忙了又容易衝動，處理事情難免欠妥。因此，必須學會控制自己，多用腦子想，不可只憑一時的興致去盲目蠻幹。

第五，躁性僨事，和平徼福

《菜根譚》云：「性躁心粗者一事無成，心和氣平者百福自集。」意思是說：性情急躁、粗心大意的人必一事無成；性情溫和、心緒平靜的人由於考慮周全，容易成功，各種福分自然會光顧。

善於自我調節的人，無論遇到什麼事，都會平心靜氣地面對，思考問題比較周詳，做事當然不會盲目亂撞。心浮氣躁的人則相反，由於不能深思熟慮，往往會使所進行的事功敗垂成。因此，洪應明告誡世人，待人處世，必須冷靜觀察，自然相處，不強求以避煩惱。要之，必須善於自我調節情緒。

第六，躁極則昏，靜極則明。

《菜根譚》云：「時當喧雜，則平日所記憶者皆漫然忘去；境在清寧，則夙昔所遺忘者又恍爾現前。可見，靜躁稍分，昏明頓異也。」意思是說：環境喧囂時，心情就會焦躁不安，平時所記憶的事物就忘得一乾二淨；環境安靜時，心神就會平和，以前所遺忘的事物又會突然浮現眼前。可見，浮躁和寧靜只要有一點區分，心靈的昏昧和明朗就會迥然不同。

俗話說：「心靜自然涼。」在嘈雜的環境中，情緒非常容易波動，腦子不會太清明。這時就需要調節自己。心情平靜，精神自然集中，思考自然周密。「淡泊以明志，寧靜以致遠。」實質上就是指人的精神世界要保持平靜，情緒保持穩定，不能大起大落。常言說：「樂極生悲。」人如果失去了平靜的心境，後果自然不妙。所以，一個人應善於自我調節，不以物喜，不以己悲，切不可拂意則憂，順意則喜，志得則揚，志阻則餒。不能控制自己的情緒，就無以成就事業。

第七，聖境之下，調心養神。

《菜根譚》云：「徜徉於山林泉石之間，而塵心漸息；夷猶於詩書圖畫之內，而俗氣潛消。故君子雖不玩物喪志，亦常借境調心。」意思是說：經常在山川林泉岩石間漫步，會使人逐漸對塵世生活不再留意；經常處於詩詞書畫之中，世俗的庸俗氣質就會逐漸消失。所以說，有才德修養的人雖然不會沈迷於享樂而喪失志向，也要經常到大自然中陶冶情趣。

有修養的人隱居林泉，是為了超凡養性，沈浸於字畫，是為了寄情抒懷，融匯於自然，是為了調節身心，怡悅情緒。有些人建別墅庭園，藏書畫古玩，養珍禽異獸，表面看來風雅脫俗，但貪念不消、本質不改，也只能算是附庸風雅。可是，應該看到：「近朱者赤，近墨者黑。」，居住環境的優雅，也確實能改變一個人的氣質。一個坐擁書城的人，平日無意中就會讀很多書，他的談吐見解自然也就漸漸不凡。所以，一個人不但要借山林泉石的幽雅環境培養自己的氣質，也要用書香氣氛充實自己的內在素質。在一種高雅脫俗，充滿書卷氣的環境裏耳濡目染，自然會受到潛移默化的影響。

第八，象由心生，象隨心滅。

《菜根譚》云：「機動的，弓影疑為蛇蠍，寢石視為伏虎，此中渾是殺機；念息的，石虎可作海鷗，蛙聲可當鼓吹，觸處俱見真機。」意思是說：心機過多的人容易心生猜忌，把杯中的弓影誤為蛇蠍，把遠處的石頭誤看成臥著的老虎，結果心中充滿了恐懼和殺氣；心平氣和的人遇見石虎，能把它感化成一隻海鷗，把聒噪的蛙聲當成悅耳的音樂，結果到處都是一片祥和。

據《晉書》記載：樂廣有一個親戚，很久不來串門，樂廣很驚訝，就找他來問個究竟。那人說：「前幾天在你這裏喝酒時，看到杯中有蛇，喝後便病了。」樂廣經過仔細觀察，發現是牆上的角弓、漆畫在作怪。他把原因告訴了那個親戚，他的病就好了。這就是「杯弓蛇影」的故事。

一個人若「疑心生暗鬼」，就會平地生出許多風波。所謂：「天下本無事，庸人自擾之。」如果你是個心胸坦蕩的人，對周圍的人和事不存疑忌，就會感到灑脫自在。那些平時心胸氣量狹小的人尤其應該體會「宰相肚裏能撐船」的修為，不要計較無謂的個人得失。天地萬物是善是惡，本存乎我們的一念之間。一個人總是杯弓蛇影地生活，哪還有人生的樂趣可言。

第九，布茅蔬淡，頤養天和。

《菜根譚》云：「神酣布被窩中，得天地沖和之氣；味足藜羹飯後，識人生淡泊之真。」意思是說：能在粗布被窩裏睡得很香甜的人，才能得到自然謙和之氣；吃粗茶淡飯覺得很香甜的人，才能領悟出恬淡的樂趣。

俗話說：「強扭的瓜不甜。」生活就是這樣，強求而不自然的東西往往很彆扭。不一定美酒佳肴才有真味，「真味在藜羹」。只要心情愉快，粗茶淡飯中便可體會人生真趣。人生貴在真誠，做人應當自然，往往布衣之交、真心相助最讓人珍惜。人生的真正快樂在於精神的愉快，心情愉快可以使人精力充沛，身體健康；即使生活貧苦一些，吃得差一點，也能安貧樂道。若能克服憂慮和寂寞所帶來的煩惱和孤獨，尋到生活的快樂，即使每天做一件值得高興的小事，生活也會變得豐富起來！

第十，斷絕思慮，光風霽月。

《菜根譚》云：「斗室中萬慮都捐，說甚畫棟飛雲，珠簾卷雨；三杯後一真自得，唯知素琴橫月，短笛吟風。」意思是說：雖然住在簡陋狹小的房子裏，卻能把一切煩惱都拋掉，從不奢望富麗堂皇的居室；趁著三杯酒下肚，心中會浮現一片純真的情懷，只知道月下彈琴和對風吹笛，忘卻所有憂慮。

生活中有許多不如人意的事，對此，如何自己調節心緒呢？比如，居住條件就是件讓人煩惱的事。尤其是在城市中，雖然高樓大廈林立，但飛速膨脹的人口仍然使之相形見絀。此時，最佳的對應之道就是體味「萬慮都捐」，斗室不陋的境界。

劉禹錫《陋室銘》云：「山不在高，有仙則名；水不在深，有龍則靈。斯是陋室，惟吾德馨。」儘管房間狹小、擁擠，卻也是避寒擋風的所在，可以逃避世上的喧囂，這不就足夠了嗎？追求那種虛無縹緲的豪華生活，只能是白日做夢，徒勞無功。在貧困狀態下能表現出高雅情趣的人最有希望在事業上取得成功。自古以來，許多名人學士於此道皆有不謀而合的詠歎。比如盧琦曰：「撒然坐我斗室底，滿室嵐氣生清香。」

第十一，以我轉物，逍遙自在。

《菜根譚》云：「以我轉物者，得固不喜，失亦不憂，大地盡屬逍遙；以物役我者，逆固生憎，順亦生愛，一毛便生纏縛。」意思是說：以自我為中心，對待事物，成功了不會感到高興，失敗了也不會感到憂慮，因為天地廣闊，到處都可以自在地生活；以物為中心，遇到逆境或不順時，心中會產生怨恨，處順境時又產生沾沾自喜之心，連雞毛蒜皮的小事也會煩惱不堪。

自我調節的核心在於「自我」。佛家說：世人有十纏四縛，為這些煩惱所纏繞就得不到解脫。迷與悟、苦與樂，都在役物與役於物之間。因此，「心迷法華轉，心悟轉法華。」以我為中心，由我的精神力量主宰一定的時間、空間是可能的。這樣萬物為我所用，失去一物，可另取一物，失敗一事，可另創一事。反之，以物為中心，就會患得患失，對任何事，胸襟都不能開朗，結果弄得事事局促。比如寫字、作畫、習文、著書，這些精神領域的活動都應以我為主宰，善加把握，才能得心應手，下筆如有神。

「寧靜致遠」可以分為「寧靜」和「致遠」兩層含義。寧靜是手段，是為了營造平和安寧的心境；「致遠」才是根本的目的，是追求一種超凡入聖和性靈的真奧。可見，「真修內省，制心達靜」，就是追求心靈的純潔。

第一，虛心明義理，實心卻物欲。

《菜根譚》云：「心不可不虛，虛則義理來居；心不可不實，實則物欲不入。」意思是說：應該虛懷若谷，永不自滿。只有這樣，胸中才能容納高尚的道德與真正的學問。應該堅守做人的正確信條。只有這樣，才能抵制物質利益的誘惑。

一個人怎樣才能心靈純潔呢？關鍵就在於「虛心」和「實心」。所謂「虛心」，就是能真正接受對自己有益的批評、建議，修習自己所需要的知識與學問。但是，什麼資訊都接受也不行。必須排斥那些不良物質的引誘、影響，保持自己的正直與純潔。這就是「實心」的作用。

第二，雲去而本覺之月現，塵拂而真如之鏡明。

《菜根譚》云：「水不波則自定，鑒不翳則自明。故心無可清，去其混之者而清自現；樂不必尋，去其苦之者而樂自存。」意思是說：水不起波浪就能平靜，鏡子不受遮蔽自然明亮。所以，人心沒有什麼可清洗的，只須去除心中的雜念，自然的心靈自會出現；快樂不必往外尋求，只要除去使身心痛苦的根源，快樂自然就會存在。

應該到哪裡尋求心靈的純潔呢？其實，人的自性原本就是純潔的，只是常常被邪惡的觀念所遮蔽。情感、欲望、嗜好都會遮蔽人的性靈。人類的一切痛苦、煩惱都出自邪惡的雜念，而這種邪惡的雜念多半出自庸人自擾。要保持內心的純潔，必須排除外界的干擾、排除自己的私心雜念。這樣，才能保持高尚的追求，愉快的心情。

第三，心虛意淨，明心見性。

《菜根譚》云：「心虛剛性現。不息心而求見性，如撥波覓月。意淨則心清。不了意而求明心，如索鏡增塵。」意思是說：擁有純潔的心靈，自然的天性就會出現。心存邪念而想尋求自然的天性，就像撥開水面尋找月亮。思想純潔，人的心靈才會清明。沒有純潔的思想而想尋求清明的心靈，就彷彿在積滿塵土的鏡子前看自己。

心虛意淨，是為了在大徹大悟中發現純潔的自然本性。人的一切受其本性操縱，只有內心了無雜念，本性才會出現。如果善惡、是非、愛憎等各種雜念纏繞心頭，想發現自然純潔的本性，就等於霧裏看花、水中撈月一般。

第四，心體瑩然，不失本真。

《菜根譚》云：「誇逞功業，炫耀文章，皆是靠外物做人。不知心體瑩然，本來不失。即無寸功隻字，亦自是堂堂做人處。」意思是說：浮誇張揚成績和事業，自誇炫耀文辭和文章，這都是依靠身外之物做人。自己的心靈就像潔白無瑕的美玉，只要不喪失純潔的天性，即使在漫漫的人生中沒有建立任何豐功偉業，沒有留下任何文章，也是一個有志氣、有氣魄的人。

哲人說：「生命短促，只有美德能將它流傳到遙遠的後世。」功業、文章、利祿都無關緊要，真正重要的是保持人類的美德。物欲會迷惑人，使人忍不住炫耀自己的光彩。其實，與人類的美德相比，物欲又算什麼？《左傳》說：「太上有立德，其次有立功，其次有立言，雖久不廢，此之謂不朽。」可見，立德最為重要。而要做到這一點，必須堂堂正正地做人，使自己的行為符合規範。其根本就是保持心靈的純潔，使之呈現一種自然之態。

第五，超越喧寂，悠然自適。

《菜根譚》云：「嗜寂者，觀白雲幽石而通玄；趨榮者，見清歌妙舞而亡倦。唯自得之士，無喧寂，無榮枯，無往非自適天。」意思是說：喜歡靜寂的人，觀賞白雲和奇石，就能領悟出宇宙的玄妙；追求繁華富貴的人，聽到美妙的歌聲、看到婀娜的舞蹈，就會忘記疲倦。只有悟徹天地、怡然自得的人，不聞喧囂或寂寞，不見繁榮或衰敗，所到之處，無不是能悠悠自得的天地。

「嗜寂者」與「趨榮者」，一是遠離塵世的喧囂，一是追求物欲的滿足，兩者的是非很難輕易下結論。不過，心靈純潔的人必有道家「出世」之心，追求一種悠然自得的雅趣，凡事不受外物影響，沒有喧囂、寂寞的分別，也沒有榮華、衰枯的差異，悠然自適於天地之間。反之，如果受環境的改變而動心，那就不算是真正得道了。道家主張物我兩忘，欣賞超凡出世的精神，即不以物喜，不以己悲。若因環境的變遷而動心，這即是未悟。在日常生活中，經常聽到有人抱怨生活如何，別人如何，其實這只是他們的心不正，易受外界的影響。一個能了悟事理的人，凡事都能處之泰然，怡然自得，心不為境所遷，達到逍遙的至高境界。

第六，執著苦海，解脫仙鄉。

《菜根譚》云：「山林是勝地，一營戀便成市朝；書畫是雅事，一貪痕便成商賈。蓋心無染著，欲境是仙都；心有繫戀，樂境成苦海矣。」意思是說：山林本是名勝之地，一旦迷戀不走，就會把這些勝景變成喧囂的鬧市；琴棋書畫本是高雅的趣味，一旦產生貪念，就會把風雅的趣事變成惟利是圖的市儈。

雅俗苦樂並不是事物本身，不是生來如此，而是人對客觀事物的一種感受。苦與樂、雅與俗都是相對的，在一定的條件下可以轉化。沈浸於琴棋書畫本為雅事，一沾上金錢買賣，便雅氣無存；浪跡山林江河本為樂事，可讓俗世的苦惱始終佔據腦海，樂又從何而來？心靈的純潔才是能否擺脫凡塵俗世的關鍵。所以，佛經中有「心靜則佛土也靜」的話，意思是說：俗雅完全在於心靈的反應。古人說得好：「若無閒事掛心頭，便是人間好時節。」能保持心靈的純潔，生活就會快樂。反之，如果過於熱心於世俗之事，就會變得像市井小人一般可悲，痛苦自不待言。

第七，心地平靜，青山綠水。

《菜根譚》云：「心地上無風濤，隨在皆青山綠水；性天中有化育，觸處見魚躍鳶飛。」意思是說：心中平靜無瀾，到處都可以發現青山綠水的景色；只要保持天性中的純潔善良，隨時都會像遊魚飛鳥那樣自由自在。

靜如止水，才能排除私心雜念，無識無欲，心平氣和。許多人非常羨慕天空中翱翔的鳥兒和水中自由白在游動的魚兒，覺得牠們無拘無束的生活比人類的生活好得多。鳥跟魚之所以能自由自在，是因為牠們除了生理上的飲食欲望外，再也沒有其它物欲了。人卻非如此。人有物質的欲望，甚至因欲望太多而無法實現，常常會陷於苦惱之中。想控制欲望，消滅苦惱，惟一的辦法就是要知足，能知足就可使精神愉快。知足是相對的，無止境的貪圖是可憐的，但無條件的知足就變成虛妄。好比心靜，靜至只看到自己的內心，而看不到外部世界，自我封閉，孤陋寡聞，就談不上真正的快樂了。

第八，澈見自性，不必談禪。

《菜根譚》云：「性天澄澈，即饑餐渴飲，無非康濟身心；心地沈迷，縱談禪演偈，總是播弄精魂。」意思是說：心靈純潔的人，餓了就吃，渴了就喝，全都是為了增進身心健康；沈迷物欲的人，即使經常討論佛理，研究禪學，也不過是賣弄才學罷了。

凡事不能只看形式。有的人表面看循規蹈矩，實際上未必是個誠實的人；有的人衣冠楚楚，花言巧語，卻未必是一個有知識的人。萬里長城雖然壯觀無比，是中華民族的象徵，但其本意是為了戰爭而修築，付出了無數生命的代價。可見，任何時候都不可為表面現象所蒙蔽。追求心靈的純潔同樣如此。多信佛的達官貴人，只是在教義上理解、研究佛理，形式上每天上香磕頭，真的讓他放棄原有的地位去雲遊四方，讓他行善而普渡眾生，就做不到了，因為他心中的各種欲念難以消除。以此論推而廣之，對於一個人的德性來講，不在乎他做什麼、說什麼，而在於他的心靈是否純潔。

第九，心境恬淡，絕慮忘憂。

《菜根譚》云：「人心有個真境，非絲非竹而自恬愉，不煙不茗而自清芬。須念靜境空，慮忘形釋，才得以遊衍其中。」意思是說：心中保持一種真實的境界，就根本不需要美妙的音樂調劑生活，自會感到舒適愉快，也不需要焚香烹茶，自會飄散清香之氣。心中充滿了真實感，而且思想純潔，意境空靈，自會忘卻一切煩惱，悠然自在。

佛家說：「萬物均有佛性。」人心都有個真境，都本乎天道。這種真境不是從音樂中求得，而是從恬淡愉快的生活中自然得到。要達到這種境界，就得使內心清靜。佛教的參禪和老莊的清靜無為，都是要人們斷絕名利和物欲。絲竹賞心，品茗氣雅。但只要人的心性、內在氣質本身純正清淨，沒有外物的賞心悅目，同樣會顯出一種雅致。

第十，了心悟性，俗即是僧。

《菜根譚》云：「纏脫只在自心，心了則屠肆糟廛，居然淨土。不然，自縱一琴一鶴、一花一卉，嗜好雖清，自魔障終在。語云：『能休塵境為真境，未了僧家是俗家。』信夫。」意思是說：人是否能擺脫煩惱的困擾，根本在於自己是否有決心。內心清靜，即使生活在屠宰場或飲食店中，自也覺得很靜謐。反之，即使撫琴賞鶴，品花蒔草，如果內心不寧靜，仍然會煩惱叢生。所以，佛家說：「若能擺脫塵世的困擾，就等於到達真實境界。否則，即使住在寺院裏，和俗人也毫無區別。」這的確講得很有道理。

傳說文殊菩薩曾在酒肆和妓院中弘揚大乘佛法，教化眾生。身處花花世界，他一塵不染，絲毫不生邪念。要之，一個人的修行到了很高的境界，即使用色相去誘惑他，他也能絲毫不為所動。把這個道理引申到世俗生活，則一個人做什麼事不能只求形式上的完善，關鍵是思想上是否達到標準，實際結果是否符合要求。

第十一，人我一視，動靜兩忘。

《菜根譚》云：「喜寂厭喧者往往避人以求靜，不知意在無人便成我相，心著於靜便是動根，如何到得人我一視，動靜兩忘的境界？」意思是說：喜歡清靜，討厭喧囂的人，總是離群索居以求得安寧。豈不知，遠離人群，只是為了一心一意求靜的結果，一旦遇到喧囂就會煩躁不安。可見，過分求靜，反而成為煩躁的禍源。人我本是一體，動靜也密切相關，倘若不能忘懷自我，只知一味地強調寧靜，又怎能達到真正的安寧？

塵世生活，煩惱叢生。因此，許多人渴望清靜安寧的生活。有些人羨慕遠離塵世喧囂，離群索居的生活。其實，這是不現實的。真正的清靜來自心靈的淡泊、寧靜，離群索居只會使人更加煩惱。修身養性是為了提高自己的道德修養，鍛鍊自己的意志，以控制自己的物欲、情欲，排除自己的私心雜念。求得心靈的純潔，關鍵在於心靜，環境尚在其次。何況，既然與人群隔離，就表示你內心還存有人己、物我、動靜的分別，自然也就無法獲得真正的寧靜。

第十二，機息心清，月到風來。

《菜根譚》云：「機息時便有月到風來，不必苦海人世；心遠處自無車塵馬跡，何須痼疾丘山。」意思是說：停止一切邪念，就會產生解脫之感，從此不必再為人間的種種煩惱而痛苦；思想觀念超塵脫俗，就能擺脫塵世的一切喧囂，根本不必逃避生活。

心可以主宰人的行為。沒有心機的人不懂生活的奧妙，結果只流於平庸無為；心機過重的人則太世故狡猾，結果常常枉費心機。常言道：「有心為善，雖善不賞；無心為惡，雖惡不罰。」因此，處世不可枉費心機，凡事須本心無邪，盡心盡力求其自然發展。人的行為也應真率求實，心地純淨，大可不必求諸一種隱居山林的形式。

〈全書終〉

國家圖書館出版品預行編目資料

白話菜根譚／洪應明 著 -- 初版 -- 新北市：
新潮社文化事業有限公司，2021.12
冊；　公分
ISBN 978-986-316-810-2（平裝）
1.修身

192.1　　110016260

白話菜根譚

洪應明　著

主　　編　林郁
企　　劃　天蠍座文創製作
出　　版　新潮社文化事業有限公司
電話 02-8666-5711
傳真 02-8666-5833
E-mail：service@xcsbook.com.tw

印前作業　東豪印刷事業有限公司
印刷作業　福霖印刷有限公司

總 經 銷　創智文化有限公司
新北市土城區忠承路 89 號 6F（永寧科技園區）
電話 02-2268-3489
傳真 02-2269-6560

初　　版　2021 年 12 月